BIBLIOTHÈQUE SOCIOLOGIQUE INTERNATIONALE
Publiée sous la direction de M. René WORMS
Secrétaire général de l'Institut International de Sociologie

XL

LA FRANCE
ÉCONOMIQUE & SOCIALE
A LA VEILLE DE LA RÉVOLUTION

**

LES VILLES

PAR

Maxime KOVALEWSKY

Professeur à l'Université de Saint-Pétersbourg
Ancien Président de l'Institut International de Sociologie
Correspondant de l'Institut de France

PARIS (5e)
V. GIARD & E. BRIÈRE
LIBRAIRES-ÉDITEURS
16, Rue Soufflot et Rue Toullier, 12

1911

LA FRANCE
ÉCONOMIQUE ET SOCIALE
A LA VEILLE DE LA RÉVOLUTION

* *

LES VILLES

AUTRES OUVRAGES DU MÊME AUTEUR

A LA MÊME LIBRAIRIE

Le Régime économique de la Russie, 1898. Un volume in-8°.. 7 fr. »

L'Agriculture en Russie, 1897. Une brochure grand in-8°.. 1 fr. 50

L'Avènement du régime économique moderne au sein des campagnes, 1896. Une brochure grand in-8°.. 2 fr. »

Coup d'œil sur l'évolution du régime économique et sa division en périodes, 1896. Une brochure grand in-8°.. 1 fr. »

Le Droit seigneurial et la situation économique et sociale du paysan à la fin du siècle dernier, 1902. Une brochure grand in-8°.. 1 fr. 50

La Fin d'une Aristocratie. Traduit du russe par C. de Krauz, 1901. Un volume in-8°.. 5 fr. »

L'Heure présente en Russie. Lettre au directeur de la « Revue internationale de Sociologie », 1907. Une brochure grand in-8° (sans couverture)........ 0 fr. 50

Le Système du Clan dans le pays de Galles, 1897. Une brochure grand in-8°.. 1 fr. »

Le Clan chez les tribus indigènes de la Russie, 1905. Une brochure grand in-8°.. 1 fr. 50

La Crise russe. Notes et impressions d'un témoin, 1906. Un volume in-18°.. 3 fr. 50

L'Évolution des Libertés publiques en Russie. 1905. Une brochure grand in-8°.. 1 fr. »

La France économique et sociale à la veille de la Révolution, 1909. Tome I. Les Campagnes. Un volume in-8°.. 8 fr. »

LA FRANCE ÉCONOMIQUE ET SOCIALE
à la veille de la Révolution

TOME SECOND
LES VILLES

CHAPITRE PREMIER

Organisation corporative et naissance de la liberté du travail

§ I

La France du XVIIIe siècle était un pays essentiellement agricole. Malgré le système protectionniste, malgré l'imposition sur les produits des manufactures étrangères de droits d'entrée très élevés et la restriction de l'exportation des blés dans le but d'assurer une alimentation à bon marché et un salaire peu élevé, l'industrie occupait à peine, en France, 3 millions d'ouvriers par an, c'est-à-dire le huitième ou le neuvième seulement de toute la population (1). En l'affirmant je n'ai en vue que les métiers organisés en corporations, et, dans leur sein non

1. Ce chiffre a été donné dans la pétition adressée à Louis XVI en 1791 par les corporations de la ville de Toulouse ; il y est dit que l'abolition des jurandes menace de la plus affreuse misère 3 millions de sujets. (Antoine du Bourg. Tableau de l'ancienne organisa-

seulement, les maîtres, mais également ceux qui travaillaient sous leurs ordres en qualité de compagnons et d'apprentis.

Je ne prends en considération ni les journaliers, dont on comptait en 1789 plus de 100.000 à Paris seulement, ni les ouvriers agricoles, dont le nombre, d'après Lavoisier, était déjà de 1 million et demi à 2 millions, ni les « domestiques », dont les courtisans et les financiers aimaient à faire parade, ni les commerçants en gros et au détail, dispersés dans les villes et les villages (1).

On se demande, maintenant, comment était organisé tout ce peuple industriel, qui, il y a de cela trois siècles, admettait à peine l'existence à côté de lui d'un travail

tion du travail dans le midi de la France, Toulouse, 1885, p. 224). Ce chiffre est de 4 millions moins grand que celui donné par Bonvallet-Desbrosses quant au nombre total des habitants des villes en France. Mais sans compter que les calculs de ce statisticien attribuent à la France de la fin du XVIIIe siècle en général une population plus grande que ne lui reconnaissent d'autres contemporains, comme Messence, Necker, Pommeles et Lavoisier, les 7 ou 8 millions d'habitants qu'il compte dans les villes ne comprenaient pas seulement les personnes vivant de l'industrie. Sans parler des marchands, des petits propriétaires fonciers, de la noblesse, du clergé, des fonctionnaires, il faut compter aussi parmi les habitants des bourgs et des bourgades beaucoup de producteurs ruraux. Si l'industrie, comme règle générale, ne sortait pas de l'enceinte des villes, grâce à sa concentration exclusive dans les mains des corporations, rien n'empêchait les habitants des villes de posséder des terres dans la banlieue ou dans le district urbain et de les gérer en gardant leur résidence habituelle dans l'enceinte de la cité. A part quelques centres commerciaux, industriels et administratifs peu nombreux, comme Versailles et Paris, Toulouse, Lyon, Marseille, Le Havre, Nantes, Bordeaux, Strasbourg, Lille, Rouen, Amiens, Rennes, Alençon, Orléans, Tours, etc., la plupart des bourgs et des bourgades français répondaient dans la même mesure, si ce n'est plus encore, par le caractère de leurs habitants et les occupations ordinaires de ces derniers, à l'idée d'un village qu'à celle d'une ville, dans la conception actuelle du terme.

1. D'après Lavoisier la population de la France en 1789 était de millions. De ce nombre 8 millions habitaient les villes et les bourgs, 6 millions étaient des cultivateurs (paysans fermiers, tenanciers héréditaires, ouvriers agricoles, bergers), 2.550.000 des viticulteurs, 4.000.000 travaillaient dans les champs d'autrui en qualité de manœuvres ou journaliers. Un demi-million possédaient les terres en propriété, et habitaient leurs domaines, 250.000 servaient dans l'armée, à peu près 2 millions étaient des manufacturiers, des fabricants, des propriétaires de mines, des marins, des nobles et des membres du clergé. Le chiffre de 1.800.000 exprime, selon Lavoisier, le nombre des marchands, des cabaretiers et des ouvriers agricoles. (V. Boiteau. « Etat de la France en 1789 », éd. de 1889, p. 6.)

libre au sein de quelques lieux privilégiés, et qui dans la seconde moitié du XVIIIe siècle fut obligé de traiter d'égal à égal avec les ouvriers non organisés en corporations et autorisés à exercer leur métier les uns par les juridictions patrimoniales, les autres par les privilèges royaux. L'organisation intérieure de l'industrie française se rapproche-t-elle de ce type de copossession entre propriétaires et producteurs effectifs que nous a fait connaître le tableau de l'agriculture et des classes agricoles donné dans le précédent chapitre, ou bien faut-il lui reconnaître un caractère distinct et contenant déjà en germe le régime de la libre concurrence qui nous est propre?

Cette question est beaucoup plus compliquée qu'elle ne le paraît à première vue, surtout parce que l'organisation corporative, telle que nous la trouvons à la veille de la Révolution, s'était éloignée de son caractère primitif, pareille en cela au système féodal qui avait dégénéré en devenant purement seigneurial.

En effet si nous revenons à l'époque de l'épanouissement complet tant du fief que de la corporation jurée, c'est-à-dire à la première moitié du XIIIe siècle, nous au rons nécessairement l'impression que les corps de métiers ne sont autre chose que le complément naturel des fiefs, qu'ils sont fondés sur le même principe de solidarité économique propre aux gens du même manoir ou de la même maîtrise. Dans le fief cette solidarité se manifeste dans les relations du seigneur en tant que propriétaire du sol avec le paysan-tenancier en ce que l'un possède le *dominium eminens*, et l'autre le *dominium utile*, c'est-à-dire la jouissance héréditaire; cela détermine le partage entre le propriétaire et le laboureur du revenu global, rarement du revenu net. Le laboureur paie au propriétaire la part qui lui revient de droit sous forme de corvée, de censive, de champart, de rente en nature ou en argent.

Dans les corps de métier la même solidarité apparaît dans le travail commun de l'entrepreneur (maître) et de l'ouvrier (compagnon, apprenti), dans l'entretien de ce dernier aux frais du premier, dans le partage entre eux du revenu global en parts inégales et fixées par l'usage ou les statuts.

La communauté des intérêts du maître et de l'ouvrier ne s'arrête pas aux seuls rapports matériels. Elle dépasse cette limite et se manifeste également dans la vie journalière par les soins de caractère presque paternel que l'entrepreneur prodigue aux hommes qu'il emploie. Ces soins sont dirigés vers un seul but, celui de faire des apprentis de dignes sucesseurs dans l'exercice du métier qui à cette époque est considéré comme une espèce de fonction publique.

Après la première année d'apprentissage, année d'épreuve durant laquelle les frais d'entretien sont restitués au maître sous forme d'une somme fixe convenue d'avance avec les parents de l'apprenti, ce dernier passe à l'état d'aide, ou de compagnon. En échange de son travail on lui assure le logis et la nourriture. Il est subordonné au maître en tout ce qui concerne l'exercice du métier, mais en dehors de cela il conserve une pleine liberté, une parfaite indépendance. Il est autorisé à se plaindre aux jurés de tout acte de violence ou d'arbitraire commis par le maître à son égard. Cela seul prouve que l'apprenti est loin d'être assujetti à son patron, est loin de n'avoir vis-à-vis de lui aucun droit. Quelques extraits empruntés aux statuts des corporations, qui furent rédigés sous Saint Louis et se trouvent réunis dans le *Livre des Métiers* suffiront pour confirmer ce que j'avance.

L'article 7 du titre 83 de ce recueil, unique dans son genre, traite d'une manière circonstanciée du droit qu'a « l'apprenti adulte et marié » de se faire payer en échange de son dîner et de son souper « pour sa penture » quatre deniers par jour, ce qui fait à peu près 2 francs d'après le prix actuel de l'argent (1).

1. Alfred Franklin. « La vie privée d'autrefois. Comment on devenait patron ». Paris, 1889, p. 10.

Par conséquent, le travail de l'apprenti n'était pas gratuit et lui assurait au moins les frais de l'existence. L'article 13 du titre 50 oblige le maître à entretenir l'apprenti comme il convient à un fils de prud'homme, à l'habiller et à le chausser, à lui donner à boire et à manger (1). Les jurés ont le droit de blâmer tout maître qui n'a pas rempli vis-à-vis de l'apprenti ses devoirs d'entretien et de surveillance, ainsi que d'exiger de lui une modification de sa conduite dans le délai de quinze jours (2). Il est dans leur pouvoir de choisir pour l'ouvrier maltraité par son patron, un nouveau maître au bout de ce terme. Les statuts des corporations exigent que le maître ait toujours les yeux fixés sur son apprenti et qu'il ne le fasse jamais travailler hors de son atelier (3).

L'apprenti n'est pas obligé de faire les grosses besognes de la maison. Il n'a qu'à exécuter les commandes qui correspondent aux caractères des travaux conduits par son maître. Même à une époque bien plus récente, on lisait dans des ouvrages tels que *La Maison réglée*, que les apprentis ont le droit de refuser de laver la vaisselle, de surveiller les enfants du maître et de faire en général ce qui sort du métier qu'ils sont en train d'apprendre (4).

Si les apprentis étaient pour les maîtres une espèce d'aides dans l'exercice du métier, ils ne l'étaient pas à eux seuls. Déjà au XIIIe siècle, nous rencontrons dans quelques métiers des ouvriers engagés par le patron, auxquels les statuts donnent le nom de valets, mais qui, tout

1. Les chapeliers seuls déclarent oiseuses toutes les plaintes des apprentis contre leurs patrons. (Titre XII, p. 13). Ibid., p. 43.

2. Ceci, comme les arrêtés précédents, est tiré des statuts des tisserands. V. Legrand. « Etude historique sur les corporations d'arts et métiers. » (Mémoires de la Société d'émulation de Roubaix, v. III, 1872-1873, p. 225.)

3. Fanklin, p. 43.

4. Si les apprentis donnent de l'argent pour leur apprentissage, ils ne doivent point souffrir qu'on leur fasse rien faire qui ne soit point de leur métier, qui est comme de ne point laver la vaisselle, promener ni amuser d'enfants, ni autres choses que les maistres et maistresses leur font faire, attendu que cela n'est point dans leur

de même, sont plutôt des compagnons (1) que des serviteurs. Tout comme les apprentis ils vivent très souvent sous le même toit que leur maître, et, règle générale, mangent chez lui (2) ; la corporation ne les exclut pas de son sein ; ils prennent part avec les maîtres aux élections des jurés et autres administrateurs des corporations ; les maîtres les admettent au partage de leurs bénéfices dans les limites d'une proportion réglée par l'usage.

Bien que le salaire journalier fût de règle, ses modalités étaient fixées non par le rapport de l'offre et de la demande, mais par la coutume, dans l'élaboration de laquelle les deux parties collaboraient d'une façon égale. On comptait, il est vrai, des exceptions. Tandis que, par exemple, les menuisiers et les tailleurs annonçaient dans leurs statuts que leurs ouvriers avaient le droit d'exiger le salaire établi par l'usage (3), les corroyeurs n'insistaient que sur la fixité du salaire durant huit jours ; à la fin de ce terme les maîtres et les ouvriers étaient libres d'en établir le taux pour la semaine. Le paiement à la pièce trouvait des partisans parmi les ouvriers, tandis que les statuts des corporations restaient généralement hostiles à ce système, en prétendant, non sans raison, que préoccupés d'augmenter leurs bénéfices par un travail fait à la hâte, les ouvriers négligeraient la qualité du produit (4).

engagement ni dans les statuts du métier ou de l'art dont ils veulent faire profession. (Audigier. « La maison réglée, 1692 », p. 162.)

1. Ce terme a été appliqué pour la première fois aux contremaîtres au XVe siècle. Les statuts du XIIIe siècle les appellent uniformément des valets. (Legrand. « Etude historique sur les corporations », p. 240.)

2. Du Bourg. « Tableau de l'ancienne organisation du travail dans le Midi de la France », p. 57. — Franklin, p. 80.

3. Le statut des bouchers de 1290 défend de donner ou de promettre à un ouvrier aucun denier en plus que ses propres journées, et de payer un prix supérieur à ce qui est et a été accoutumé de donner en la ville de Paris. (Legrand, p. 246.)

4. Ce point de vue apparaît accidentellement même au milieu du XVIIIe siècle comme on peut s'en convaincre en lisant la sentence que voici : « Il est aisé de concevoir que les ouvriers à leurs pièces, n'étant conduits que par le désir d'un plus grand gain, n'ont point l'attention nécessaire pour la perfection et la sûreté des armes qu'ils fabriquent. » Sentence de M. le lieutenant général de police,

Toute espèce de grèves dans le but de hausser ou de baisser le salaire étaient interdites ; ainsi les drapiers déclarent dans leurs statuts : ni les fileurs, ni les teinturiers ne doivent d'un commun accord établir le prix de leur travail, car cela priverait ceux qui en ont besoin du moyen de l'avoir aux conditions les plus avantageuses pour eux, et les ouvriers en question du droit de s'engager au plus bas prix qui leur conviendrait.

Mais si les travailleurs étaient de la sorte privés des moyens d'augmenter leurs bénéfices à l'aide de grèves, les patrons à leur tour ne devaient faire aucune tentative pour modifier à leur propre avantage le taux des salaires au moyen de manœuvres analogues, c'est-à-dire à la suite d'une interruption subite des travaux. Les statuts qui viennent d'être cités disent : « Si les maîtres se mettent en grève, les jurés le feront savoir au prévôt des marchands (ou au maire), et ce dernier imposera une amende aux coupables (1).

On aurait tort de croire cependant qu'un accroissement considérable de la demande n'exerçât aucune influence sur le prix de la journée. Bien des corporations fixaient d'une manière différente le taux des salaires en été et en hiver ou, comme on disait alors, en abusant des termes religieux, « le travail en carême » et « le travail en charnage (2) ».

Le paiement à la pièce, comme il a été déjà dit, était mal vu par les corporations, mais il existait néanmoins dans quelques professions. Le *Livre des Métiers* le mentionne deux fois (3). L'auteur du *Menagier de Paris* parle également des ouvriers « qui œuvrent à la pièce ou

qui ordonne l'exécution de la délibération prise par la communauté des maitres arquebusiers de Paris du 13 novembre 1750.)

1. Et si aucuns des maitres dessus dits faisaient en leur métier aucune alliance, les maires et les jurés le feraient savoir au prévôt de Paris et le prévôt de Paris défendrait les alliances et en prendrait amende selon qu'il lui semblerait bon que ce fût (statut des tisserands de lange à Paris).

2. L'été c'est le carême, l'hiver c'est le charnage. Franklin, p. 122.

3. Titre LVI, art. 1 et titre LVXXII, art. 8. (Franklin, p. 83.)

en tâche pour certain œuvre » (1). La défense directe du travail à la pièce se rencontre beaucoup plus tard ; ainsi, en 1660, les tailleurs, en renouvelant leurs statuts, y introduisent le paragraphe suivant : les maîtres n'ont pas le droit de tenir « aucuns garçons travaillant pour eux à leurs pièces » (2).

C'est à une époque plus récente aussi qu'il faut rapporter les tentatives d'intéresser les ouvriers dans les avantages de l'entreprise en leur assurant une certaine part du prix obtenu à la vente. C'est l'industrie de la soie, fondée à Toulouse par l'italien Salvini, qui au XVIe siècle nous en donne l'exemple. Dans les statuts qui devaient en régler l'exercice, il est dit que les « ouvriers-compagnons », qui apprêtent le satin, reçoivent les deux tiers du prix que le marchand paie au maître. A la vente du velours, le maître retient un cinquième du prix à son propre profit et donne le reste aux ouvriers (3).

La rémunération accordée aux ouvriers paraît d'autant plus considérable que la journée ouvrière n'était pas bien longue et que le travail de nuit était absolument interdit. Les statuts des XIIIe et XIVe siècles se prononcent très catégoriquement à cet égard. Personne, disent les drapiers, ne doit se mettre à l'ouvrage avant le lever du soleil. Les chapeliers attendent tous les matins que les sentinelles des tours du Louvre et du Châtelet leur annoncent au son de la trompe par la « guette cornée » que le jour est commencé (4). Ce n'est que du moment où l'on peut distinguer un homme dans la rue que commence le travail

1. Ed. Pichon, II, 53-56. Cité par Fagniez. « De l'industrie et des classes industrielles en France », p. 80.
2. Franklin, p. 99.
3. Les maistres desdis draps de velloux seront tenus de balher aux compaignons qui les besoigneront pour leur façon les quatre quints qu'ils en auront. Les compaignons qui feront les draps de satin auront pour chacune canne les deux tiers du pris. Les compaignons qui besoigneront les dits damas auront pour leur peine les deux tiers du pris de la façon. (Du Bourg. « Corporations ouvrières de la ville de Toulouse », p. 132-133).
4. Franklin, p. 124.

pour les ouvriers foulons du bourg Sainte-Geneviève (1).

Interrompue par le premier déjeuner, le deuxième déjeuner et le dîner (2), la journée ouvrière ne durait pas dans tous les métiers jusqu'au coucher du soleil. Bien des statuts parlent en effet des vesprés comme du terme final de la journée, or, on sonnait pour les vêpres à 4 heures ; ceux qui consentaient à continuer le travail jusqu'à 7 heures, c'est-à-dire jusqu'aux complies, le dernier service divin dans la soirée, obtenaient un salaire supplémentaire (3).

L'interdiction du travail de nuit était fondée sur des considérations qui n'avaient rien de commun avec la protection de l'ouvrier contre l'exploitation du patron. On avait peur du feu, on voulait prévenir la possibilité d'une exécution défectueuse de la commande à cause de l'insuffisance et de la distribution inégale de la lumière par le copeau ou la chandelle (4). Cela n'empêche pas que les règlements interdisant le travail de nuit atteignaient en même temps et sans l'avoir directement en vue des fins d'ordre hygiénique et moral, également profitables à la classe ouvrière. Grâce à eux la journée normale ne dépassait pas onze heures (de 5 heures du matin à 4 heures du soir). Il faut encore en déduire une ou deux heures nécessaires aux deux repas principaux. Aussi avons-nous le droit de dire que la journée de huit heures, dont parlent les programmes ouvriers contemporains, se rapproche beaucoup de l'usage propre aux XIIIe et XIVe siècles.

Si l'artisan était obligé parfois de travailler neuf ou dix heures de suite, d'autre part, un plus grand nombre de jours fériés et l'observation rigoureuse du repos dominical qui

1. Statuts sans date publiés par Fagniez, p. 335.
2. Fagniez, p. 83.
3. Ibid., p. 82. L'espace de temps entre les vespres et les complies s'appelait « la vesprée ».
4. Les bougies en cire, nommées « luminarii », étaient trop chères. Les statuts en prescrivent l'usage uniquement pendant les funérailles et la messe chantée un jour de fête.

commençait souvent au samedi soir et durait jusqu'au lundi midi, lui assuraient un loisir plus grand même que celui que nos ouvriers réclament (1).

Le travail des femmes et des enfants était à son tour protégé par les statuts. On prévenait l'épuisement de forces des jeunes générations, ainsi que des mères de familles, par l'interdiction de certains travaux au sexe faible et par la défense de devenir compagnon sans apprentissage préalable. Nulle femme ne devait apprendre à faire les tapis sarrasinois, parce que ce métier était, comme dit le statut, « trop greveux » (2). Pour cette même raison les femmes étaient écartées, dans l'industrie des draps, de toute espèce de travaux antérieurs au filage, c'est-à-dire de toutes les manipulations préalables nécessaires pour rendre la toison bonne à l'apprêt (3).

Si nous ajoutons à tout ce qui vient d'être dit la facilité pour les apprentis et les aides-ouvriers de passer aux rangs de maîtres, la limitation du temps d'épreuve à quelques années seulement, l'insignifiance des frais occasionnés par la confection du chef-d'œuvre, et le peu d'importance des versements en argent qu'on exigeait de celui qui voulait devenir maître, on verra que le gouffre qui sépare de nos jours l'entrepreneur de l'ouvrier était inconnu au XIIIe siècle, comme aussi le contraste du capitaliste et du prolétaire, comparable à celui du propriétaire foncier et du manœuvre agricole.

L'aide-ouvrier et le maître faisaient également partie de la corporation, ils prenaient également part aux soins de son administration et aux débats que provoquaient les

1. Le nombre de jours fériés, à en juger d'après les statuts des boulangers, était au moins de 141 par an. (Franklin, p. 138.)

2. « Livre des métiers d'Etienne Boileau », publié par Depping, p. 126.

3. Les statuts de 1190 expliquent ainsi cette défense : « Car quant une femme est grosse et le métier despiécé, elle se pourrait blecher en tele manière que son enfant serait péris. (Legrand. « Etude historique sur les corporations d'arts et métiers. Mémoires de la Société d'émulation de Roubaix », III, p. 257.)

diverses questions intéressant le métier. L'un et l'autre, bien que dans une proportion inégale, supportaient les frais qu'occasionnait l'entretien de la caisse de la corporation, caisse où on puisait les moyens d'entretenir les malades et les secours à accorder aux sans-travail (1). Chacun avait ses obligations. L'ouvrier était tenu de ne pas exécuter de commandes à l'insu du maître, le maître de ne point engager à son service ni des étrangers ni même les habitants d'autres villes du royaume (2). Combien la situation d'un « compagnon » était peu semblable à celle d'un ouvrier de nos jours, on en peut juger par ce fait, que certains maîtres revenaient volontairement dans les rangs des compagnons, congédiaient leurs ouvriers et prenaient de l'ouvrage chez l'un de leurs camarades (3).

La solidarité qui écartait la possibilité de toute concurrence et de tout enrichissement des uns aux dépens des autres se manifestait tant dans les rapports avec les compagnons et les apprentis que dans ceux des maîtres entre eux.

Les statuts des corporations avaient une tendance très prononcée à faciliter aux maîtres l'acquisition des matières premières au même prix.

Dans ce but ils exigeaient de l'acheteur en gros qu'il cédât à chacun des camarades de sa corporation une part de la marchandise au prix payé ; ils défendaient aussi toute espèce d'arrangement qui aurait pour suite l'acqui-

1. Legrand, p. 129. — Du Bourg, p. 94. Statut des peintres-verriers : Item si ung compaignon dudit office venoit en maladie, et son argent lui faclist, les maistres seront tenus, etc. V. ibid. p. 119.

2. Jusqu'à ce que tous les membres de la corporation se soient assurés (Legrand, p. 243.)

3. Les chaussiers, en insérant leurs statuts dans les registres du Châtelet, demandèrent à les compléter par le paragraphe suivant : « Que les valets dudit métier, dont les noms si dessous indiqués, puissent commencer ledit métier quand ils voudront sans l'acheter ni rien payer au roi... parce que plusieurs d'entre eux ont été autrefois maîtres et sont devenus vallets par pauvreté ou par leur volonté. » (Legrand, p. 259.)

sition par l'un des maîtres de matières premières au détriment des autres (1).

Ces mêmes considérations poussaient les auteurs des règlements à demander que nul artisan n'occupât plus d'un « banc » avec sa marchandise, c'est-à-dire qu'il fût mis dans les mêmes conditions que ses camarades quant à la vente des produits de son industrie (2).

Il serait difficile d'attribuer à la même préoccupation, celle d'égaliser au possible les conditions dans lesquelles se produisait l'activité des maîtres de la corporation, l'interdiction de conserver plus d'un ou de deux apprentis, d'autant plus qu'elle ne s'étendait point aux enfants ni même aux parents plus éloignés ; il en faut par conséquent chercher l'origine dans des considérations d'un autre ordre. L'interdiction avait pour cause le désir de maintenir la production à un niveau très élevé et de prévenir le chômage forcé des contremaîtres ou compagnons grâce à la concurrence des apprentis. Ce n'est qu'avec un petit nombre de ces derniers, raisonnent les statuts, qu'est possible la transmission par le maître de son savoir et de son expérience.

1. Le Livre des métiers est très riche en règlements de cette espèce. Ils sont cités dans les ouvrages de Legrand, Fagniez et Franklin. Complétons-les par des fragments de quelques statuts des corporations de la « ville, terre et seigneurie d'Héricourt »; car cela nous permettra de montrer que ces règlements étaient répandus partout depuis la capitale et les grandes villes jusqu'aux petits bourgs : » Sy aulcuns compagnons desdits mestiers acheptants de la marchandise de cuirs, et aulcuns d'iceulx compagnons survenoit en faisant de marchefz demande part à iceulx, lesdits compagnons achepteurs seront tenus luy bailler part, moyenant coutantant le marchand ou vendeur la portion qu'il y prendra. Nuls maistres et compagnons dudit mestier ne pourront ny debvront achepter l'un sur l'autre. Tous ceulx travaillant dudit mestier de tisserand et fillandriers marchands de fillet, ouvrages et autres marchandises semblables un autre se retreuvant en faisant marchefz y demande part parmy mettant ses deniers y doibt avoir part comme luy. » (V. Revue d'Alsace, t. XIII, nouvelle série, Belfort, 1883, pp. 264, 271 et 273.)

2. Ibid. « Item que aulcungs desdits maistres et compagnons ne pourront es jours de vendredy, foire ou marchefz de ladite ville tenir qu'un banc pour vendre leur marchandise, affin que les pauvres compagnons desdits mestiers puissent demeurer et gagner leur vie auprès des aultres plus riches. » (P. 266.)

Ce n'est qu'à cette condition qu'on peut arriver à contrôler minutieusement la qualité du travail, sans quoi les années d'épreuve seraient perdues pour l'apprenti. D'autre part, ce n'est que l'interdiction de prendre plus d'un ou de deux apprentis qui empêche de remplacer le travail chèrement payé des compagnons par celui à bon compte des apprentis (1).

L'absence de tout maximum réglementaire quant au nombre de compagnons et, d'autre part, l'existence d'un pareil maximum à l'égard des apprentis, prouve on ne peut mieux que le régime corporatif n'écartait pas tout à fait la possibilité d'un plus ample bénéfice pour celui des maîtres qui était prêt à supporter des frais considérables et qui jouissait d'une plus grande confiance du public.

Tout en admettant l' « égalité dans la diversité », les statuts des corporations s'efforçaient de prévenir la possibilité du développement de la grande industrie au détriment de la petite et de la moyenne. Dans ce but ils s'opposaient à l'établissement d'associations entre patrons, associations, dont le but serait l'union des capitaux, l'exercice du métier sur une grande échelle et la possibilité de vendre la marchandise à prix réduit, grâce à l'amoindrissement des dépenses (2).

1. Statut des veloutiers de Toulouse du XVIe siècle : Item et d'autant que plusieurs desdits maistres vouldroient faire besoigner tous les ouvraiges qu'ils prendront à faire à leurs apprentis qui ne seront encore experts; touchans plus à leur proffict particulier que public, au moyen de quoy lesdits ouvraiges ne seront si bons comme doibvent et les bons ouvriers seront recullés sans trouver où gaigner leur vie, ne sera permis à aulcung des maistres pouvoir tenir plus que ung apprenti pour chasques deux mestiers de grands draps qu'il aura, enfin que les compaignons, qui seront hors d'apprentissage, puissent gaigner leur vie et les ouvraiges soient de la bonté requise. (Du Bourg. « Corporations ouvrières de la Ville de Toulouse », p. 124.)

2. Deux maîtres du métier ni plusieurs ne peuvent être compagnons ensemble dans un hôtel (statut des foulons, « Livre des Métiers », titre LIII). Legrand cite des arrêtés semblables empruntés aux statuts des bouchers d'Amiens de 1281. Cet auteur exprime cette idée, très juste à notre avis, que l'interdiction des associations entre les maîtres constituait une partie de ce droit usuel qui était loin d'avoir trouvé son expression entière dans les statuts de corporations.

Jusqu'à présent nous n'avons mis en relief qu'un trait de l'organisation corporative des métiers qui était celui d'éloigner la possibilité de toute concurrence, tant au sein des entrepreneurs que dans leurs rapports avec les ouvriers. Mais à côté de cela il faudrait pour compléter le tableau signaler d'autres particularités du même système, par exemple, celle-ci : au moment de son plein épanouissement l'organisation corporative de l'industrie tendait à transformer l'exercice du métier en une espèce de service public, dont le bon fonctionnement intéressait dans la même mesure l'entrepreneur, les ouvriers et les consommateurs. Pour s'en convaincre on n'aurait qu'à faire l'analyse des règlements de police qui proscrivent tels ou tels autres procédés techniques, et à faire connaître le genre de contrôle, réalisé par les jurés quant à la bonne façon des marchandises livrées au public par les métiers ; mais tout cela s'éloigne trop de la tâche que nous nous sommes imposée, pour que nous puissions en entreprendre l'exposé en ce moment.

Nous nous bornerons par conséquent à dire que la corporation, ainsi que le fief, peuvent être considérés comme un organisme de production assez compliqué, dans la constitution duquel les intérêts du public, des entrepreneurs et des simples exécuteurs du travail ont été pris également en considération et par lequel a été assurée la transmission héréditaire des connaissances techniques et de l'expérience pratique, grâce à la subordination hiérarchique des producteurs de divers degrés et la continuité des échelons qui mènent à l'état de maître.

Le triomphe du principe corporatif dans l'industrie équivaut par conséquent à ce qu'on peut nommer « l'organisation du travail », à condition d'entendre par là le fait que tous ceux qui à divers degrés participent à l'exercice de tel ou tel métier y trouvent pour eux et leurs familles l'assurance de mener une existence en dehors du besoin. Cette organisation industrielle a cela de particulier qu'elle n'admet pas une séparation rigoureuse des ouvriers et des patrons et permet de passer d'un état à l'autre. Tel est le beau côté du régime économique propre aux villes du moyen âge. Mais il faut signaler déjà les signes précurseurs d'une tendance toute contraire et qui est de se renfermer de plus en plus dans un cercle restreint et non accessible aux gens du dehors. Ce dernier trait se manifestait dans la limitation du nombre d'apprentis et dans la situation privilégiée faite aux héritiers légitimes des maîtres, bientôt il sera mis plus en évidence par la difficulté pour les apprentis et les contremaîtres de devenir maîtres à leur tour et par la limitation du nombre de ces derniers. Du moment que l'état de maître, conformément aux statuts, deviendra un privilège héréditaire, la corporation se transformera en une espèce de caste, et le monopole de la production deviendra dans la même mesure le trait distinctif de l'organisation corporative de l'industrie dans laquelle le monopole de la propriété foncière constituera la particularité de cette excroissance de féodalité qu'est le régime seigneurial.

A part cela, l'organisation corporative du métier suppose tout d'abord une concentration artificielle de l'industrie manufacturière dans les villes. Elle détermine l'opposition de la ville et du village, comme de deux facteurs de production essentiellement distincts ; elle limite l'activité économique du village à la seule production agricole et celle de la ville à la production manufacturière. Or cela entraîne toutes sortes de vexations et de difficultés pour l'industrie domestique rurale, ce succédané nécessaire du travail des champs, en tant qu'interrompu pendant une partie de l'hiver ; c'est ainsi que les villages deviennent les ennemis naturels des monopoles industriels, monopoles dont tous les avantages reviennent aux villes.

Les deux siècles qui ont précédé la Révolution ont été

les témoins du développement rapide de ces traits fâcheux de l'organisation corporative des métiers.

§ 2

Sans suivre la marche générale de son évolution, signalons les résultats définitifs de cette dernière.

Ce qui saute avant tout aux yeux, c'est l'augmentation du nombre d'entraves posées au développement des petites manufactures de campagne. D'abord toutes les « villes jurées », ensuite toutes les autres villes du royaume, défendirent l'accès de leurs marchés aux produits d [illegible] industrie rurale. Ainsi, par exemple, Toulouse [illegible] xvie siècle le privilège que tous les produits manu[illegible] qui entreraient dans cette ville ne se vendraient pas sans être visités au préalable par les *bayles*, officiers de la police locale. L'exécution de cette mesure entraîna la création d'un dépôt pour les marchandises venant du dehors, c'est-à-dire des villages voisins. Ce dépôt fut nommé « logis de l'escu ». C'est de là seulement qu'il était permis de livrer aux clients les marchandises de provenance étrangère à la ville (1).

Les statuts des corporations du xvie siècle se prononcent clairement contre la concurrence des villages, en déclarant, par exemple, que : personne, hormis les citoyens, n'a le droit de vendre les produits de son métier avant la visite de ces derniers par les *bayles ;* et cela sous peine de confiscation (2). Cet article est emprunté aux statuts des forgerons. Les autres métiers vont encore plus loin.

1. Du Bourg. « Corporations ouvrières de la ville de Toulouse », p. 88.

2. Statut des forgerons de Toulouse (ibid, p. 89). Statut des chandelliers : Que toutes les chandelles qui seront apportées du dehors pour vendre en la présente ville, comme de Montauban et autres lieux, ne pourront estre déchargées que au Logis de l'Escu, où elles seront débittées, préalablement visitées par lesdits baillis et touchées par les sieurs capitouls (Ibid., p. 90.)

Dans la même ville et au même siècle les « taillandiers » sont parvenus à faire défendre la vente des ciseaux faits à Grisolles et autres localités voisines, et les bonnetiers celle de toute espèce de produits de leur industrie venant du dehors, excepté les bonnets rouges de Narbonne et de Roquecourbe (1).

Un siècle et demi plus tard les corporations de Toulouse faisaient ouvertement des démarches pour obtenir permission de confisquer tout produit manufacturé, fait ailleurs que dans la ville (« tous les ouvrages que les forains porteront dans cette ville. ») (2).

Les corporations ne parvinrent cependant pas à écarter [illegible] ent la concurrence de l'industrie rurale. Au- [illegible] Arthur Young et Legrand d'Aussy n'auraient pas eu l'occasion de signaler si souvent l'existence de tisserands et de couteliers ruraux (3), et l'auteur du mémoire sur la situation de la Touraine en 1766 n'aurait pas confirmé le même fait en disant : Il n'y a pas de village où il n'y ait d'artisans de toute espèce (4).

On peut reconnaître plus efficaces les efforts des maîtres pour défendre aux contremaîtres ou compagnons, aux simples ouvriers et à toutes les personnes qui ne faisaient pas partie de l'organisation corporative, d'accepter des commandes et d'exécuter des travaux à leur propre compte. Les pouvoirs municipaux étaient souvent avertis que les ouvriers des faubourgs, sans s'être munis de

1. Ibid, p. 90.

2. « Requête aux Capitouls des tisserands de lin ». Toulouse, août 1729 (ibid., p. 179). Délibération des ferblantiers du 13 avril 1767 : « Les marchands forains contrevenant aux statuts, qui portent que les seuls maistres du corps auront le droit de travailler, vendre et débiter les ouvrages en fer blanc... ne font plus de difficultés de vendre publiquement une quantité prodigieuse de marchandises, que les seuls maistres du corps sont en droit de vendre... (ibid. p. 180).

3. Legrand d'Aussy. « Voyages faits en 1787 et 1788 dans la ci-devant Haute et Basse-Auvergne ». VI, p. 444 et 454. Des 15.000 habitants de Thiers et de ses environs 10.000 sont des couteliers.

4. Tableau de la Province de Touraine depuis 1762, jusque et y compris 1766. « Annales de la Soc. d'Agriculture, Sciences, Arts, etc. du dép. de l'Indre-et-Loire », année 1862, p. 237.

diplômes de maître et sans avoir fait le nombre voulu d'années d'apprentissage, s'occupaient de la fabrication des mêmes marchandises que les membres des corps de métiers (1). Pour empêcher le renouvellement de pareils abus il était défendu aux ouvriers de garder à leur domicile les instruments de leur travail. Ainsi, par exemple, les menuisiers n'admettaient pas la présence de scies dans les habitations de leurs ouvriers et cela sous peine de confiscation, de privation de liberté et de coups de fouet. Les statuts des orfèvres renfermaient des règlements analogues. Ils rendent responsables les propriétaires des maisons dans lesquelles sont installés les ateliers clandestins (2).

Il ne suffisait pas de se protéger par des interdictions contre la concurrence des personnes placées en dehors de la corporation ou qui y occupaient une position subordonnée. Pour s'approprier le monopole de la production, les corporations rendirent difficile pour les apprentis le passage à l'état de maîtres. Au moyen âge après que les années d'épreuves étaient écoulées, l'ouvrier avait devant lui la perspective de devenir patron. Depuis le XVIe siècle les statuts des corporations dans le but de limiter le nombre des maîtres et de leur assurer ainsi de plus amples bénéfices (3), tantôt défendirent de recevoir comme apprentis d'autres personnes que les fils de maîtres, tantôt libérèrent ces derniers de toute épreuve obligatoire ainsi que des frais qu'entraîne l'acquisition des droits de la maîtrise (4).

1. Requête adressée le 16 décembre 1754 aux Capitouls de Toulouse par les passementiers et molisseurs en soie avec l'exposé de leur triste situation. « Corporations ouvrières de la ville de Toulouse de 1270 à 1791 » par Du Bourg, p. 159.

2. Les statuts des menuisiers de 1743, art. 90, 92, 31. Les statuts des orfèvres de 1759, titre III, art. 5 ; v. Alfred Franklin. « Comment on devenait patron ».

3. C'est justement ce motif qui est cité dans la supplique, présentée en 1787 au chef de la police de Paris par la corporation des limonadiers, et en 1701 par la corporation des fourbisseurs. (Ibid., p. 38 et 39.)

4. Les typographes, les libraires et les relieurs de Paris dispen-

Dans le même dessein de monopoliser entre les mains d'un petit nombre de patrons, l'exercice du métier, bien des statuts s'opposèrent au passage immédiat des apprentis à l'état de maître et exigèrent d'eux plusieurs années de service en qualité de compagnons. Ainsi firent les drapiers et les teinturiers. Les statuts de 1667 et de 1669 déclarent, en effet, qu'après les années d'apprentissage et l'accomplissement du chef-d'œuvre, le nom du jeune ouvrier sera porté non sur les listes des maîtres, mais sur celles des compagnons (1). Dans les corporations de Lyon, ce second temps d'épreuve ne durait pas moins de cinq ans, après quoi l'exécution d'un nouveau chef-d'œuvre donnait le droit de devenir maître (2). L'augmentation des frais qu'entraîne l'exécution de cet ouvrage devint aussi un moyen de limiter la concurrence. Tout le monde n'était pas à même d'y dépenser des mois et des années, aussi plus d'une fois le prévôt de Paris eut à examiner les plaintes de personnes que la corporation avait obligées de passer deux années entières à faire le chef-d'œuvre en travaillant à cet ouvrage sous les yeux des gardes dans ce qu'on appelait la « chambre du chef-d'œuvre ». L'ouvrage était coûteux et amenait souvent, au dire des contemporains, la ruine complète de l'aspirant (3). Les enfants des maîtres, ainsi que leurs beaux-fils, étaient dispensés par nombre de statuts de l'obligation du chef-d'œuvre, ou bien ils obte-

sent leurs enfants de l'apprentissage. Statut de 1618, art. 7, 9. La même chose a lieu chez les orfèvres, qui exigent des enfants du maître un chef-d'œuvre seulement (statuts de 1759) et les couturières (statuts de 1675). Les doreurs de cuirs prennent en 1619 la décision de ne prendre personne en apprentissage pendant les dix ans qui suivent. Les teinturiers font de même en 1670. Les orfèvres déclarent en 1632 que jusqu'à la réduction du nombre des maîtres à 300, leurs enfants seuls ont le droit de se faire apprentis. (Ibid., p. 36, 37 et 38.)

1. Ibid., p. 57 et 58.

2. V. Paul Bougier. « Les associations ouvrières, étude sur leur passé, leur présent, leurs conditions de progrès », p. 72.

3. L'édit de 1781 dit que les contremaîtres passaient plus d'un an à leur chef-d'œuvre. Mathieu Jouse écrit en 1627 des serruriers : « Des ouvriers ont mis deux ans et plus à parfaire le chef-d'œuvre, tellement que c'est quelquefois la ruine des pauvres aspirants, à cause des grands frais et dépenses. » Franklin, p. 181.

naient la permission de dépenser pour cette œuvre la moitié du temps et de l'argent dont les autres candidats avaient besoin (1). Quelques statuts expriment franchement cette idée que le chef-d'œuvre sert moins à s'assurer de l'aptitude du candidat qu'à défendre l'accès de la maîtrise à un trop grand nombre d'aspirants. De là la possibilité de le remplacer chez les brodeurs par un versement de 100 livres (2). Le chef-d'œuvre ne dispensait pas de tout payement pour l'acquisition de la maîtrise. Ces payements furent même très considérables au XVIIIe siècle ; ils s'élevèrent souvent à 1.500, 1.800 et même 3.240 livres (3).

Afin d'acquérir le monopole, quelques corporations n'ont pas reculé devant l'établissement d'un maximum légal de maîtres. Les orfèvres déclaraient au milieu du XVIIIe siècle que leur nombre à Paris ne devait pas dépasser 300 personnes. En même temps les brodeurs réduisirent leur nombre à 200, les horlogers à 72, les patrons typographes à 36, etc. (4). Il en fut de même dans les provinces. A Toulouse, par exemple, on défendit de dépasser le chiffre de 20 barbiers et de 30 orfèvres (5). Les statuts trahissent plus d'une fois le vrai motif de ces mesures en disant par exemple : la cause de la ruine générale est le désir que tout le monde a d'apprêter à Toulouse des tissus de soie et des brocarts (6), ou encore : le nombre des tailleurs est la cause que chacun d'eux manque d'ouvrage et ne peut couvrir les frais d'entretien de sa famille (7).

La tendance à monopoliser l'industrie se manifeste

1. Les fils des maistres qui se feront recevoir ne feront qu'une simple expérience, ne payeront que la moitié des apprentis. (Statuts des Barbiers, Perruquiers, Baigneurs, Etuvistes de la ville de Toulouse). Du Bourg, p. 176.

2. Ibid., p. 191.

3. 1.500 chez les arbaletiers, 1.800 chez les forgerons et 3.240 chez les drapiers.

4. Franklin, p. 178.

5. Du Bourg, p. 178.

6. Du Bourg, p. 72.

7. Ibid., p. 174.

encore dans une autre direction. Jusqu'en 1581 tous les métiers n'étaient pas organisés en corporations ; beaucoup étaient exercés librement par tous ceux qui en témoignaient le désir. L'apprentissage et le patronat étaient également inconnus dans ces sortes de métiers. Henri III étendit le premier l'organisation corporative à tous les arts industriels, et Henri IV à tous les genres de commerce (Edit d'avril 1597). Combien peu ces lois répondaient aux exigences de la nation, on en peut juger par ce fait que, en 1614, les états généraux demandèrent l'abolition du privilège de maîtrise. Mais le gouvernement ne donna pas suite à cette requête. La législation de Louis XIII n'apporta avec elle qu'un seul changement : elle plaça les corporations sous les ordres non seulement du pouvoir municipal, mais encore de l'administration centrale. Les différends de maîtres et ouvriers furent soumis en première instance aux maires des villes, aux échevins et capitouls. Des commissaires particuliers furent chargés de l'observation rigoureuse par les corps des métiers des règlements industriels, qui établissaient les procédés à suivre dans la préparation des objets fabriqués et la qualité de ces derniers. Ayant mis la main sur l'autonomie des corporations, le gouvernement se hâta de profiter des droits de contrôle qu'il venait d'acquérir dans un but fiscal. Aussi à côté de la vénalité des offices de la magistrature et des finances qui depuis François Ier occupait une place à part dans le budget français et figurait au nombre des « affaires extraordinaires », on vit apparaître la vente des postes d'inspecteurs des corporations et de gardes jurés, et cela durant tout le règne de Louis XIV et de Louis XV. Comme à l'exercice de ces charges était rattaché le droit de prélever sur les corporations certains paiements, il a suffi plus d'une fois au gouvernement d'annoncer la création d'une nouvelle charge pour forcer les maîtres à s'en affranchir par voie d'abonnement. Des cas semblables se répétèrent plus d'une fois à la fin du

XVIIe siècle et dans la première moitié du XVIIIe. Mais le gouvernement ne se contenta pas de ces moyens d'enrichissement du Trésor. A partir du XVIe siècle il eut encore recours à la création dans chaque corporation d'un certain nombre de maîtres, dont les places furent mises en vente. A leur acquisition furent admis non seulement les personnes expertes dans le métier, mais encore tous ceux qui étaient prêts à verser la somme exigée. De là les plaintes réitérées des corporations contre les « facultistes », c'est-à-dire contre les personnes qui avaient acheté le droit d'exercer un métier et qui n'y étaient nullement préparées (1). Ainsi, aux monopoles créés par les corps de métiers, vinrent se joindre ceux établis par le gouvernement. L'état de maître devint un privilège inaccessible à un simple ouvrier. Pour l'obtenir, il fallait avoir à sa disposition des fonds considérables, ou bien se trouver en relations de proche parenté avec un des membres de la corporation. Le passage de l'état de simple ouvrier au rang de maître devint un cas exceptionnel. Le lien qui si longtemps avait existé entre le chef d'industrie et le travailleur fut rompu. Les compagnons cessèrent en même temps de prendre part à l'autonomie des corporations et de choisir à eux seuls un certain nombre de jurés. Les derniers cas de ces élections ne remontent pas au delà des XVe et XVIe siècles.

Les ouvriers formèrent maintenant des associations indépendantes nommées « compagnonnages ». Il est difficile de préciser le moment de leur première apparition. La législation ouvrière du milieu du XIVe siècle, avec sa tendance à baisser le salaire, en le maintenant au niveau qu'il avait atteint avant la peste de 1348, devait incontestablement collaborer, sinon à la formation, du moins à l'accroissement du nombre de pareilles unions. Il n'est pas étonnant pour cette raison que la plupart des compa-

1. Franklin, p. 200 et suiv. et Du Bourg, p. 177 et suiv.

gnonnages de Lyon remontent justement à cette époque(1).

Nous n'allons pas examiner la question de savoir comment se sont formées les trois ligues de compagnons connues sous les noms de « compagnons de Salomon », « compagnons de maître Jacques » et « compagnons du père Soubise ». Il suffit pour notre but d'indiquer l'influence que la coutume prise par les ouvriers de passer de ville en ville pour se perfectionner dans leur métier a dû exercer sur le développement de ces associations. Grâce à elles, l'ouvrier de passage pouvait compter sur l'entretien pendant tout le temps que durait sa « passade » ou séjour temporaire dans telle ou telle ville (2).

Dans la première moitié du XVIe siècle les associations ouvrières paraissent au gouvernement tellement dangereuses pour l'ordre et la sécurité publique, que par l'édit de 1539 François Ier défend aux personnes, occupées dans les divers travaux de la construction, entre autres aux maçons, de faire aucune réunion de cette espèce. Au milieu du XVIIe siècle les compagnonnages rendent aux ouvriers les mêmes services que les *trade-unions* anglaises de nos jours. En 1716 par exemple ils se trouvent à la tête de la grève des ouvriers occupés à la fabrique

1. Si nous laissons de côté les maçons, les charpentiers, les menuisiers et les serruriers, auxquels est attribuée la formation d'associations à l'époque de la construction du temple de Salomon et, avec plus de probabilité, au VIe siècle de notre ère (v. le « Tableau des compagnonnages, dressé à Lyon par les compagnons passants du Devoir du 18 mai 1807 ». Paul Bougier, p. 100), toutes les autres associations ne remontent pas plus haut que les années 1330, 1407, 1409 et 1410.

2. V. par exemple : les statuts des faiseurs de cordes à Toulouse, en 1633. « Si aulcung compagnon venoit de pays estranger et qu'aucung desdits maistres n'aye moyen de luy fournir de la besoigne pour travailler, il luy sera donné 10 sols pour la passade entre tous les maistres. Plus que les compagnons bayles seront tenus conduire les compagnons nécessiteux par les boutiques des maistres dudit estat, pour voir s'ils ont besoing de leurs services, et à faute de leur trouver besoigne, demander la « passade » à tous compagnons qui seront dans lesdites boutiques. » (Du Bourg, p. 194.) Des règlements semblables se trouvent dans les anciens statuts des selliers et des chauciers de Bordeaux. V. Levasseur. « La France industrielle en 1789 ». Paris, 1865, p. 87. Cette monographie est entrée entièrement dans le troisieme volume de « l'Histoire des classes ouvrières en France ».

de draps de Van Robais à Abbeville. A cause du manque d'ouvrage le patron décida de congédier une partie du personnel de sa fabrique. Les ouvriers restants répondirent à cette mesure par l'interruption des travaux. L'intervention du maire et de l'intendant ne put rétablir la bonne entente. « Je jugeai utile, écrit à cette occasion ce dernier, de m'assurer par moi-même de l'état des esprits parmi les tisserands. J'espérais rompre l'union qui s'était formée dans leur milieu ; dans ce but, je fis appeler les meneurs des insurgés, mais à leur place c'est la population entière qui arriva. La tentative d'arrêter quelques individus qui osèrent dire à la face des supérieurs qu'ils ne voulaient reprendre le travail qu'à la condition que tous auraient de l'ouvrage, ne réussit donc point », et l'intendant fut obligé de compter uniquement, comme il l'avoue lui-même, sur le bon effet de la faim (1). L'année suivante une grève analogue se produisit à Amiens. On l'organisa dans le but de forcer les patrons à une augmentation du salaire. Les meneurs invitèrent les ouvriers à cesser tout travail. Cette fois encore le gouvernement eut recours à la force armée, il procéda à des arrestations et ouvrit des poursuites judiciaires (2). Des grèves (3) du même ordre éclatent à plusieurs reprises dans les papeteries du Dauphiné en 1724, parmi les drapiers d'Amiens en 1727 et les tisserands en soie de Lyon en 1744 (4).

1. « Il n'y a qu'un moyen de faire revenir ces mutins, c'est de les prendre par la famine, car c'est probablement la fable de la révolte des membres contre l'estomac, et ces malheureux, n'ayant pas d'autres moyens de subsister, viendront certainement demander grâce pour qu'on leur en donne. » Lettre de Bernage au duc de Noailles, le 27 juin 1716. V. « Une grève sous la régence », par Albert Babeau, « Revue internationale de sociologie », dirigée par René Worms, no 1, p. 21.

2. Ibid., p. 23.

3. Levasseur mentionne les grèves d'ouvriers au XVIIe siècle encore et en particulier les grèves des drapiers de Darnetal et des tisserands de toiles de Caen en Normandie. (Vol. II, pp. 318 et 319.)

4. V. « La question des grèves sous l'ancien régime. Une grève de Lyon en 1744 », par Pierre Bonassieux. Paris, 1882, p. 9.

De toutes ces grèves c'est la dernière qui est la plus intéressante à étudier. Plus de 20.000 personnes y prennent part. Les femmes jouent le rôle d'instigatrices principales. L'exemple des tisserands est bientôt suivi par les centres ouvriers de Lyon ; les teinturiers, les chaussiers, les charpentiers, les portefaix. Partout se produit un arrêt des travaux ainsi que la mise à l'amende de ceux qui les continuent ; on voit la foule se promener menaçante dans les rues des bâtons à la main, les pouvoirs municipaux, l'intendant et les entrepreneurs contraints de sanctionner de leurs signatures les nouveaux règlements, qui leur sont imposés par les ouvriers, enfin, des actes de violence commis à l'adresse des patrons particulièrement détestés et l'arrestation en masse des grévistes (1).

N'ayant pas eu cette fois à leur disposition de suffisants moyens de répression, les pouvoirs ont dû recourir à la ruse. Ils feignent de consentir aux demandes des ouvriers pour violer ensuite au plus tôt leur promesse. « Il s'agit d'arrêter la fermentation d'esprit qui s'est emparée de 15.000 à 20.000 personnes, écrit l'intendant. Cela me paraît impossible, tant que le Conseil Royal ne publiera pas d'édit, répondant aux exigences des ouvriers. On pourra ensuite les punir comme ils le méritent (2). » Et, en effet, au bout de six mois, le gouvernement ne supprime pas seulement les arrêtés précédents, mais encore il occupe Lyon militairement, livre les grévistes à la justice de la Cour des Monnaies de Lyon, qui les condamne les uns à la question et à la pendaison, les autres aux galères à terme ou à perpétuité (3). Enfin, l'amnistie publiée après la victoire de Fontenoy met le sceau de l'oubli sur tout le passé.

1. L'intendant écrit le 7 août 1744 : « Ils n'ont ni pillé, ni tué, mais ils ont extorqué par la force de M. le prévôt des marchands une ordonnance que je vous envoie, dictée par eux-mêmes, et où ils ont voulu ensuite mon attache que je n'ai pu refuser. » (Ibid., p. 29.)
2. Ibid., p. 31.
3. P. 46 et suiv.

Cela n'empêche pas de nouvelles grèves d'éclater à Lyon en 1752, 1778 et 1786 (1).

Des mouvements analogues se sont également produits dans les autres villes de la France. En 1748 ce sont les arquebusiers de Paris qui ont recours à la grève. Cette fois il est question de contraindre les patrons à remplacer la paie à la journée par celle à la pièce. L'affaire fut soumise à l'examen du lieutenant de police qui se prononça contre les ouvriers en déclarant que la paie à la pièce a cet inconvénient que préoccupés uniquement de gagner le plus possible (2), les ouvriers négligent la qualité de la marchandise qu'ils offrent aux clients.

La crainte des associations ouvrières pousse les pouvoirs municipaux de Toulouse à défendre en 1749 aux charpentiers toute réunion de plus de trois personnes tant le jour que la nuit (3). En 1743 le Parlement de Bretagne refuse aux maîtres le droit d'engager à leur service des ouvriers faisant partie de compagnonnages. Tous ceux qui en sont les membres ne peuvent rester chez le patron qu'à la condition de quitter immédiatement l'association.

Le Parlement de Paris prend en 1778 une décision analogue. Par l'arrêt du 12 novembre il défend toute espèce d'associations et de réunions d'ouvriers, de même que le port d'armes et même celui de bâtons. Les cabaretiers et les aubergistes sont obligés de ne point admettre de réu-

1. Ibid., p. 50.

2. Sentence de M. le lieutenant général de police qui ordonne l'exécution de la délibération, prise par la communauté des maîtres arquebusiers de Paris du 18 novembre 1750.

3. « Que la prétendue confrérie dite du Devoir, celle des Gavots et toute autre association sous telle dénomination que ce puisse être, soient abolies parmi les compagnons menuisiers avec défense de se dire du Devoir ou Gavots, de tenir aucune assemblée générale ou particulière dans la ville ou la banlieue, sous prétexte de confrérie, association, cérémonie, affaires communes, embauchage ou sous tel autre prétexte que ce soit... Défense à tous les aubergistes et cabaretiers et autres personnes de les recevoir en plus grand nombre de trois, recevoir des lettres sous l'adresse au père et à la mère des compagnons du Devoir ou Gavots à peine de 300 livres d'amende. » (Statuts des tailleurs de 1738.) (Du Bourg, p. 208.)

nions des compagnons du Devoir (1). En 1783 les charpentiers de Toulouse, en se plaignant des mêmes compagnons tant « du Devoir » que des « Gavots », décrivent ainsi leurs agissements. Ils errent dans les villes, se réunissent au nombre de cent personnes et davantage, se moquent des interdictions lancées par les maîtres, se donnent rendez-vous dans des chapelles de couvents et y prennent des mesures, tendant à fixer le salaire, le nombre d'heures de travail, la quantité et la qualité de la nourriture qui doit être offerte, etc. Ils s'efforcent également d'enlever les ouvriers aux patrons qui n'ont pas mérité leur confiance et dans ce but ils quittent souvent la ville par bandes, en laissant derrière eux quelques délégués, qui sont chargés de chasser de la fabrique ceux qui viendraient travailler à leur place (2).

En lisant ces déclarations, on croit avoir sous les yeux le compte rendu de quelque grève moderne, à tel point celles que nous décrivons leur ressemblent. Le trait particulier du XVIIIe siècle consiste dans l'attitude que prennent vis-à-vis des grèves le gouvernement ainsi que les chefs des corporations. La législation moderne a admis la liberté des grèves (3), mais elle l'a fait il n'y a pas longtemps et d'une façon incomplète. C'est de nos jours qu'a été abolie en Angleterre la loi qui ordonnait des poursuites contre les personnes qui exerçaient la contrainte morale contre ceux des ouvriers qui se tenaient à l'écart. Il y a cent ans toute tentative de soutenir les ouvriers dans leurs différends avec les entrepreneurs était traitée de crime. Elle donnait lieu à des poursuites judiciaires devant les pouvoirs municipaux et les parlements, à l'envoi de troupes sur les lieux et à la suppression de force des réunions ouvrières. Outre cela, elle justifiait les mesures préven-

1. Simon. « Etude sur le compagnonnage », p. 45.
2. Du Bourg, p. 204.
3. En France la loi Olivier du 25 mai 1864 admet leur organisation par les ouvriers ainsi que par les patrons.

tives de la part du gouvernement comme par exemple l'interdiction de toutes assemblées sur les places publiques et dans les tavernes, l'établissement d'un salaire obligatoire pour les maîtres, l'interdiction aux entrepreneurs étrangers d'engager les ouvriers non congédiés régulièrement par leurs patrons, la transmission de l'embauchage aux mains d'agents spéciaux, l'introduction de livrets pour les ouvriers, etc. (1).

On peut trouver des illustrations nombreuses de ce que j'avance dans les règlements industriels et les statuts des corporations.

A Paris personne n'avait le droit de quitter son maître, sans l'avoir prévenu un mois, deux mois ou au moins huit jours avant l'expiration du terme (2) de son contrat. La police poursuivait sévèrement ceux qui quittaient leurs patrons dans d'autres conditions.

Quiconque parmi les ouvriers disparaissait pour trois jours était condamné à la réclusion au Châtelet. A la fin de la peine, il était banni de la ville de Paris avec l'interdiction d'y revenir avant trois ans (3). Celui qui ne pouvait pas certifier de sa libération de toute obligation précédente trouvait difficilement à se placer. Déjà dans la première moitié du XVIIIe siècle la police de Paris avait défendu d'héberger et de nourrir celui qui ne pouvait produire de certificat attestant sa bonne conduite et l'autorisation qu'il avait reçue de chercher de l'ouvrage. Pour les

1. On peut trouver des détails là-dessus chez Hauser. « Ouvriers du Temps Passé », p. 177 « Histoire d'une grève au XVIe siècle » et p. 166 « Confréries et coalitions. « Hauser communique des faits qui se passèrent au XVIe siècle en prouvant par cela même qu'il est possible de reculer de deux siècles l'histoire des collisions du travail et du capital.

2. Statuts des drapiers d'or, 1667, p. 3. Statuts des éventallistes de 1677, p. 12. Statuts des menuisiers, 1743, p. 911. Statuts des boulangers, 1746, p. 46. Statuts des imprimeurs libraires, 1686, p. 36, etc. (Franklin, p. 114). Le patron à son tour était obligé de prévenir l'ouvrier quelques jours avant le terme qu'il n'a plus besoin de lui (p. 115).

3. Statuts des cordonniers, 1614, p. 24, des horlogers, 1646, p. 5, des savetiers, 1659, p. 25 et autres.

personnes qui ne pouvaient produire de certificat, dit le lieutenant général de police, la seule habitation convenable est là prison (1).

Il est vrai que bien des statuts obligeaient les jurés à veiller à ce que les maîtres ne retinssent pas leurs ouvriers à l'expiration du terme convenu (2) ; mais, d'autre part, il était défendu sous peine d'amende de louer ceux qui n'avaient pas fini leur terme. Dans plusieurs métiers de Toulouse une pratique avait fini par s'établir au XVIIIe siècle, d'après laquelle on n'embauchait les ouvriers que par l'intermédiaire d'agents spéciaux, nommés mandes ; ils dressaient les listes de tous ceux qui cherchaient de l'ouvrage avec l'indication de leur lieu de naissance et les noms de leurs anciens patrons (3). L'acquittement de tous les comptes entre patron et ouvrier ne devait se faire qu'en présence des mandes. Cela permettait de constater que l'ouvrier et le maître avaient rempli chacun exactement leurs obligations (4). Au milieu du XVIIIe siècle les patrons étaient tenus de marquer dans des livrets les arrhes payés par eux à l'ouvrier, le nombre d'heures et de jours de congé, etc. Le gouvernement jugea nécessaire de réglementer l'ordre dans lequel devait se faire l'engagement et la longueur du congé accordé aux

1. Sentence de police du 31 octobre 1739.

2. Statuts des horlogers de Toulouse, 1755 ; « Veilleront les gardes jurés à ce que les maistres ne refusent injustement le congé aux garçons et compagnons. » (Du Bourg, p. 196.)

3. Statuts des tailleurs de 1738 : « Que le mande du corps sera tenu d'avoir un registre, sur lequel sera écrit, d'un côté, le nom, surnom et pays des garçons qui se présenteront et chez quel maître le mande les placera, et de l'autre côté du registre, le jour et l'heure, le nom du maître tailleur qui luy aura demandé des garçons. » (Du Bourg, p. 206.)

4. « Pour que le mande puisse connaître quels sont les garçons qui sont sans maistres, aucun maître ne pourra payer entièrement son garçon, lorsqu'il voudra le quitter, qu'il ne luy ait porté le cartel, ou cachet du mande. » (Statuts des tailleurs de 1738. Ibid., p. 207.) Chaque patron était tenu en outre « de tenir un livret visé et paraphé des gardes jurés, sur lequel seront inscrits les noms, surnoms, entrées et sorties des compagnons qu'il occupera ». (Ibid., p. 209.) Des arrêtés identiques ont été pris par les autres corps de métiers de Toulouse.

ouvriers. L'édit du 2 janvier 1749 ordonna la délivrance par les maîtres de certificats écrits et attestant l'accomplissement de l'engagement ; ces certificats étaient connus sous le nom de billets de congé ; enfin l'édit de 1781 ordonna aux ouvriers d'avoir sur eux des livrets qui certifieraient la date de leur engagement, sa durée, les gages convenus, la quantité d'arrhes reçus, etc. (1).

La disparition de la solidarité qui avait jadis réuni les patrons et les ouvriers, se manifesta également dans la cessation de toute vie commune entre eux ainsi que, dans la non application par les maîtres des règlements concernant le nombre des heures de travail et le taux des salaires.

Il est vrai qu'en règle générale les corporations interdisaient encore comme par le passé le travail de nuit (2), mais c'était pour des causes qui n'avaient rien de commun avec le bien des ouvriers : la peur du feu, le désir d'assurer un sommeil paisible aux voisins, la bonne qualité des produits, etc. Dans beaucoup de métiers le travail de nuit fut admis. Comment s'expliquer autrement le travail de dix-sept et de dix-huit heures, dont se plaignaient les ouvriers de Lyon à la veille de la Révolution (3) ?

La tendance de bien des corporations à établir le taux obligatoire du salaire témoigne (4) non pas du dévouement à l'idéal du *justum pretium* propre au moyen âge, mais de la persuasion qu'on avait que la libre concurrence amènerait fatalement de nouvelles exigences de la part des travailleurs et comme conséquence la hausse rapide des prix des vivres ; elle s'explique également par la

1. Jaeger. « Geschichte der socialen Bewegungen in Frankreich », p. 484.
2. Franklin, p. 141.
3. V. Levasseur. « Histoire des classes ouvrières », v. III, p. 18 et 76.
4. Arrêté des chapeliers de Toulouse, 28 avril 1693 : « Aucun maistre ne pourra donner plus de 6 sols par jour de travail à peine 10 livres. » (Du Bourg, p. 205.)

crainte des compagnonages et le désir d'écarter leur intervention dans les relations de maîtres à ouvriers. Les tentatives d'établir un salaire obligatoire pour tous ne se renouvellent d'ailleurs plus depuis le milieu du XVIIIe siècle. Il faut en chercher la cause dans les variations rapides des prix du pain et leur croissance ininterrompue, ainsi que dans les efforts des compagnonnages pour élever le salaire en recourant pour cela aux grèves. Dans les requêtes adressées aux pouvoirs municipaux, les patrons mentionnent plus d'une fois que les ouvriers menacent d'abandonner les ateliers dans le cas où leur salaire et la quantité de nourriture qui leur est accordée ne seraient pas augmentés sur-le-champ (1). Ils insistent surtout sur ce que les compagnonnages se sont arrogé le droit de fixer le taux des salaires, le nombre des heures de travail, etc. (2). Quiconque ne veut pas se soumettre à leurs demandes, est malmené par eux : « Ils les battent, excèdent, maltraitent et mesme obligent à quitter la ville et les chassent d'icelle (3). »

Les maîtres qui refusent d'accepter les conditions qui leur sont proposées sont souvent abandonnés en foule par les ouvriers ; en même temps ces derniers écartent de force des abords de l'atelier tous ceux qui voudraient y travailler et prendre leur place (4). La même chose se passe dans la capitale où, d'après Mercier, les ouvriers font la loi aux maîtres et se coalisent pour leur résister (5).

Malgré tous ces efforts, le salaire ne s'élève point. Il est vrai que sa somme totale a augmenté, mais comme les

1. Ils refusent de rentrer dans leurs ateliers, si les maîtres ne consentent à augmenter le prix de la journée de travail et le nombre de leurs repas. (Du Bourg, p. 202.)

2. Les compagnons affectent de se rendre maitres du prix des conditions, des heures du travail, de la quantité et qualité des aliments et de priver de compagnons les maîtres qui leur déplaisent. (Requête des menuisiers de Toulouse, janvier 1783, ibid., 204.)

3. Du Bourg, p. 204.

4. Requête de janvier 1783.

5. « Les maîtres se plaignent de ce que leurs ouvriers leur font la loi et se coalisent pour leur résister. » (Mercier. « Tableau de Paris », cité par Babeau. « Paris en 1789 », . 495.)

prix des denrées se sont élevés dans une progression encore plus grande, les travailleurs de Lyon ont été réduits à une misère extrême, et forcés de vivre en partie de la bienfaisance publique (1). A Paris, où le salaire arrivait à 20 sols par jour et parfois même à 40, les ouvriers, de l'aveu même des patrons, vivaient en 1789 plus pauvrement qu'avec 15 sols un demi-siècle auparavant (2).

A Châtellerault, à la même époque, « ils mangent du pain et de la bouillie et ne boivent que de l'eau ». A Nîmes, leur situation est tellement précaire que d'un jour à l'autre ils peuvent tomber dans l'indigence. En parlant de sa visite aux prisons de Toulon en 1783, le président du Parlement, Du Paty, remarque que la situation des galériens ne le cède guère à celle des ouvriers. On a de la peine à avouer, écrit-il, que des millions de Français sont dans un état pire que les galériens : ceux-ci ont du moins la vie assurée (3). Les faits qui viennent d'être cités suffisent pour démontrer que malgré le maintien de l'organisation corporative des métiers, la France du XVIIIe siècle présentait déjà plus d'un trait commun avec le régime économique moderne. Un des côtés heureux du système corporatif avait été, ainsi que nous l'avons vu, de ne point exposer l'ouvrier aux dangers du chômage.

Cet avantage disparut complètement vers l'époque de la Révolution. « Un quart de Paris, écrit Mercier en 1781, n'est pas sûr de pouvoir vivre de son travail le lende-

1. « Lyon de 1778 à 1788 ». (Bibl. lyonnaise. « Centenaire de 1789 », p. 107.) « L'ouvrier se contente d'un léger bénéfice. Le Cahier de la sénéchaussée de Lyon parle de l'extrême misère de nos ouvriers. » (V. Levasseur, vol. III, p. 63.)

2. Al. Tuetay. « Répertoire général des sources manuscrites de l'histoire de Paris pendant la Révolution », 1890, v. I, p. XXI. Affaire Réveillon. Réveillon parlant dans une assemblée des malheurs publics aurait dit qu'il était obligé de donner 40 sols par jour à ses ouvriers et qu'ils vivaient moins bien qu'avec les 15 sols qu'il donnait autrefois. (Lettre du marquis de Sillery à M. de Savigny.)

3. « Les galériens ne sont pas maltraités. Ils travaillent et on les paie. Chose terrible, il y a peut-être 10 millions de Français qui voudraient être aux galères s'ils n'y étaient pas condamnés. » (Pierre Valin. « Le passé et la Révolution », p. 19.)

main (1). Aussitôt que les matières brutes renchérissent ou que diminue le prix des produits manufacturés, les maîtres se hâtent de congédier leurs ouvriers et les abandonnent à leur propre sort. C'est ainsi qu'a agi Van Robais à Abbeville en 1716, et c'est là justement ce que se proposent de faire les fabricants lyonnais en 1787 par suite de la récolte insuffisante de soie dans le Piémont et généralement en Italie (2). De pareils procédés rompaient visiblement avec cette politique de bonne entente et de solidarité, qui, pendant des siècles, avait été l'heureux effet de l'organisation corporative de l'industrie.

Si l'on n'a pas étudié de près les phénomènes que je viens de signaler on a de la peine à comprendre pourquoi la doctrine du « laisser faire, laisser passer » conquit assez vite les sympathies du public. En effet, les contemporains trouvèrent dans les théories de Quesnay et de Gournay la réponse aux questions brûlantes du jour. La substitution à l'usage du contrat ou de l'entente mutuelle entre propriétaire et locataire, patron et ouvriers signifiait en même temps le triomphe du fermage libre sur la tenure héréditaire, et de la liberté industrielle sur le monopole.

Cette issue fut accueillie avec d'autant plus de joie que le manoir et le corps de métier avaient également cessé d'être une garantie sérieuse contre le défaut tant de terre que de travail. Aussi le peuple n'était plus intéressé à leur conservation. Il y a même des raisons de croire que les classes possédantes trouvaient certains avantages au nouveau régime économique. Nous avons constaté en effet que c'était l'intérêt personnel qui avait poussé les propriétaires à diminuer le contingent des terres loties aux paysans, de donner la préférence au fermage à court terme sur la tenure héréditaire.

1. « Tableau de Paris », t. II, Hambourg et Neuchâtel, 1781, p. 82.
2. Bibliothèque lyonnaise, septembre 1789. « A la veille de la Révolution. Lyon de 1778 à 1788 ». Proclamation du prévôt de marchands et échevins de Lyon du 19 juillet 1787.

On pourrait d'autre part admettre sans preuves à l'appui que les artisans habiles et quelque peu inventifs devaient pâtir des gênes que les règlements mettaient au perfectionnement et à la simplification des procédés industriels. Mais ces preuves ne manquent guère. En effet, comment expliquerait-on autrement ce fait que les meilleurs artisans s'étaient agglomérés dans les lieux et les quartiers où la production industrielle était déclarée libre ?

A Paris leur nombre croissait avec chaque nouvelle génération non seulement grâce aux encouragements qu'ils recevaient de la part du gouvernement, mais aussi parce qu'il y avait des centaines de personnes qui usurpaient une pareille franchise et ne pouvaient pas justifier leurs prétentions (1).

Ainsi, la liberté du travail existait déjà à titre d'exception avant l'abolition de la maîtrise. A Paris chacun, sans faire d'apprentissage, sans présenter de chef-d'œuvre et sans rien payer pour la maîtrise, pouvait ouvrir un atelier dans la paroisse de Notre-Dame, dans la cour de Saint-Benoît et le palais du Temple, appartenant au duc de Conti (ancienne résidence de l'ordre des Templiers). Il pouvait également établir son atelier à l'intérieur des cloîtres de Saint-Germain-des-Prés, de Saint-Martin, de Saint-Denis, de Saint-Jean-de-Latran, de même que dans tout le quartier de Saint-Antoine, dans les galeries du Louvre, enfin, dans les palais de tous les princes du sang (2).

1. Dans un des manuscrits de la Bibliothèque Nat. de Paris (ms. fr. 21,792) on trouve des données très curieuses sur l'enquête à laquelle furent soumises en 1717 les « personnes qui prétendaient avoir des privilèges ou affranchissements de maîtrises ». Beaucoup de « lieux privilégiés » furent reconnus alors n'avoir pas justifié leurs prétentions et perdirent par conséquent leur affranchissement. (Franklin, p. 235.)

2. Ibid. p. 231. M. Hauser nous montre on ne peut mieux qu'une bonne moitié de la France au XVIe siècle ne connaissait pas encore le régime corporatif. L'ordonnance de 1581 déclare en effet que le travail est libre dans les métiers des municipalités qui n'avaient point d'organisation corporative de métiers. A Lyon il était permis au XVIe siècle déjà « à tous et chacuns mécaniques de

On retrouvait également des quartiers affranchis de toutes vexations de la part des corps de métiers dans les villes provinciales, à Toulouse, par exemple (1). Les gardes jurés avaient beau enrayer la concurrence de l'industrie libre, en interdisant l'écoulement de ses produits au delà des limites des lieux privilégiés (2). Vainement aussi les pouvoirs municipaux faisaient payer des amendes aux maîtres qui voulaient exercer leur métier dans les quartiers francs. La législation et la pratique judiciaire prirent partie pour l'industrie libre afin, disaient-ils, d'encourager les progrès de la production (3). Les artisans organisés en corps de métiers se hâtèrent d'ailleurs de démontrer par leurs pratiques les inconvénients de la réglementation. Ils engagaient chez eux des ouvriers qui n'avaient point eu le temps de faire leur stage d'apprentis, ils les enlevèrent à leurs patrons, en leur promettant des appointements (4) plus considérables.

Quand Turgot se décide enfin à porter la main sur le régime corporatif, on ne présenta pour sa défense que les considérations suivantes : toute propriété est sacrée ; or les droits de maîtrise sont des droits de propriété ; on ne doit point par conséquent y porter atteinte. Les ouvriers qui ne savent pas se soumettre à leurs gardes jurés constituent un danger publique très grave, la qualité des produits manufacturés peut souffrir faute de surveillance suffisante exercée par la corporation. Nul n'osa affirmer que

venir y lever boutique ». (Hauser. « Ouvriers du temps passé », p. XXVII, v. aussi p. 110-116 et 139-140).

1. Du Bourg.

2 Monin. « L'état de Paris en 1789 », p. 452. La déclaration du 19 décembre 1776 : « Les franchises dont ont joui jusqu'à présent les artisans et ouvriers habitant le faubourg Saint-Antoine ont été resserrées par des gênes non moins préjudiciables à la liberté et au progrès du commerce qu'à leurs intérêts. Les marchandises fabriquées dans l'étendue dudit faubourg ne pouvaient être transportées dans l'intérieur de la ville, sans être exposées à des saisies que les droits attribués aux corps et communautés d'arts et métiers les autorisaient à faire. »

3. Franklin, p. 234.

4. Monin. « L'état de Paris en 1789 ». Ordonnance de police du 8 mai 1786 (p. 457). Ordonnance de police du 30 mars 1787 (p. 458).

la conservation des corps de métier était utile aux intérêts des masses ouvrières (1).

Cette levée de boucliers de la part d' « intérêts particuliers », comme on disait au XVIIIe siècle, suffit néanmoins pour retarder l'avènement de l'ère de la pleine liberté du travail. Après le renvoi de Turgot, les corporations furent plus ou moins rétablies.

L'édit d'août 1776 institua en effet dans la capitale non seulement six corps de marchands, mais encore toute une série de corps de métiers. On réunit à cette occasion en une seule plusieurs occupations différentes et on permit à une même personne l'exercice de plusieurs métiers qui avaient dépendu autrefois de corporations différentes. De plus, les femmes et les étrangers furent admis à l'acquisition de la maîtrise. Toute personne une fois reçue au corps de métier n'eut désormais d'autres formalités à remplir que de prêter serment. Il fut interdit, d'autre part, de faire des frais pour l'organisation de banquets communs et cela sous peine d'être poursuivi pour corruption.

Vingt-deux professions ne reçurent point d'organisation corporative. On les déclara libres ; ce furent : les tisserands, les cardeurs, les nattiers, les cordiers, les chiffonniers, les colporteurs, les jardiniers, les fleuristes, les oiseleurs, les pêcheurs, etc. Tous représentent des genres de travaux qui ne demandent pas une longue préparation technique. De même le privilège de certains quartiers d'avoir des ouvriers libres et celui des marchands colporteurs de vendre dans les rues des herbes, des légumes et des fruits, fut maintenu.

Dans les villages suburbains qui relèvent de quelque juridiction patrimoniale les seigneurs conservèrent le droit de conférer des permis, d'exercer telle ou telle industrie. Les grands négociants, qui font les affaires en gros, furent

1. Voir le discours de l'avocat général Séguier du 12 mars 1776. Il est cité en résumé par Jaeger dans sa « Geschichte der socialen Bewegungen in Frankreich ».

exemptés de l'obligation d'entrer dans les corps de marchands. L'édit de 1776 ne concerne d'ailleurs que la ville de Paris. Des mesures postérieures ont fait étendre ces dispositions aux autres villes et provinces : notamment sur le Lyonnais, l'Ile-de-France, la Normandie, le Roussillon et la Lorraine, sur la province des Trois-Evêchés, la Champagne, etc. (1).

On peut se faire une idée exacte du sort qui fut fait aux corporations durant cette dernière période de leur existence qui s'étend à partir de 1776 d'après la correspondance des intendants avec le contrôleur général de l'industrie. On peut la consulter aux Archives Nationales. Elle nous révèle le peu de succès de cette dernière tentative de régler l'exercice des manufactures, et les protestations de plus en plus fréquentes qu'elle souleva de la part des consommateurs, ainsi que de celle des industriels libres. En puisant nos renseignements dans cette correspondance, nous essaierons de répondre à la question de savoir dans quelle mesure l'organisation corporative des métiers et du commerce pendant cette dernière période de son existence prévint toute concurrence de la part des industriels libres établis dans les lieux privilégiés, de même que celle de l'industrie domestique dont les petits marchands des campagnes sont les agents accrédités, et combien elle assura aux consommateurs la perfection des marchandises qu'on leur livrait, c'est-à-dire à quel point la réglementation des divers métiers par les statuts corporatifs présente encore une garantie quant à la bonne qualité des produits industriels. Nous nous demanderons également si en maintenant avec rigueur toutes les prescriptions quant à la qualité et la quantité de la matière première qu'un industriel devait apporter à la confection de sa marchandise, l'administration ne s'opposait pas à tout pro-

1. V. « Histoire des corporations de métiers depuis leurs origines jusqu'à leur suppression en 1791 », par Etienne Martin-Saint-Léon, p. 484-487 et 492.

grès technique ainsi qu'à la diminution des frais de la production et comme conséquence des prix. N'y aurait-il pas lieu d'y voir une des causes pour lesquelles les marchandises françaises avaient de la peine à supporter la concurrence de celles de l'étranger? Cette conviction paraît avoir gagné peu à peu ceux-là mêmes qui étaient appelés à appliquer ces règlements. Aussi les inspecteurs du commerce montraient-ils de plus en plus d'indulgence quand il s'agissait de sévir contre les infracteurs, contre ceux qu'on poursuivait pour malfaçon, ainsi qu'il résulte de la lecture des nombreux matériaux inédits qui concernent le « Bureau des Arts et Métiers ». Ce dernier était composé de commissaires élus par les corporations ; son devoir était d'aider le gouvernement à trancher certaines questions de controverse soulevées par la pratique journalière des métiers.

Quand en 1781 des conflits assez sérieux s'élevèrent entre les corps de métiers et les colporteurs de campagne, d'abord à Gournay, et puis à Fours, Metz et Lisieux, le bureau déclara que dans les villes où il existait des corps de métiers, les colporteurs n'étaient autorisés à exercer leur commerce qu'en temps de foires ; à toute autre époque on ne les tolérerait qu'à certaines conditions. C'est-à-dire qu'on établira une distinction entre les marchands ambulants qui, sans avoir de boutique ouverte, habitent les environs de la ville et ceux qui arrivent d'une certaine distance. On prendra également en considération le caractère de la marchandise vendue. Ce ne sont que les objets généralement en usage parmi les habitants des campagnes ou encore les produits de l'industrie rurale, les toiles par exemple, qui pourront être vendus par les colporteurs des environs de la ville ; quant aux autres marchandises, il serait injuste, disent les membres du bureau, de donner aux personnes, exemptes des obligations qui pèsent sur les membres des corps de métiers, les mêmes avantages que ceux qui appartiennent aux maîtres de ces corps. Il ne faut pas perdre de vue que ces derniers font seuls certains versements, qu'ils contribuent seuls au paiement des impôts prélevés sur la ville. D'ailleurs, si l'on donnait des privilèges identiques aux colporteurs, c'est-à-dire aux personnes habitant hors de la ville, dans ses faubourgs et sa banlieue, on serait amené à renoncer à tout contrôle quant à la bonne qualité des marchandises, on créerait une concurrence injuste aux corps de métiers de la part de personnes qui, comme celles établies à la campagne, ont moins de frais à payer pour leur habitation et leur entretien.

Quand en décembre de la même année des conflits analogues surgirent à Aumale en Normandie, le bureau des métiers, afin de favoriser la petite industrie rurale, ainsi que dans le but de protéger l'organisation corporative des manufactures et du commerce contre la concurrence des producteurs ruraux, se prononça en faveur de la réglementation suivante : les petits industriels ruraux sont exempts de l'obligation d'entrer dans les rangs des maîtres et peuvent en même temps apporter des tissus apprêtés dans la ville, à condition que toute leur marchandise passe entre les mains de commerçants faisant partie du corps de métier. Les industriels ruraux perdent le droit de vendre leur marchandise directement en dehors des foires. L'avantage de tenir boutique n'est reconnu qu'aux maîtres du corps de métier.

Le gouvernement appuie ces décisions et défend aux colporteurs la vente directe de leur marchandise autrement qu'en temps de foires, si la marchandise est de celles que les maîtres des corporations sont appelés à produire (1).

En maintenant ainsi le monopole des corps de métiers, le gouvernement se prononce également en faveur de tout

1. Arch. Nat. F[12] 205. « Registre des lettres des communautés d'arts et métiers depuis le 14 octobre 1780-1782. » V. en particulier la lettre à M. de Crosne du 31 décembre 1781, ainsi que la lettre de Calonne du 13 février 1781, la lettre de Lepage du 20 décembre 1781, enfin, des lettres du 30 mars et du 20 novembre de la même année, concernant des faits analogues à Metz et à Lisieux.

ce qui avait assuré jusque-là la bonne qualité des marchandises, et le contrôle des corporations par les officiers de police et les parlements. Quand en mars 1781 les cordonniers de Nancy voulurent être renseignés sur les limites de leur droit de faire par l'intermédiaire des jurés des perquisitions à domicile et de confisquer les marchandises pour malfaçon, le directeur général des manufactures, après s'être entendu avec le bureau des Arts et métiers, fit savoir à l'intendant du commerce, l'économiste Du Pont, que rien ne s'opposait au maintien de l'ancienne juridiction des jurés pour tout ce qui concerne la qualité des produits et la confiscation de la malfaçon, mais que les perquisitions ne pourraient se faire désormais que sur l'initiative des officiers de police (1). C'est pour la même raison que l'administration ne jugea pas nécessaire d'enlever aux associations, mi-religieuses, mi-bienfaisantes, des métiers, associations nommées confréries, le droit de prendre part aux cérémonies et processions religieuses, ainsi qu'aux enterrements de leurs membres. Comme le gouvernement s'était approprié les biens de ces confréries supprimées par Turgot, il dut également se charger de leurs dettes ; aussi l'administration des métiers refusa-t elle aux membres des corporations et des confréries le droit d'organiser des agapes communes, très coûteuses et ayant servi plus d'une fois à troubler l'ordre public (2).

Le désir de généraliser et de simplifier la législation corporative, ainsi que d'égaliser les conditions des membres du même métier sur toute l'étendue du royaume, apparaît dans des déclarations comme la suivante : le but du gou-

1. Ibid. Lettre du directeur général à M. Du Pont, 12 mars 1789.
2. Nous lisons dans les lettres du 14 mars 1781, expédiées en même temps par M. Du Pont et De Laporte : « L'intention du Roy en supprimant les confréries n'a pas été d'empêcher que des particuliers qui professent le même métier ne puissent s'assembler pour exercer des actes de dévotion et rendre le dernier devoir à leurs parents et amis, mais il est important que les officiers de police veillent à ce que sous ce prétexte les particuliers ne fassent pas des repas et des assemblées qui soient contraires au bon ordre et qu'ils ne renouvellent pas les abus que Sa Majesté a voulu détruire. » Ibid. F[12] 205.

vernement est de mettre sur le même pied les corps du même métier, du moins dans les limites d'une même juridiction, qu'il s'agisse de tel ou tel Parlement ou autre Cour supérieure.

Il en résulte que si des conflits surgissaient entre les corporations quant à la nature des professions qu'elles pouvaient exercer, il fallut désormais suivre non les statuts industriels particuliers à telle ou telle ville, mais ceux qui furent publiés pour régler l'exercice du métier sur toute l'étendue du royaume. C'est en se conformant à ce principe que l'administration désira, par exemple, que la corporation des cuisiniers eût à Sedan les mêmes droits qu'à Metz.

Cette tendance à l'uniformité détermina le gouvernement à établir tels ou tels corps de métiers même dans les villes qui ne possédaient pas un nombre suffisant de maîtres s'adonnant à l'exercice du genre d'industrie qu'ils représentaient. Ainsi en 1781, en étendant à la Bretagne les dispositions de l'édit d'août 1776, qui supprimait les anciennes corporations et en créait de nouvelles, il fut décidé qu'on créerait dans toutes les villes de cette province un corps de fabricants de tissus en laine et en coton, ainsi qu'une corporation de chapeliers, bien qu'en même temps l'administration se rendît compte que ces industries n'avaient point de représentants dans plusieurs villes du pays. Elle motiva sa façon d'agir en parlant du désir de « conserver l'uniformité dans la législation » en ce qui concerne les corps de métiers. Le but du bureau des Arts et des Métiers était non de multiplier les règlements, mais de les réunir en un seul qui déterminerait l'ordre intérieur de toutes les corporations du royaume. Cela permettrait de refuser la confirmation à ceux des statuts particuliers à tel ou tel corps qui seraient reconnus par le Conseil d'Etat peu conformes à ce règlement général (1).

1. Lettre du 1er septembre 1781 de M. Caze de la Bove, F[12] 205.

Cette tendance n'empêcha point le maintien de tous les règlements concernant le terme de l'apprentissage, les conditions dans lesquelles on pouvait acquérir la maîtrise, les fonctions des jurés et l'ordre de leur élection, enfin les rapports des corporations avec les autorités locales et les officiers de la police. Aussi le gouvernement consentit-il à la demande des boulangers de Caen, à ce que le terme d'apprentissage fût comme par le passé de trois ans (1).

Il conserva également aux corporations de Verdun le droit de se conformer à leurs anciens statuts en ce qui concerne la longueur de l'épreuve qu'on exigeait des candidats à la maîtrise (2). Enfin il insista sur la présentation par ces mêmes candidats du chef-d'œuvre avec cette réserve que les fils de maîtres en seraient dispensés. Ils devaient être reçus sans apprentissage préalable. Quant à l'avantage de ne faire que la moitié du versement dû par les maîtres, ce privilège n'est conservé qu'aux veuves des artisans et non à leurs descendants. Tout en exprimant son hostilité pour les monopoles de ce genre, l'administration les justifie par une considération ancienne : comme les enfants travaillent sous les yeux de leurs parents, ils apprennent plus vite le métier, aussi en devenant maîtres avant le terme, ils ne risquent pas par leur incompétence de faire du tort aux clients (2).

Quant à l'administration intérieure des corporations,

1. Lettre du 8 septembre 1781.

2. Lettre du 11 décembre 1781 du lieutenant de police de Verdun.

3. Lettre de Du Pont du 6 avril 1779, F[12] 205. V. aussi la lettre de Laporte du 11 mars 1781. Nous en tirons le fragment suivant : « Le substitut au bailliage de Sedan demande dans son mémoire que les fils et filles de maîtres puissent conserver la profession de leurs pères, en payant comme les veuves des maîtres la moitié de la finance fixée par le tarif. Ce n'est pas la première fois, Monsieur, qu'on a fait des représentations sur le sort des fils de maîtres à l'administration. Si on n'y a pas eu égard, c'est qu'on a craint d'étouffer l'émulation parmi les autres ouvriers qui ne jouiront pas des mêmes prérogatives. L'expérience a prouvé que des distinctions de ce genre étaient plus nuisibles qu'avantageuses au bien général du commerce et à l'accroissement des arts.

l'édit de 1776 établit deux sortes de chefs, des gardes jurés et des syndics et adjoints. Les premiers étaient chargés de veiller à l'observation des règlements industriels, les seconds dirigeaient la police intérieure des corps. Tout en admettant que ces fonctions pussent être considérées comme compatibles, le contrôleur général, Joly de Fleury, exprima le désir qu'elles fussent confiées autant que possible à des personnes différentes. Les élections devaient avoir lieu en présence des membres de l'administration locale. Ils étaient également chargés de prononcer les jugements en cas de plainte concernant la malfaçon. L'élection des gardes se faisait en présence tantôt du maire et des échevins, comme ce fut le cas à Rouen, tantôt du lieutenant général de police. Ce dernier présidait l'assemblée chargée de faire l'élection (1).

En étendant l'organisation corporative aux métiers les plus divers, l'administration ne songeait point à délivrer la grande industrie des entraves que lui créait l'observation scrupuleuse des règlements industriels. A Sedan, un des principaux centres de l'industrie lainière, il avait existé de tout temps deux corporations de cet ordre : celle des drapiers et celle des fabricants de serge. L'administration jugea opportun de les réunir en une seule à cause de la similitude de leurs occupations, mais en même temps elle ordonna de limiter la fabrication des tissus de laine aux seuls maîtres de cette corporation mixte et la condition d'un apprentissage préalable à un nombre d'années réglementaire.

En poursuivant le même principe, l'administration permit en Bretagne la fabrication à domicile de draps de toiles et de bas de laine et de fil, mais à condition que cette marchandise ne serait point vendue, et deviendrait

1. Lettre de M. Joly de Fleury à M. Trugard de Maronne du 29 octobre 1782. Arch. Nat. F^{12} 206.

un objet d'usage pour ceux qui l'avaient produite (1).

Nous avons vu, cependant, que, afin d'encourager la petite industrie rurale, l'administration avait admis la fabrication en gros de toiles parmi les villageois de la Normandie et de la Bretagne, mais cette fois encore les intérêts des corps de métiers furent sauvegardés : car on exigea que tous les produits de ces petits industriels fussent vendus non directement aux consommateurs, mais à des entrepreneurs, faisant partie de l'organisation corporative.

Aussi a-t-on le droit d'affirmer que si l'industrie rurale devint à cette époque sujette de la grande et se chargea d'exécuter ses commandes, ce changement se produisit en partie grâce à l'influence directe de la loi.

Le caractère exact des relations qui finirent par s'établir entre l'industrie urbaine, basée sur le principe de la concentration des métiers entre les mains de corporations plus ou moins fermées, et l'industrie villageoise, ouverte à tous, est mis bien en relief dans la note suivante adressée par le contrôleur général au procureur du Parlement de Metz en juillet 1783. Le Parlement de la province insistait sur la suppression des règlements qui gênaient la liberté du commerce des colporteurs, autrement dit, il se prononçait en faveur de la concurrence libre entre l'industrie des villes et celle des campagnes ; dans les démêlés séculaires entre producteurs et consommateurs il se rangeait du côté de ces derniers. Aussi exigeait-il que les produits de la petite industrie rurale fussent admis aux marchés des villes. Cette demande ne fut pas exaucée. « Le commerce des marchands ambulants, répon-

1. « Lorsque le conseil a mis dans l'exception les ouvriers travaillant pour leur compte, il n'a entendu autre chose si ce n'est qu'un ouvrier qui fabriquera une pièce de toile pour son usage ou celuy de sa maison, ne sera pas dans le cas d'être inquiété par les communautés. On pourrait dire la même chose relativement à celuy qui fabrique une pièce de drap, des bonnets et des bas pour son usage, mais s'il en fait commerce, il doit se faire recevoir dans la communauté établie pour ce genre de fabrication. » (Lettres à M. Caze-de-la-Bove, 1er septembre 1781. Arch. Nat. F^{12}, 205.)

dit le contrôleur général, au lieu de contribuer au progrès des arts et du commerce, peut être considéré comme la cause de leur décadence. Il fait obstacle à l'émulation et sert de prétexte à toutes sortes de tromperies ».

Le ministre fait entrevoir la véritable cause de son opposition au projet de faire entrer dans la ville les produits de l'industrie rurale, en ajoutant aux paroles que je viens de citer la phrase suivante : La liberté du commerce des colporteurs est incompatible avec l'existence des corporations. Elle peut, il est vrai, mettre un frein à la cupidité des commerçants de la ville, qui tendent toujours à dégénérer en monopolistes ; pour cette raison toutes les villes quelque peu importantes possèdent le droit d'avoir des foires. Pendant leur durée, les citoyens peuvent s'approvisionner de tout chez les fabricants ruraux, autorisés à y faire le commerce. Etendre cette liberté au reste de l'année équivaudrait à la suppression du régime corporatif.

Le ministre s'efforce de prouver qu'en maintenant ce dernier, on ne fait aucun tort aux intérêts des consommateurs ruraux, puisque cette protection n'atteint nullement l'échange des denrées et de tout ce dont peuvent avoir besoin les habitants des campagnes, car ces espèces de marchandises entrent librement dans les villes les jours de marché.

La mesure qui défend aux colporteurs de vendre leur marchandise en ville autrement qu'en temps de foire est provoquée uniquement par le désir de sauvegarder les intérêts des maîtres organisés en corps de métiers. Aussi n'est-il point défendu aux maîtres de se procurer les matières premières ou les matières demi-manufacturées où bon leur semble ; la seule chose qu'on leur demande, c'est de présenter leurs acquêts au bureau des corporations, pour que ces bureaux puissent s'assurer que la marchandise répond à la qualité requise par les règlements. Voici encore un fait à l'appui de cette idée que les mesures prises contre les marchands ambulants n'ont d'autre but que de soutenir l'industrie corporative : L'administration imagina de faire distribuer la marchandise qu'on leur achetait en parts égales parmi les différents maîtres des corps et de proposer aux colporteurs d'entrer eux-mêmes dans les rangs de la corporation des marchands-merciers ; dans ce cas, ils acquéraient la faculté d'exercer librement leur profession (1).

Cette tendance à préciser la sphère d'action propre aux différentes classes de producteurs et d'empêcher toute concurrence entre eux mit plus d'une fois l'administration dans une situation difficile, en face des tentatives faites par les industriels, tant des campagnes que des villes, de donner une plus large étendue à leurs opérations respectives. Le régime économique propre au moyen âge, et qui avait en vue de satisfaire aux besoins d'un nombre limité de consommateurs locaux, était en accord parfait avec cette délimitation de la sphère de chacun ; lui seul permettait de maintenir sinon l'égalité des avantages matériels entre les diverses classes de producteurs, du moins leur conformité à la position sociale de chacun ; c'est à ce but que tendaient la théorie et la pratique de ce *justum pretium*, vers l'établissement duquel, comme j'ai tâché de le démontrer ailleurs, étaient dirigés tous les efforts des autorités civiles et religieuses. Mais en présence de la modification profonde qui s'était produite dans le régime économique, lequel se proposait de satisfaire désormais non aux demandes d'un cercle restreint de clients, mais à celles des marchés, tant nationaux qu'internationaux, il devenait difficile de maintenir l'exclusivisme des corporations industrielles. Aussi dans l'édit de 1776, avait-on déjà prévu la possibilité d'une concurrence de la part des marchands étrangers. L'article 11 autorisait à les recevoir dans les corps de métiers, à la condition qu'ils remplissent toutes les

1. Arch. Nat. F[12] 206. Lettre de M. le Contrôleur général à M. Dutertre, du 9 juillet 1783.

exigences quant à l'apprentissage, la présentation du chef-d'œuvre et le paiement des droits d'entrée.

Cet édit faisait aux intérêts de la grande industrie une autre concession encore en permettant à une même personne d'exercer plusieurs métiers ; en ce cas (art. 9) le droit de réception établi devait être payé à chacune des corporations dont le métier choisi constituait le monopole. Quant aux commerçants en gros, ils étaient exemptés de la règle générale qui défendait, sous peine de confiscation et de dommages-intérêts, l'exercice du commerce à quiconque n'avait pas été admis dans un corps de marchands.

Ajoutons que les commerçants qui habitaient ces quartiers privilégiés, exemptés, comme nous l'avons vu, de la juridiction corporative, furent autorisés par l'édit de 1776 à exercer librement leur commerce, à condition que leurs noms fussent inscrits sur les registres pendant les trois mois qui suivront la promulgation de la loi (1).

Toutes ces mesures ne suffisaient cependant pas pour supprimer le conflit entre les aspirations des manufacturiers et des commerçants tendant à élargir la sphère de leurs opérations, et la moyenne, sinon la petite industrie, qui se fait sentir dans certaines dispositions de l'édit, comme celle, par exemple, qui défend aux maîtres d'avoir plus d'une boutique ou bien de faire exécuter des travaux au domicile du client par des aides salariés (art. 38 du même édit). Certaines maisons de commerce essayaient d'ouvrir des établissements dans plusieurs villes du royaume, de même que certains artisans tenaient à adjoindre à leurs occupations ordinaires de nouvelles spécialités qui ne correspondaient pas entièrement ou mê-

1. V. l'analyse des principales dispositions de l'édit de 1776, dont on trouve le texte chez Isambert. « Recueil des anciennes lois françaises ». Vol. 27, p. 74, dans le travail de Martin Saint-Léon. « Histoire des corporations de métiers », 1897, p. 484-487.

me ne correspondaient pas du tout au caractère général de leur industrie. La correspondance administrative nous en offre plus d'un exemple.

Lorsqu'il se produisit un conflit entre la corporation des « merciers et drapiers de Nantes » et un nommé Métayer, originaire de la même ville, qui au métier de tailleur voulut ajouter le commerce de draps, le gouvernement eut à examiner la question de savoir si une pareille extension d'une entreprise commerciale était admissible et si elle n'était pas contraire aux principes fondamentaux de l'organisation corporative. Profitant du privilège que l'édit de 1770 conférait aux maîtres de Paris qu'il autorisait à exercer leur métier dans toutes les villes du royaume, Métayer résolut de briser la résistance des corporations de Nantes en se faisant admettre parmi les drapiers de Paris. Il versa donc la somme réglementaire et ouvrit à Nantes un magasin de draps. Le bureau de l'industrie se prononça, cependant, contre ses prétentions en alléguant que, même dans le ressort du Parlement de Paris, la faveur accordée par l'édit permettait aux seuls maîtres reçus dans la capitale de transférer leur résidence dans une autre ville du royaume, et qu'elle ne devait dans aucun cas servir de prétexte pour tourner la loi qui interdisait de réunir deux professions au détriment des intérêts de la corporation (1). Quelques années plus tard, la même question fut posée sous une forme plus générale.

La corporation réunie des merciers et des drapiers du Havre formula en 1784, dans un mémoire spécial, ses griefs contre les personnes qui, tout en exerçant leur métier dans d'autres villes du royaume, aspiraient à être

1. Lettres du directeur général de l'industrie à M. Caze-de-la-Bove du 22 septembre 1780. « ... que dès qu'un particulier ne se faisait recevoir marchand à Paris que pour frustrer la communauté de la ville où il habite du droit de réception qui doit lui revenir, il n'étoit point dans le cas de jouir de la faveur accordée par l'édit de 1776 (art. 14). » Arch. Nat., F[12] 204.

reçues dans son sein. Le but de ces industriels étrangers, affirment les auteurs de la pétition, est d'obtenir le droit d'ouvrir des magasins au Havre « pour profiter des saisons où la vente est en activité dans cette ville. » Cette intention paraît répréhensible : il serait injuste, disent les auteurs « qu'un marchand pût avoir plusieurs établissements et que ceux qui supportent toutes les charges de la ville qu'ils habitent éprouvassent dans leur commerce la concurrence d'un étranger établi et domicilié ailleurs et qui n'aura d'autre charge à supporter que la location d'un magasin d'entrepôt » (1).

Forcé de se prononcer soit contre la protection dans l'avenir d'entreprises d'importance moyenne, soit contre la libre extension des opérations commerciales, le bureau des commissaires de l'industrie prit une résolution qui ne répondait peut-être pas aux désirs de ceux qui étaient placés à la tête des corporations.

« Il est difficile de refuser la maîtrise aux personnes qui y aspirent, dit la réponse adressée aux drapiers du Havre ; cependant, en devenant membre d'une corporation et en ouvrant des magasins dans une ville, les étrangers doivent, en toute justice, porter les mêmes charges que les natifs (2). »

Quelque temps après, la même question se posa à Bayeux : il s'agissait de la réception, par la corporation des fabricants de tissus de laine et d'autres tissus, de personnes que le roi avait cru pouvoir dispenser de l'apprentissage.

L'édit de 1776 semble n'avoir accordé le droit à la maîtrise qu'aux personnes ayant passé par certaines épreuves et ayant versé le droit établi. Il ne disait rien des lettres-patentes du roi et laissait entendre, par le fait même de ce silence, que cette pratique avait été comprise par ses

1. Lettre à M. de Crosne du 29 mai 1784. Arch. Nat. F^{12} 206.
2. Ibid.

auteurs au nombre de ces abus qu'ils avaient pour but d'abolir (1). Dans les années qui ont suivi la promulgation de l'édit, nous retrouvons plus d'une fois le même principe dans la correspondance administrative du directeur général des manufactures avec les intendants provinciaux de l'industrie. Ainsi, le 22 mai 1779 le gouvernement déclarait encore que personne ne pouvait être reçu dans la corporation des orfèvres de Rouen, avant d'avoir payé un droit réglementaire ; il fallait de plus présenter un chef-d'œuvre et passer un examen relatif à la fonte des métaux (2).

Cela n'a d'ailleurs pas empêché le gouvernement de rejeter avec indignation les prétentions des fabricants de Bayeux et de proclamer monstrueux le projet d'enlever au roi le droit de dispenser les maîtres capables de bien exercer leur métier de l'application rigoureuse du règlement corporatif, en ce qui concerne la réception de nouveaux membres (3). Ainsi se trouvaient indiqués aux industriels et aux marchands étrangers à la ville et n'appartenant pas au nombre des gros commerçants les moyens d'acquérir le droit d'ouvrir leurs établissements malgré l'opposition des corps de métiers de la ville. Le droit que possédaient ces derniers de refuser les nouveaux membres pour cause de mauvaise réputation, droit dont il est question dans la correspondance administrative de cette époque (4),

1. La préface de l'édit était ainsi conçue : « Persévérant dans la résolution où nous avons toujours été de détruire les abus qui existaient dans les corps et communautés, nous avons jugé nécessaire, etc. » (« Histoire des corporations de métiers ». Martin Saint-Léon, p. 484).

2. Lettre à M. de Lessart du 22 mai 1779. Arch. Nat. F[12] 204. En 1785, le directeur général des manufactures juge également nécessaire d' « exiger un chef-d'œuvre avant d'admettre dans la communauté de fabricants de drap d'Elbeuf » (F[12] 206).

3. Lettre à M. Julier du 21 juin 1784. (Arch. Nat., F[12] 206) : « Le Bureau ... étonné que la communauté des fabricants de Bayeux prétendît interdire au Roy le droit de dispenser de l'apprentissage les aspirants en qui on reconnaîtrait la capacité nécessaire pour la fabrication, demande, etc. »

4. Lettre à M. de Crosne, 8 janvier 1785 : « A l'égard de la demande que font les merciers du Havre tendant à être autorisés à exiger des certificats de bonne vie et mœurs de ceux qui étant

pouvait difficilement être utilisé contre les personnes jouissant de la protection directe du roi.

Mais si, vis-à-vis du roi et de ses candidats à la maîtrise, les corporations étaient impuissantes à défendre leur monopole, on ne peut pas en dire autant de l'attitude qu'elles adoptèrent à l'égard des pouvoirs municipaux et des seigneurs féodaux qui prétendaient conférer la maîtrise en autorisant directement certaines personnes à exercer leur métier ou leur commerce.

Lorsque, en 1780, les consuls de Nancy manifestèrent l'intention d'accorder des patentes de métier pour toute la Lorraine, le gouvernement se rangea résolûment du côté des corporations et déclara une pareille exigence inadmissible, comme portant atteinte à cette organisation corporative tout entière qu'il venait récemment de réglementer (1).

D'autre part, quoique l'édit de 1776 eût autorisé des seigneurs à conférer des droits de maîtrise aux personnes se trouvant dans leur dépendance (art. 48), la pratique administrative prit toutes les mesures pour que ces artisans et ces marchands domaniaux établis dans les faubourgs ne fissent pas une concurrence dangereuse aux maîtres et aux marchands faisant partie des corporations. Ainsi, les bourgeois et les marchands des faubourgs ne furent admis à exercer leur industrie dans la ville que lorsqu'une enquête préliminaire avait établi qu'il existait réellement dans la localité donnée des corporations (2)

maîtres dans une autre ville se présenteront pour être reçus maîtres dans celle du Havre, Messieurs les commissaires du bureau des communautés d'arts et métiers ont trouvé cette précaution très bonne et ils approuvent en conséquence qu'il en soit fait usage dans l'occasion. » Arch. Nat., F[12] 206.

1. Lettre à M. Laporte du 23 janvier 1780.

2. Lettre à M. Vasse, procureur du roi de la police de Rouen, du 24 avril 1779. « La réunion des communautés des faubourgs à celles de la ville ne pouvait ni ne devait être ordonnée qu'après que les seigneurs haut-justiciers auront justifié de leurs titres. Il n'aurait pas été juste de les dépouiller de leurs droits sans les avoir entendus... Et les seigneurs haut-justiciers ont le droit d'établir des communautés, à plus forte raison leurs officiers ont-ils celui

créées par le seigneur. En s'unissant aux communautés de la ville les membres des corporations domaniales s'engageaient à supporter les mêmes charges qu'elles; au cas où ils se refusaient à effectuer tous les paiements exigés par la loi on ne leur accordait d'autre droit que celui d'exercer leur métier dans les limites de la juridiction domaniale en qualité de personnes « agrégées », mais ne faisant pas partie de la communauté.

C'est ainsi qu'en 1784 on refusa aux artisans et aux marchands de Jugonville le droit d'ouvrir des établissements ou d'introduire leur marchandise au Havre, bien que les mêmes personnes eussent été agrégées aux communautés de cette ville (1).

Une année auparavant, la corporation des parfumeurs ayant rejeté la demande d'admission d'une personne à laquelle le seigneur de Saint-Gervais, un des faubourgs de Rouen, avait conféré les droits de maîtrise, le gouvernement déclara d'une façon catégorique que les seigneurs ne pouvaient accorder de telles prérogatives qu'aux habitants de la localité, exerçant leur profession dans les limites de leur juridiction (2).

Le désir de protéger les entreprises de portée moyenne propre à la politique économique du moyen âge, pousse les corporations jusqu'à la fin du XVIIIe siècle à s'opposer à l'achat en gros de matières premières par leurs membres, dans le but de prévenir une violation de l'éga-

de connaître des comptes de ces mêmes communautés. » (Arch. Nat., F[12] 204).

1. Lettre à M. de Crosne du 31 mars 1784 : « Ceux de Jugonville qui se seraient simplement fait agréger aux communautés, ne doivent pas introduire dans la ville du Havre aucune marchandise concernant leur art, métier ou profession, ni aller s'y établir à peine de saisie, amende et confiscation. » (Arch. Nat. F[12] 206.)

2. Lettre à M. de Crosne du 17 juin 1783 : « Les seigneurs peuvent bien permettre d'exercer un métier ou une profession dans l'étendue de leur justice ; mais ils ne sauraient donner des lettres de maîtrise à des gens qui n'y habitent point, et c'est pour cette raison que la déclaration n'accorde la grâce dont il s'agit qu'à ceux qui sont domiciliés dans les faubourgs et banlieues et qui y exercent leur profession. » (Arch. Nat. F[12] 206.)

lité dans les conditions de la production. En 1784, le gouvernement désapprouve ouvertement une prétention semblable des chaussiers de Troyes en déclarant que ces derniers ne peuvent acheter du coton et du fil que pour en faire des produits manufacturés, mais non pour revendre (1).

C'est dans le même but de sauvegarder l'égalité dans les conditions de production qu'il défend de faire exécuter par des ouvriers des travaux au domicile des clients. Toutefois la tentative d'étendre cette interdiction aux ouvriers directement embauchés par des clients et recevant leurs instruments de production de ces derniers, rencontre une résistance de sa part (2). A cette époque déjà les artisans, organisés en corporations, réclamaient la protection contre la concurrence du travail des prisonniers et des soldats. Le gouvernement reconnaissait ces prétentions pour justifiées ; aussi se prononçait-il pour la fermeture de l'atelier de couture dirigé par les forçats détenus à la citadelle de Metz. En même temps il défendait aux tailleurs militaires de confectionner autre chose que des habits d'uniforme (3). Mais où les nouvelles corporations réussirent moins, c'est dans leurs tentatives d'écarter la concurrence des juifs et des protestants par un refus formel de les recevoir. En 1786, la décision des

1. Lettre à M. Réville d'Orfeuil du 25 mars 1784.

2. En 1784, le Bureau de l'industrie se prononce contre les prétentions de la corporation des tailleurs en déclarant que « le syndic des tailleurs n'était pas fondé à prétendre à empêcher les habitants et bourgeois de la ville de Sedan de se servir chez eux de tel ouvrier qui bon leur semblerait pourvu qu'ils lui fournissent les ustensiles nécessaires ». (Arch. Nat. F[12] 206. Lettre du directeur général de l'Industrie à M. Du Pont du 5 sept. 1784.) Dans une lettre à la même personne datée du 24 mars 1785 nous trouvons la même décision appliquée aux charpentiers de Verdun. Leur corporation s'étant plainte des personnes qui, sans faire partie de la corporation, exécutaient des travaux au domicile des clients, la réponse du bureau fut identique à celle donnée aux tailleurs de Sedan (F[12] 206.)

3. V. Lettres du directeur général des manufactures à M. Du Pont du 9 février 1785 et du 5 avril de la même année, où sont citées les déclarations conformes de l'intendant de la Lorraine et du contrôleur général.

merciers de Nancy qui ont refusé d'accorder les droits de maîtrise à un certain Reiss, parce que celui-ci était au nombre des « religionnaires », c'est-à-dire des protestants, rencontra l'opposition des autorités (1).

Neuf ans auparavant, le Conseil d'Etat s'étant prononcé d'une manière plus catégorique encore contre la décision prise par les six corps principaux de Paris, de ne pas accepter parmi eux trois juifs — Israël Salomon, Joseph Petit et Moïse Perpignan (2). Le mécontentement provoqué par cette décision se faisait encore sentir une année avant la Révolution sous forme de protestations plus d'une fois renouvelées.

Lorsqu'en 1776, le gouvernement eut l'idée de reconstituer les corporations sur des bases nouvelles, il crut nécessaire non seulement de prendre en considération les intérêts de la nombreuse catégorie de personnes peu aisées et d'exempter, en conséquence, les fournisseurs des objets de première nécessité des frais nécessités par la participation aux corporations, mais de rendre l'organisation corporative de certaines industries facultative pour les anciens maîtres.

Toute une série d'industries se trouvèrent ainsi libres, tandis que dans les autres le choix entre la liberté et l'organisation en corporation fermée appartint désormais aux maîtres eux-mêmes.

La première catégorie comprenait, comme nous l'avons déjà vu, pour la ville de Paris, vingt-deux professions indépendantes, entre autres celles des cardeurs, des tisserands, des cordiers, des nattiers, des chiffonniers, des oiseleurs, des pêcheurs, etc. (1) et, en province, toute une série d'entreprises industrielles et commerciales ayant

1. V. Lettres à M. de Laporte du 23 janvier 1786. (F^{12} 206.)
2. V. le « Registre des délibérations des six corps ». (Arch. Nat. K. K. 1343, p. 128.) Comp. Martin Saint-Léon. « Histoire des corporations de métiers », p. 496.
3. Martin Saint-Léon, 487.

pour but de fournir des vivres aux marchés, telles que le commerce des marchands de beurre, d'œufs, de suif ; les mêmes conditions étaient celles des personnes appartenant à des professions mal rémunérées, ramoneurs, musiciens ambulants, scribes, etc. Toutefois ils avaient le droit de demander à être organisés en corporations (1).

S'ils arrivaient à démontrer l'utilité de ce changement pour le gouvernement ou pour les consommateurs, leur demande était satisfaite, dans le cas contraire, le gouvernement laissait la profession libre, mais la plaçait en même temps sous la surveillance de la police.

C'est ainsi qu'il fut procédé en 1779 à l'égard des brasseurs de Rouen, qui avaient demandé en vain la reconstitution de leur ancien corps et qui furent placés sous le contrôle de la police parce que leur industrie se rattachait étroitement à la santé publique. Exactement dans le même cas que se trouvèrent à Rouen également les fabricants de papier : on ne crut pas utile de les organiser en corps, ce qui n'empêche la création de « gardes jurés » spéciaux, chargés de surveiller la fabrication du papier (2). D'ail-

1. Dans la lettre de Crosne, du 6 juillet 1779, nous lisons : « L'intention a été de laisser entièrement libre le débit du beurre, des œufs et autres objets de cette sorte. Si l'on forme une communauté de chandeliers à Rouen, ils prétendront qu'ils doivent seuls débiter et vendre ces denrées de première nécessité ; par conséquent, l'intention du Conseil ne sera pas remplie. D'autre part, il pourrait arriver que les bouchers employant tous les suifs, la profession de chandelier se réduise à fort peu de chose. »

Dans la lettre de M. Vasse, procureur du roi de la police de Rouen, du 24 avril 1779, nous lisons : « Les écrivains, les équilletiers, les épingliers, les gainiers, les brossiers. les vergetiers, les cardiers, les joueurs d'instruments et les charbonniers n'ont pas paru devoir être mis en corps à Rouen. Cependant si ceux qui les exercent demandent à être érigés en communauté et que cette érection soit prouvée utile, le Roy y pourvoira... ainsi qu'il l'a fait pour quelques communautés d'arts et métiers du ressort du parlement de Paris. »

2. Lettres à d'Embrun, du 10 juillet 1779, et à M. de Crosne, du 28 juillet 1779. Dans cette dernière nous lisons : « MM. les commissaires m'ont chargé de vous dire qu'il fallait bien distinguer les jurés gardes établis pour veiller à tout ce qui concerne la fabrication d'avec les syndics et adjoints des communautés d'arts et metiers. Il suffit qu'il y ait un genre de fabrication quelconque un peu considérable pour qu'on doive nommer des jurés gardes. Conséquemment, les fabricants de papier peuvent en avoir à Rouen sans pour cela être réunis en communauté. Mais il n'en est pas

leurs, indépendamment du genre de profession, plusieurs villes et provinces étaient parvenues dès le XVIe et le XVIIe siècle à obtenir du gouvernement d'être libérées de l'organisation corporative. Le privilège, dit M. Alfred de Cilleuls, fut octroyé par Louis XII à la ville de Blois et par Henri IV à la ville de Lyon. Colbert ne dissimulait pas son désir de dispenser des entraves corporatives l'industrie des municipalités qui voudraient se procurer cette liberté moyennant le versement de certaines sommes.

C'est ainsi que Bordeaux et Tours, parmi les villes, le Languedoc, la Provence et le Béarn parmi les provinces, évitèrent l'organisation corporative de l'industrie (1). Lorsqu'en 1776, le gouvernement, après avoir aboli les anciennes corporations, aborda la constitution des nouvelles, les édits destinés à réaliser cette réforme dans les différentes provinces passèrent sous silence plusieurs villes, telles que Cherbourg en Normandie, où la liberté de l'industrie prit racine, grâce à cela, dès cette époque (2).

Même dans les villes munies de l'organisation corporative, comme à Paris par exemple, toute une série de quartiers jouissaient, comme nous l'avons vu, de la liberté industrielle (3).

Ajoutons que, depuis 1608, les manufactures royales du Louvre, et à partir de 1667, celle des Gobelins, possédaient le droit d'accorder le titre de maîtrise aux personnes qui y avaient passé six ans en qualité d'apprentis et quatre ans comme contremaîtres ; de même, à partir du

de même des syndics et adjoints qui ne doivent être nommés que dans le cas d'existence d'une communauté » (F[12] 204).

1. « Histoire et régime de la grande Industrie en France aux XVIIe et XVIIIe siècles »: p. 71.

2. Nous lisons dans la lettre à M. Esmangar : « l'Edit d'Avril qui a supprimé les communautés dans les villes de la Normandie et qui en recrée de nouvelles, garde le silence sur Cherbourg, pour cette raison les anciens membres de la corporation des merciers sont privés du droit d'interdire à qui que ce soit et en particulier à Mlle Lallemand d'ouvrir des boutiques (F[12] 205).

3. « Histoire des corporations de métiers », par Saint-Léon, p. 456.

XVIIe siècle l'hôpital de la Sainte-Trinité et l'Hôpital Général avaient le privilège d'octroyer la maîtrise aux personnes qui se consacraient à l'instruction gratuite des enfants pauvres de ces établissements ainsi qu'à ces enfants eux-mêmes ; ce privilège leur fut maintenu lors de la réorganisation des corporations en 1776 (1).

Il résulte de tout ce qui vient d'être dit, que durant les années qui précèdent directement la Révolution, il exista en France, côte à côte, deux types d'activité industrielle et commerciale, le type corporatif et le type libre. Ce dernier était prédominant dans les ports, où certaines entreprises étendaient quelquefois leurs opérations à l'univers tout entier. Elles se trouvaient soit entre les mains d'un petit nombre de négociants, exemptés comme nous l'avons vu de l'obligation de faire partie des corps, soit entre les mains d'un nombre illimité d'intermédiaires, souvent des juifs.

L'opinion publique continuait à être hostile à l'organisation corporative des métiers, condamnée par les physiocrates au nom de la liberté économique ; et, à son tour, Turgot, le ministre réformateur, avait cru devoir insérer dans l'édit qui l'abolissait temporairement tout un réquisitoire contre cette institution surannée. Le sort des corporations reconstituées par le gouvernement, provoque aussi peu de sympathie de la part des masses populaires que celui du système seigneurial, que la loi continuait toujours à protéger. Les défenseurs de l'ancien régime s'efforcent, il est vrai, de démontrer que tous les travailleurs sont intéressés à la conservation du régime corporatif, mais leurs affirmations ne trouvent point d'écho dans les

1. Dans la lettre à Julien, du 24 août 1785, nous lisons qu'avant 1779 l'hôpital de Dieppe avait le droit de décerner les droits de maîtrise aux personnes qui, durant cinq ans, enseignaient gratuitement la technique des métiers aux enfants assistés, et qu' « il seroit utile d'envoyer de pareilles lettres-patentes de maîtrise à l'hôpital de Bernay (pour les élèves qui y ont été formés) ». (F^{12} 206).

masses populaires. Les protestations soumises à l'Assemblée constituante, après la suppression des corps de métiers, émanent presque toutes des maîtres eux-mêmes. Les cahiers des électeurs expriment, au contraire, le désir de voir la liberté du travail reconnue par la loi, ou bien passent complètement sous silence le sort futur des corporations. La masse des consommateurs ne perdait évidemment rien à la suppression d'un régime sous lequel, comme dit Mercier, « la femme qui s'était permis d'orner sa poitrine de quelques roses le jour d'une fête religieuse, était condamnée à l'amende et l'homme qui avait des chaussures rapiécées devait les perdre, tout cela au nom de la volonté du roi et de la justice » (1).

Se basant sur ce que les cahiers sont plutôt favorables qu'hostiles à l'abolition des corporations, les « arts et métiers » de Toulouse essayent de persuader au roi et à l'assemblée que les électeurs, et par conséquent les auteurs des cahiers, sont des personnes étrangères aux métiers. Cet aveu nous suffit ; il prouve, de la façon la plus évidente, que le régime corporatif n'était défendu avant la Révolution que par ceux dont les intérêts étaient menacés par son abolition. Telle était par exemple la situation des maîtres perruquiers de Paris qui insistaient sur ce que l'existence, à côté d'eux, de barbiers libres « dans tous les endroits privilégiés » les mettait dans l'impossibilité de vivre convenablement et d'acquitter exactement leurs contributions (2), des fleuristes qui disaient que la libre concurrence les forçait à baisser les prix de leurs bouquets, ce qui les réduisait à la misère, des marchands de fruits, d'oranges en particulier, qui assuraient que sans le régime corporatif il ne leur restait d'autre issue que la ruine ou la fraude (3).

1. Tableau de Paris, v. II, p. 156.
2. Mémoire des maîtres perruquiers. Chassin. « Les élections et cahiers de Paris », v. II, p. 531.
3. Ibid, p. 540.

Les arts et métiers de Toulouse non plus ne peuvent dire autre chose en faveur des corps de métiers que, aussitôt la liberté du travail établie, les maîtres qui ont dépensé leur temps et leur fortune à former de bons ouvriers, tomberont infailliblement dans la misère noire. De là à affirmer que trois millions de sujets du roi sont intéressés au maintien du régime industriel existant il y a encore loin. Si, dans leur pétition au roi, les maîtres se permettent une affirmation pareille, c'est parce qu'ils identifient arbitrairement leurs intérêts avec ceux des ouvriers. La phrase suivante traduit plus exactement leur pensée intime : « Les sujets de Votre Majesté deviendront les victimes des artisans n'ayant ni expérience, ni bonnes mœurs, ni même honnêteté commune. Chaque jeune homme préférera la situation de maître et de patron à celle d'apprenti » (1).

Le motif principal n'est donc autre que le désir de défendre sa propre bourse, de se prémunir contre la ruine, que la suppression d'un monopole lucratif menace d'amener, la crainte de la concurrence qui peut produire une baisse des prix et par conséquent une diminution des bénéfices.

La chute du régime corporatif ne peut pas être considérée comme le point de départ du développement du prolétariat, ne serait-ce que pour cette simple raison que ce dernier a depuis longtemps existé en France dans la personne de « gros ouvriers », de journaliers, dépourvus d'organisation corporative. On en comptait à Paris seulement plusieurs centaines de mille. Voici comment Mercier décrit leur genre de vie (2) : Ils habitent surtout les faubourgs, en particulier le faubourg Saint-Marcel. Une famille entière occupe une chambre qu'elle change tous les trois mois faute de pouvoir payer son loyer. Les

1. Du Bourg, p. 228.
2. Tableau de Paris, v. 1, p. 28.

enfants restent toute la journée à moitié nus et couchent tous, sans distinction de sexe, dans un même lit. Leurs pères et leurs mères ne connaissent d'autre chaussure que les sabots. Nulle part, ajoute Mercier, le peuple commun ne trouve une nourriture aussi chère et aussi mauvaise qu'à Paris (1). N'ayant pas les moyens nécessaires pour faire des provisions à l'avance, il achète au jour le jour tout ce dont il a besoin à un détaillant qui augmente d'au moins un tiers le prix de la marchandise. Le vin même est acheté non pas en gros, mais au détail chez le marchand de vins, qui vend tout ce qu'il a de plus mauvais, et cela à un prix exagéré. Une livre de sel coûte 13 sols, et malgré ce prix exorbitant le sel vendu est impur. Les fermiers généraux, en forçant l'épicier à leur acheter cette marchandise à 13 sols la livre, l'obligent par cela même à y ajouter toute espèce de choses pour avoir un certain bénéfice.

Comme règle générale le peuple des travailleurs n'a pas de salaire suffisant, surtout si l'on tient compte de la cherté des vivres dans la capitale. Il en résulte que beaucoup ont recours à la mendicité dans le désespoir de ne trouver aucune issue à leurs souffrances. N'importe quel voyageur pourra reconnaître que nulle part le peuple ne travaille plus et ne vit plus mal qu'à Paris (2). En expliquant plus loin la cause de la misère du peuple, Mercier parle de la cruauté des bourgeois qui s'efforcent de baisser le salaire (3), des entraves que l'esprit d'initiative rencontre dans le régime corporatif, de la quantité d'impôts qui pèsent sur les travailleurs,

1. « Cette malheureuse portion (la partie indigente des habitants de la capitale) achète les denrées beaucoup plus cher et n'a que le rebut des autres citoyens. Tout augmente d'un tiers au moins pour cette classe infortunée, qui est obligée d'avoir recours à de petits marchands qui revendent en détail ce qu'ils ont déjà acheté en détail. » (Mercier, vol. II, p. 65.)

2. Ibid., p. 70.

3. La dureté insolente du riche qui marchande la sueur et la vie du manouvrier.

de la hausse démesurée des prix des denrées, des obstacles contre lesquels l'ouvrier se butte dans ses déplacements, etc. (1).

Il est difficile de déterminer avec exactitude le nombre de personnes auxquelles pourraient être appliquées ces remarques. Mercier pense que le quart de la population de la capitale se compose de prolétaires. D'après ses calculs, Paris compte 900.000 habitants environ, mais cette évaluation était considérée comme exagérée déjà à son époque. Babeau ne croit pas pouvoir attribuer au Paris de la fin du XVIIIe siècle une population dépassant 600.000 habitants. Cependant, même en se basant sur cette dernière appréciation, on arrive à cette conclusion qu'un quart environ de la population de Paris était dans une situation tellement précaire que la moindre hausse des prix des vivres, un chômage ou même une diminution de la production, la mettaient au seuil de la misère. Les contemporains sont unanimes à reconnaître que le chiffre de prolétaires à Paris n'était pas inférieur à 150.000. C'est précisément le chiffre indiqué par l'auteur du pamphlet, intitulé : *Pétition de 150.000 ouvriers et artisans de Paris*(2). Naturellement, tous ceux qui entraient dans ce nombre ne souffraient pas de la misère au même degré. Mais le fait seul que le nombre d'assistés à l'Hôtel-Dieu variait entre 5.000 et 6.000, qu'à l'Hôpital Général il n'y en avait pas moins de 10.000 ou 12.000 et à Bicêtre 4.000 à 5.000 (3) prouve que les maladies, la vieillesse et le chômage mettaient annuellement sur le pavé 25.000 à 33.000 personnes, c'est-à-dire le cinquième de toute la population ouvrière. Il n'y a rien d'étonnant dans ces conditions à ce que, en 1789 et l'année suivante, la cherté des vivres, la restriction des opérations industrielles sous l'influence de la concurrence an-

1. Ibid., p. 74.
2. « Pétition de 150.000 ouvriers et artisans de Paris ». (Chassin. « Elections et cahiers de Paris », v. II, p. 592.)
3. Mercier, v. II, p. 77.

glaise, ainsi que l'agitation du moment, aient fait que 80.000 à 100.000 personnes se trouvèrent à Paris sans travail, et que le gouvernement pour leur venir en aide, fut obligé d'ouvrir des ateliers nationaux. Le nombre des prolétaires allait en croissant chaque mois, en partie à cause de l'affluence dans la capitale des paysans qui venaient chercher du travail et du pain à bon marché, en partie à cause de la restriction toujours considérable de l'industrie. La loi qui abolissait les titres de noblesse mit à la porte, à elle seule, des milliers d'ouvriers occupés à la confection des livrées, des armoiries, etc. Le départ des nobles à l'étranger, bientôt devenu à la mode, réduisit à la même situation critique les 15.000 à 20.000 domestiques que les familles d'aristocrates tenaient dans leurs hôtels plutôt par vanité que par besoin ; maintenant toute cette valetaille était obligée à mendier ou à demander de l'occupation au gouvernement.

Mais, quelque désastreuse que fût la situation matérielle de l'ouvrier de Paris, celle des ouvriers en province était plus misérable encore. Mercier lui-même, qui dépeint sous des couleurs aussi sombres l'existence de l'ouvrier de la capitale, reconnaît que si les fabriques y sont peu développées, c'est à cause de l'élévation du salaire (1). Ce dernier était donc moins élevé dans les autres villes de la France. Cela nous est confirmé pour la ville de Lyon par le témoignage de Grimaud de la Régnère qui déclare dans une de ses lettres : « la main-d'œuvre est à bas prix », ce qui permet d'avoir des produits manufacturés parfaits à peu de frais (2).

Seul ce fait, que les moyens dont disposaient les ouvriers ne correspondaient pas à leurs besoins, peut expliquer les plaintes que firent entendre les maîtres, lors de la rédaction des cahiers de doléances, au sujet des grèves

1. Mercier. Tableau de Paris, v. I.
2. « Peu de chose », ouvrage publié par Mercier à Neuchâtel. La lettre mentionnée plus haut y est reproduite.

des compagnonnages (1). D'autres témoignages, aussi bien de source privée qu'officiels, le reconnaissent également à l'unanimité. Mercier, que nous citons volontiers, écrit en 1788 : « Tous les typographes vous diront que les ouvriers leur font la loi. » Tous les jours ils menacent d'abandonner le patron s'il refuse une augmentation de salaire, et plus d'une fois ces menaces mises à exécution (2).

Les ouvriers occupés à la fabrication du papier, lisons-nous dans un rapport emprunté par Babeau à la correspondance officielle de l'intendant de la Touraine (3), sont devenus, au sens propre du mot, les tyrans de leurs patrons. Ils s'entendent continuellement entre eux pour les contraindre à leur faire telle ou telle concession. Ceux qui ne veulent pas se soumettre à leurs exigences, sont soumis à une sorte d'interdiction, terme usité dans le compagnonnage et qui signifie que personne ne doit entrer au service de ce patron. L'influence des compagnonnages est telle que tous leurs ordres sont exécutés sans discussion. Et ce n'est pas seulement dans les fabriques de papier que les entrepreneurs doivent compter avec l'opposition organisée de la classe ouvrière. La même chose a lieu dans l'industrie textile ; ainsi, en 1778, on découvrit dans une fabrique de cotonnades à Beauvais une tentative d'organisation de grève. Un certain Triolet se mit à la tête des mécontents pour exhorter les ouvriers à quitter la fabrique avant l'échéance du terme de leur contrat. Son conseil fut suivi ; une quantité considérable d'ouvriers cessèrent le travail. Les patrons s'adressèrent alors au gouvernement en le priant d'édicter un règlement pour les défendre contre une pareille anarchie, comme ils le disaient. En réponse à cette pétition, le gouvernement, sans avoir recours à des lois nouvelles, ordonna l'obser-

1. V. par ex. les cahiers de Montpellier et de Nîmes (tiers-état) Arch. Parl, v. IV, pp. 51 et 243.
2. Mercier. Tableau de Paris, v. VIII, p. 223.
3. Arch. du départ. de l'Aube. Correspondance officielle de 1782-1783, n° 1942. (V. Babeau. Artisans et domestiques, p. 37.)

vation rigoureuse à l'égard des ouvriers des dispositions du 2 janvier 1749, qui n'admettaient ni grèves, ni compagnonnages (1).

C'est à Lyon que les grèves ont lieu le plus souvent. Nous avons déjà eu l'occasion de parler des conflits qui ont eu lieu dans cette ville entre les entrepreneurs et les ouvriers dans la première moitié du XVIIIe siècle. Maintenant nous passerons rapidement en revue ceux dont furent marquées les années qui précédèrent immédiatement la Révolution.

En 1784, par suite de la surproduction et des difficultés financières, le prix de la main-d'œuvre se trouva considérablement abaissé à Lyon. Les maîtres-ouvriers soulevèrent de nouveau la question du tarif obligatoire. Déjà trois ans auparavant leurs « gardes » avaient soumis au consulat une requête dans laquelle ils demandaient la permission de réunir tous les ouvriers afin d'élaborer un plan commun d'action ; ils essuyèrent un refus formel ; en même temps le consulat fit au Conseil d'Etat un rapport dans lequel il exposait les conséquences nuisibles qu'aurait tout agissement collectif de la part des ouvriers. Pendant le chômage de 1786 d'autres tentatives furent cependant faites de la part des travailleurs dans le but d'obtenir le rétablissement du tarif.

Cédant à ces instances le consulat consentit à ajouter 2 sols par aune au salaire des ouvriers qui fabriquaient le taffetas anglais, rétablissant ainsi la rémunération légale du travail à la pièce. Mais le Conseil d'Etat qui considérait comme cause des conflits se produisant à Lyon entre les fabricants et les ouvriers la coutume propre à cette ville d'établir des taxes sur le travail, « cassa la décision du consulat et déclara que dorénavant le salaire serait fixé par la voie d'un contrat libre, comme cela se pratiquait dans

1 V. les lettres de l'intendant du commerce de Montarau à l'intendant de Paris du 6 juin et du 4 juillet 1778 (F[12] 126, p. 245 et 265).

la capitale et les autres villes du royaume; en même temps il interdit aux ouvriers de s'entendre entre eux en vue d'une hausse uniforme des salaires (1).

Cette interdiction des grèves, jointe à la liberté qu'avaient les entrepreneurs de hausser ou de baisser les salaires conformément aux conditions du marché, eut des effets désastreux pour le sort de la classe ouvrière de Lyon comme on l'a vu en 1787, lorsque grâce à la mauvaise récolte en même temps des blés et des cocons de vers à soie, les frais d'existence augmentèrent, tandis que 4.000 métiers se trouvèrent arrêtés (2). Obligés de se contenter de la moitié de l'ancien salaire et de demander le reste à la bienfaisance publique, les ouvriers firent des démarches pour obtenir la suppression des décrets qui interdisaient les tarifs obligatoires. On leur donna satisfaction grâce à l'intervention personnelle du roi et à l'influence de la Révolution déjà commencée. Le 8 août 1789 un arrêté du Conseil d'Etat ordonna l'élection de six commissaires par les commerçants vendant des soieries et d'un nombre égal par les maîtres ouvriers; ces commissaires auxquels étaient adjoints le prévôt des marchands et les échevins, étaient chargés de fixer pour un certain temps les salaires à la pièce pour la fabrication des différentes sortes d'étoffes. C'est à ces prix que devaient se conformer les arbitres appelés à juger les contestations surgissant entre les ouvriers et les entrepreneurs au sujet de la rémunération (3). Le 18 septembre, un semblable tarif fut établi séparément pour les maîtres et les contremaîtres; on y tenait compte de 250 espèces différentes de tissus. Les commissaires des maîtres ouvriers seuls se

1. Le texte de l'arrêt du Conseil du 3 septembre 1786 est ainsi conçu: « Il est interdit aux ouvriers de se concerter entre eux pour faire hausser le prix de leurs salaires d'une manière uniforme et combinée ». V. « L'Ouvrier en soie », monographie du tisseur lyonnais, étude historique, économique et sociale, par Justin Godart, I^e part., p. 254.
2. Ibid., p. 239.
3. Ibid., p. 254.

présentèrent pour son élaboration, tandis que les marchands demandèrent au roi de laisser en vigueur l'arrêt du 3 septembre 1786, qui admettait la fixation du salaire par une entente libre, se déclarant en même temps prêts à ne pas l'abaisser au delà de ce qu'il avait été en 1785, année où par suite de la surproduction il était, comme nous venons de le voir, extrêmement bas.

Le roi rejeta, cependant, ces requêtes, sur le conseil du bureau de commerce, et, par l'arrêté du 29 novembre, reconnut une vigueur temporaire au nouveau tarif, déclarant en même temps que la fixation définitive des salaires aurait lieu après l'ouverture des assemblées provinciales et municipales, promises par la loi (1).

Ainsi lors même que les ouvriers parviennent à attirer momentanément le législateur de leur côté, cela n'a lieu qu'à cause du caractère critique du moment et de l'impossibilité de trouver une autre issue. Au fond, le gouvernement reste, comme auparavant, hostile à toute opposition collective, à toute tentative de réglementation des salaires (2).

Après tout ce qui vient d'être dit, les causes de l'hostilité de la bourgeoisie envers les associations ouvrières sont faciles à saisir; nous comprenons pourquoi Turgot, dans son édit de 1776 (3), place à côté de l'abolition des corporations, l'interdiction des unions ouvrières, pourquoi Adam Smith (4) les combat en théorie et l'Assemblée constituante en pratique. Nous nous expliquons en un mot,

1. Ibid., p. 256.

2. L'arrêt du 29 novembre 1789 rappelle encore une fois « que la différence de temps, de circonstances et des événements doit influer nécessairement sur l'augmentation ou la diminution du prix des façons ». (Ibid.)

3. Edit de février 1776, art. 14 : « Défendons pareillement à tous maîtres, compagnons et apprentis desdits corps et communautés de former aucune association ni assemblée entre eux, sous quelque prétexte que ce puisse être. » V. Ferdinand Béchard. « Les Réformes de Turgot. » Revue de la Révolution, 1883, p. 196.

4. « La loi ne devrait rien faire pour faciliter les assemblées des ouvriers. »

l'origine de la loi du 17 juin 1791 qui abolissait, comme nous le verrons plus tard, la liberté des associations ouvrières et des grèves (1).

Nous sommes loin, bien entendu, d'avoir épuisé tous les côtés de l'intéressante question des rapports entre les ouvriers et les entrepreneurs pendant la période qui a précédé la Révolution. Les documents qui pourraient servir à la résoudre sont encore loin d'être tous réunis. L'histoire économique de la France est loin d'être écrite. Les archives départementales et municipales ne sont guère explorées sous ce rapport. Les données que nous possédons suffisent à peine pour tracer à grandes lignes la direction dans laquelle disparut graduellement la solidarité des ouvriers et des entrepreneurs du moyen âge, pour céder sa place au nouveau régime économique de la concurrence illimitée. L'exposé précédent a, croyons-nous, pleinement établi ce fait que la Révolution, loin de l'avoir appelé à la vie, ne fit que le sanctionner. Ceux qui regrettent le régime corporatif aboli par elle, oublient que cette organisation avait déjà cessé, au XVIIIe siècle, de protéger l'ouvrier contre l'exploitation du capitaliste. En parlant de ses avantages, ils songent toujours à l'état de choses des XIIe et XIIIe siècles et ne veulent pas comprendre qu'à travers les formes héréditaires et les coutumes séculaires, viennent percer les germes des forces économiques nouvelles et du régime social nouveau. C'est seulement après nous être pénétré de cette idée que nous pouvons comprendre pourquoi les corporations commerciales et industrielles de la fin de l'ancien régime empêchent aussi peu la naissance des différends entre les ouvriers et les entrepreneurs, que la commune rurale l'inégalité entre pauvres et riches.

1. V. « La Révolution française et la question ouvrière », par Charles Chabot. (Révol. franç., v. V, 1883, p. 493.)

CHAPITRE II

Organisation de l'industrie française pendant le dernier quart du XVIIIe siècle

§ I

On ne saurait trouver dans l'histoire un exemple plus frappant du lien étroit qui rattache le développement de l'industrie manufacturière à l'exploitation des richesses naturelles du pays, que celui que nous offre l'état des fabriques et des usines pendant les vingt années qui précèdent la Révolution. Malgré tous les efforts de Louis XIV et de Louis XV pour assurer leur prospérité par un tarif douanier élevé et même par une interdiction d'importer en France certains produits manufacturés qu'elle fabriquait elle-même, malgré la main-d'œuvre à bon marché assurée aux entrepreneurs grâce à l'interdiction d'exporter le blé à l'étranger, malgré la généreuse distribution de faveurs aux personnes qui inauguraient de nouveaux modes de production, faveurs qui prenaient la forme d'exemptions d'impôts, de monopoles et de subsides en espèces, l'industrie des fabriques et des usines françaises refléta de plus en plus l'état imparfait de l'agriculture et de l'industrie minière. Les manufactures françaises obligées de soutenir sur les marchés étrangers la concurrence non seulement de leurs anciennes rivales en Hollande et en Angleterre, mais aussi de la nouvelle industrie allemande, se montrèrent bientôt inférieures, à cause de la culture insuffisante du lin, de l'imperfection des laines françaises et de la mauvaise situation matérielle de la population des campagnes qui entravait l'extension de la culture des mûriers et par conséquent des vers à soie, enfin, de la cherté du fer et du charbon de terre due à la faible exploitation des mines. Dans la correspondance administrative du dernier quart du XVIIIe siècle on se plaint souvent de ce que la France ne peut pas se servir dans son industrie uniquement de ses propres matières premières, mais est obligée d'en importer de Flandre, d'Espagne, d'Italie, du Levant et d'Angleterre. Aussi peut-elle difficilement lutter sur le marché européen, non pas au point de vue de la qualité, mais au point de vue du bas prix de ses œuvres avec les toiles de Flandre et de Silésie, les soieries de la Lombardie, les cotonnades et les draps d'Angleterre et de Hollande. Pour la même raison elle est obligée de renoncer à exporter ses faïences, n'étant pas en état de soutenir la concurrence anglaise; la fabrication du verre coûte en France plus cher que dans les pays voisins et ses menus objets en fer, en cuivre et en fer-blanc, connus sous le nom de quincaillerie, ne supportent pas la comparaison avec ceux d'Angleterre et d'Espagne. Ce n'est que dans les industries de luxe, où le prix des objets est assez élevé pour permettre l'emploi des matières brutes étrangères, que les qualités supérieures de l'ouvrier français, qui fait un apprentissage difficile et subit toute la rigueur des règlements industriels, assurent à la France une prépondérance décisive sur les autres pays. Ses gobelins et ses sèvres n'ont pas de pareils, les taffetas, les velours et les brocarts de Lyon surpassent ceux de Milan et de Lucques; les draps venant des fabriques d'Abbeville et de Sedan, mais faits avec des laines d'Espagne, valent mieux que ceux du Yorkshire. Mais même dans ces branches d'industrie la dépendance désastreuse dans laquelle se trouve la France vis-à-vis des pays étrangers quant à son approvisionnement en matières premières commence peu à peu à se faire sentir. La récolte insuffisante de cocons en

Piémont provoque une crise dans l'industrie lyonnaise ; le renchérissement des laines d'Espagne oblige les fabricants de Sedan à y ajouter celles de l'Allemagne, à diminuer ainsi la bonne qualité de la marchandise et, en même temps, la possibilité de soutenir la concurrence des tissus moins chers sur les marchés de l'Espagne et de ses possessions américaines.

Plus nous nous approchons de la Révolution, plus se fait sentir l'influence de cette simplification des mœurs qui fut dans toute l'étendue de l'Europe une conséquence non seulement de la propagande faite par la littérature du XVIIIe siècle mais encore de l'élévation du niveau intellectuel et matériel du tiers état qui imposait graduellement ses goûts, et par conséquent ses modes, à la classe privilégiée. A mesure que des tissus en laine légers, des velours de coton, des mousselines et des percales remplacent le taffetas et les draps fins, les produits manufacturés de la France éprouvent toujours plus de difficulté à rivaliser avec ceux de l'étranger. Les fabricants de Carcassonne et de Nîmes, qui fournissaient les côtes asiatiques de la Méditerranée de « londrins » et de « mahoux » à bas prix, dans l'espoir de tuer par leur bon marché celles d'Angleterre ravalaient à un tel point leur qualité qu'ils perdaient peu à peu la confiance de leurs consommateurs. La même cause a contribué à discréditer d'une façon notable les draps d'Elbeuf, de Louviers et même de Sedan ; elle activa l'exportation anglaise en Espagne et dans ses colonies. L'exemple de l'industrie de la laine montrait clairement l'influence qu'exercent sur l'augmentation des frais de production quelques faits, tels que l'importation du charbon de terre étranger, l'exploitation insuffisante des mines et des gisements du pays, l'état défectueux des voies de communication, l'importance des impositions, due à l'existence d'octrois et de barrières intérieures.

Les vues que nous exposons ici ne sont autre chose que

l'écho des plaintes qui remplissent la correspondance administrative, les rapports faits aux assemblées provinciales, ceux des intendants de l'industrie, les déclarations des chambres de commerce, les cahiers transmis par les paroisses et les bailliages aux électeurs et députés de la Constituante.

Le 13 mai 1787, l'inspecteur des manufactures Tolozan expose dans son compte rendu sur l'état de l'industrie dans le rayon qui lui a été confié, c'est-à-dire dans les généralités de Rouen, de Caen, d'Alençon, de la Bretagne, de Bourges, de l'Orléanais et de Moulins, une vue générale sur les causes qui favorisent ou entravent le développement de la fabrication des draps dans cette région si importante de l'industrie lainière. La prospérité de cette dernière, écrit-il, dépend surtout de deux causes : de l'amélioration de la qualité des laines et du perfectionnement de la teinture. Pour la première, tout est encore à faire ; tant que nous n'aurons pas amélioré la race de nos brebis, nous resterons dans une large mesure des tributaires de l'Espagne et de l'Angleterre. Un des moyens de se libérer du tribut que nous payons annuellement à ces deux pays pour leurs laines, serait de changer les conditions mêmes de notre élevage, en particulier le mode de soigner les troupeaux : un autre serait d'encourager tous ceux qui se procurent des reproducteurs en Espagne ou en Angleterre (1).

En expliquant la cause qui fait que les drapiers français ont de la peine à soutenir la concurrence avec les Anglais sur le marché international, l'assemblée provinciale de Rouen fait remarquer que la supériorité des Anglais, lorsqu'il s'agit de la fabrication de draps ordinaires, tient entièrement à la bonne qualité de la matière première, à son abondance et à son bon marché. Nous sommes en état,

1. Compte rendu par M. Tolozan des différents objets qui concernent son département. 13 mai 1787. Arch. Nat. F.[12] 657.

ajoute le rapporteur, de supporter la concurrence anglaise lorsqu'il s'agit des draps de qualité supérieure, de ceux, par exemple, qui viennent de Louviers et des Andelys, car nous employons pour leur fabrication des laines d'Espagne, et il n'en existe de pareilles ni en Wiltshire, ni en Glocestershire ; mais les draps d'Elbeuf, faits avec des laines françaises, ne valent pas ceux fabriqués à Leeds et connus sous le nom de draps de Bristol, de même que les draps de Darnétal et de Rouen ne valent pas ceux de Yorkshire ; sans céder aux nôtres au point de vue de leur qualité, ils les surpassent par leur bon marché (1). Les fabricants de Sedan et ensuite l'assemblée provinciale des Trois Evêchés, partagent entièrement ce point de vue, en disant que si les Anglais peuvent vendre leurs draps 20 o/o moins cher, c'est qu'ils trouvent, sans dépasser les limites du royaume, des laines de meilleure qualité (2). Evidemment, les draps français ne pouvaient conserver leur place prépondérante sur le marché d'Europe, qu'à condition d'employer pour leur fabrication uniquement des laines d'Espagne. Aussi le gouvernement français se prononçait-il toujours contre l'exportation de cette laine à l'étranger et en concentrait le commerce dans trois villes seulement, pour mieux surveiller la bonne exécution de cette interdiction. Les points choisis étaient Bayonne, Rouen et Orléans.

La correspondance administrative des intendants de l'industrie s'occupe souvent de la question des moyens qui pourraient aider à prévenir le commerce clandestin des laines d'Espagne fait par les ouvriers français, occupés dans les fabriques françaises (3). Mais dans les années

1. Procès verbaux de l'Assemblée provinciale de Rouen. (Hippeau. « Les gouvernements de la Normandie », t. V, p. 245.

2. Procès verbaux des assemblées provinciales des Trois Evêchés et du Clermontois, 1787, pp. 301 et 304.

3. V. Tableau de la situation des manufactures des Trois-Evêchés, mémoire rédigé en 1785. Tricou, inspecteur des manufactures à Sedan : « Les vols que les fabricants éprouvent rendent aujourd'hui ce commerce peu lucratif et quelquefois dangereux pour les

1780-1789, cette interdiction cesse d'être observée et les documents de ce temps affirment catégoriquement que les marchands de laines de Rouen et d'Orléans livrent leur marchandise aux fabriques de Liège et de Limbourg, ce qui, à son tour, crée le manque de matière première en France (1).

On comprend l'effet produit par ce fait sur le sort de l'industrie drapière de France, en considérant que le nombre de métiers dans le seul duché de Limbourg atteignait à la fin du XVIIIe siècle le chiffre de 12.000 à 15.000. Pour les manufactures de Sedan, situées dans le voisinage, ils étaient ainsi non seulement des concurrents dangereux sur les marchés étrangers, mais aussi une des causes du renchérissement des matières premières ; et cependant il fallait combattre le bon marché des draps anglais en Espagne et au Portugal, pays qui avait été pendant si longtemps fermé à l'exportation française. Il n'y avait évidemment d'autres ressources que de diminuer les frais d'achat de matière première en mélangeant aux laines d'Espagne d'autres laines de qualité inférieure. Mais pour les draps de Sedan et de Louviers cet abaissement de la qualité des draps français ne se fit sentir que beaucoup plus tard. Il toucha tout d'abord ceux du Languedoc, notamment les londrins et les mahoux qui, comme nous l'avons dit, étaient destinés à l'exportation dans le Levant.

fortunes... Il est nécessaire de renouveler l'article 18 des règlements de 1743, par lequel il est défendu à tous les autres qu'aux fabricants des draps d'employer des laines d'Espagne sous les peines portées par l'article. L'observation de cette loi serait d'autant plus essentielle que la faculté que trouve l'ouvrier à vendre les laines volées lui en suggère le désir. Les bonnetiers, les chapeliers, les sergiers et autres emploient souvent des laines d'Espagne qui sont presque toujours volées dans les manufactures de draps. Les soldats achètent beaucoup de laines volées. »(Arch. nat. F.[12] 644.)

1. « Les laines d'Espagne devenues plus rares, vu qu'on a permis aux marchands lainistes qui font le commerce à Rouen et à Orléans d'alimenter de ces laines toutes les fabriques du duché de Limbourg et pays de Liège, ce qui met en France une disette de cette matière première. » (Arch. nat. K. 909). « Réflexion sur les nouveaux règlements » (Mémoire rédigé en 1781 et concernant les intérêts des fabricants de Sedan).

L'amélioration de la qualité des laines dans le Languedoc et le Roussillon due à l'élevage des brebis de race espagnole permit de remplacer peu à peu celles qui venaient d'Espagne; mais les draps ainsi fabriqués étaient inférieurs à ceux d'Angleterre; aussi étaient-ils graduellement évincés par ces derniers; la cause en était, de l'aveu même des autorités françaises, que de grands abus se produisaient dans leur fabrication, fait dû en partie à ce que les achats pour la Turquie se faisaient en gros, d'après des échantillons seulement. A mesure que la demande des londrins devenait moindre, les fabricants du Languedoc passaient à la production de draps dans le genre de ceux d'Elbeuf et de Sedan; et cette pratique devint tellement courante durant les cinq dernières années avant la Révolution, que les inspecteurs des manufactures commencèrent à se demander sérieusement si la concurrence intérieure créée ainsi, ne porterait pas préjudice aux intérêts des fabriques de la Normandie et de la Lorraine (1).

Après les draps du Languedoc, ceux d'Elbeuf virent également tomber leur crédit sur les marchés d'Espagne. Dès 1769, quelques commerçants français, établis à Cadix, avaient fait savoir au marquis d'Ossun, ambassadeur français à Madrid, que pendant les cinq à huit dernières années les draps fabriqués à Elbeuf et expédiés de Cadix à Vera-Cruz et aux autres ports d'Amérique, cédaient de beaucoup, quant à la qualité, à ceux d'Angleterre et de Hollande. Les fabricants envoyaient à l'étranger les marchandises les plus mauvaises, celles qu'ils ne pouvaient pas vendre en France; de plus on avait adopté récemment la pratique pernicieuse de teindre les tissus dans la pièce, tandis qu'autrefois on les fabriquait avec de la laine teinte. Les fabricants ne reculaient même pas devant l'idée d'ex-

1. Tableau de la situation des manufactures des Trois Evêchés. Mémoire de Tricou, 1785.

pédier aux colonies espagnoles des draps reteints. Les nuances originelles ne convenant pas au goût local, on mit une couche de teinture nouvelle; pendant la traversée l'ancienne couleur ressortit et les draps se couvrirent de taches ; arrivés à Cadix, ils furent estimés par les gardes jurés à moitié de leur valeur et malgré cela trouvèrent difficilement des acheteurs. Les Hollandais et les Anglais ne tardèrent pas, ajoute le correspondant de l'ambassadeur français, à profiter du discrédit dans lequel étaient tombés les fabricants d'Elbeuf, et il est à craindre que le sort des producteurs du Languedoc ne devienne bientôt celui des fabricants de la Normandie (1).

Ne voulant pas se fier à cette communication, transmise par son ambassadeur, le gouvernement français entreprit une enquête locale sur la situation des fabriques d'Elbeuf et y envoya à cet effet l'inspecteur Holker. Ce dernier, tout en niant la diminution de l'exportation, reconnut cependant que la qualité des draps d'Elbeuf était en effet devenue inférieure et expliqua ce fait, d'une part, par le renchérissement d'un tiers subi par ces laines et de l'autre par la nécessité de soutenir la concurrence anglaise par le bon marché des produits. L'ensemble de ces conditions explique, à son avis, la cause qui a fait que les fabricants d'Elbeuf se sont permis de reteindre les draps en pièces et d'expédier en Espagne des draps de qualité inférieure, qui ne trouvaient pas d'écoulement en France (2).

Si dans les fabriques d'Elbeuf elles-mêmes, dont les opérations, loin de diminuer, s'étendaient toujours, on surprenait des indices de décadence future, plus encore se faisait sentir l'influence de la concurrence anglaise à Rouen et à Louviers. La même année, en 1769, Holker rapporte que l'industrie drapière de ces deux villes pâtit

1. Copie d'une lettre de M. Behic fils à M. le marquis d'Ossun (ambassadeur) du 16 janvier 1769. Arch. nat. F.[12] 657.

2. Lettre de Holker fils à Trudaine du 10 avril 1769 (Ibid.)

faute d'écoulement et se trouve tombée dans le marasme(1). Nous verrons plus loin quelles causes empêchèrent une décadence analogue des manufactures de Sedan, malgré les conditions défavorables créées par le renchérissement des matières premières et l'établissement dans le voisinage des fabriques de draps de Limbourg, d'Aix-la-Chapelle et de Verviers ; pour le moment, nous retracerons brièvement l'influence produite en France par l'achat des matières premières à l'étranger ou en province, à une grande distance des lieux de fabrication. Le fait seul, que la crise de l'industrie de soie, qui eut lieu à Lyon en 1788, fut surtout provoquée par une mauvaise récolte de cocons dans le Piémont (2) et qu'elle eut, comme nous l'avons déjà vu, pour suite l'arrêt de 5.400 métiers, prouve suffisamment combien étaient peu naturelles les conditions dans lesquelles se trouvait l'industrie française par suite du développement insuffisant des branches de l'économie rurale qui l'alimentaient. Indépendamment même des résultats dus à la bonne ou mauvaise récolte de cocons, la crise de l'industrie de soie pouvait être provoquée par la prohibition de la part du gouvernement italien de l'exportation des cocons. Il suffisait que le Piémont, voire même la Sicile, dont la soie brute alimentait les fabriques de Tours (3), établissent des interdictions douanières contre l'exportation, ou des droits élevés sur cette marchandise, pour que l'étendue de la fabrication française fût réduite et les salaires des ouvriers diminués.

Cette dépendance dans laquelle se trouve l'industrie vis-à-vis de l'agriculture se manifeste de la même façon dans la fabrication des toiles. Le fait qu'en 1785 encore la France continuait à importer pour la somme de 43 à 48 millions de tissus étrangers, au nombre desquels

1. Les fabriques de Rouen et de Louviers languissent par défaut de consommation.

2. Wahl. « Les premières années de la Révolution à Lyon », ch. I.

3. V. Dumas. « La généralité de Tours au XVIIIe siècle », p. 153.

se trouvaient également des toiles, était avec raison attribué par les membres du comité agricole attaché au Conseil d'Etat au développement insuffisant de la culture du lin et à son absence presque totale dans certaines provinces qui,comme par exemple l'Auvergne, le Poitou et le Limousin, disposaient surtout en hiver d'un nombre considérable de bras, qu'elles auraient pu occuper à la fabrication de toiles au domicile même des ouvriers (1).

Dans certaines provinces, en Béarn par exemple, la culture et le filage de lin n'ont pris des proportions quelque peu importantes que dans la seconde moité du XVIIIe siècle (2).

Aussi, il n'y a rien d'étonnant si, bien avant la conclusion du traité de commerce avec l'Angleterre, la France, comme productrice de tissus de lin, soutenait avec peine sur les marchés d'Italie, d'Espagne et de leurs possessions américaines, la concurrence de l'Irlande et de l'Ecosse, ainsi que celle de la Silésie et en général de toute l'Allemagne du Nord (3).

Cette fois encore le succès de la concurrence étrangère était dû plutôt au bon marché qu'à la bonne qualité de la marchandise; or l'infériorité de la France sous le rapport du bon marché résultait, à quelques exceptions près, de ce fait que l'industrie de la toile se servait de matières premières qui, au lieu d'être produites sur les lieux mêmes

1. Mémoire de Coquebert de Montbret, lu à la séance du 15 septembre 1785. « L'administration de l'agriculture au contrôle général des finances », p. 92.
2. En 1769, Ibid, p. 178.
3. Mémoire de Lavoisier, lu à la séance du 31 juillet 1788. Ibid, p. 406. « Nous pourrons soutenir », lisons-nous dans les procès-verbaux de l'assemblée provinciale de Rouen de 1787, « la concurrence des toiles d'Irlande qui surpassent les nôtres en blancheur et qui leur cèdent en qualité. Mais les habitants du nord de l'Ecosse ont été encouragés à de grandes entreprises de culture et de tissure de lin, et l'industrie de notre province doit redouter celle de ce peuple nouveau qui ne se nourrit que de pommes de terre ou d'avoine délayée dans l'eau et dont la main-d'œuvre est au plus bas prix ». Hippeau. «Les gouvernements de la Normandie », t. V, p. 249.

de la fabrication, venaient des parties les plus éloignées du royaume.

On est surpris, en lisant dans les rapports des inspecteurs des manufactures et dans les mémoires des voyageurs qui comme Legrand d'Aussy, étudiaient de près tout ce qu'ils observaient, que les toiles de Champagne et d'Auvergne étaient fabriquées avec du fil venant de Bretagne ou de Flandre à cause de l'insuffisance, en qualité ou en quantité. du lin indigène (1). Ce n'est que dans certaines localités, en Flandre, en Picardie, en Normandie, en Bretagne et dans le Maine, où la culture de cette plante constituait depuis longtemps la partie la plus importante des revenus paysans et où la culture des plantes industrielles occupait souvent les meilleures terres (comme le disaient à Arthur Young ses correspondants français) (2) que la

1. « Les matières que les fabriques de Troyes consomment, lisons-nous dans le mémoire des industries de cette ville, sont... le fil de lin qui se tire de Laval, Mayenne et Château-Gontier. » — Dans la lettre du 15 août 1786 l'inspecteur des manufactures de la localité écrit qu'il y a cinquante ans la culture de lin était répandue aux environs de Troyes, mais comme les fabricants préféraient de prendre au crédit du lin de Bretagne, bien qu'il fût de qualité inférieure la culture du lin est presque disparue, en cédant sa place à celle du froment et du chanvre. — « Comme les lins de Bretagne étaient mauvais, la fabrication des toiles de cette ville est tombée totalement et est passée en Suisse. » V. Arch. Nat. F [12] 555. Nous lisons chez Legrand d'Aussy : pour la fabrication de ses blondes l'Auvergne tire son fil de Flandre, tandis qu'elle pourrait le faire elle-même et qu'elle recueille du lin fort beau (t. III, p. 210).

2. Une personne qui connaissait à faire manufacture de toile se trouvait toujours au milieu des terres les plus mal exploitées, ce qu'elle attribuait à l'habitude de faire toujours du chanvre et du lin dans les meilleures terres, en négligeant les céréales (Arthur Young. « Voyages », t. II, p. 382). Les lins rapportent tant de profit, écrit de la Flandre l'intendant Le Pelletier de Louzy, que lorsqu'ils viennent bien, ils valent presque le prix du fonds de la terre, sur laquelle on les a dépouillés. Ceux des environs de Marchienne et de Saint-Amand sont tellement fins, qu'ils produisent « des fils de dentelles et de toilette ». (« La vie agricole sous l'ancien régime », par A. de Calonne, p. 86.) « A Laval et dans d'autres villes du Maine la fabrication des toiles, écrit Dumas dans sa monographie sur la généralité de Tours au XVIIIe siècle, était la principale, sinon la seule industrie. » Mamers, Fresnac, la Ferté, Château-du-Loir, Beaufort rivalisaient pour la qualité de leurs produits avec les grands centres. A Beaufort en 1772 on fabriqua 4.750 pièces de toile ; à la Ferté-Bernard, 5.330 ; à Château-du-Loir, 6.640 dans le second semestre de la même année. (Dumas, p. 163.) « Dans la plupart des fermes du pays de Caux le lin que produit la culture de la belle saison, est façonné pendant la saison morte et il y a peu

fabrication de toiles avait des chances de se développer et de se fortifier assez pour que les commerçants établis à Cadix pussent dire que de toutes les marchandises en fil de lin fournies par la France, les « blancarts » de Rouen et les toiles de Bretagne étaient les plus aptes à soutenir la concurrence des produits de la Silésie et de la Hollande.

On pourrait avec autant de raison rattacher le faible développement, ou plutôt la décadence complète de l'industrie des cuirs à la fin du XVIIIe siècle, à la diminution de la quantité de bétail, due à l'appauvrissement graduel des paysans et constatée aussi bien par les rapporteurs des assemblées provinciales, que par les cahiers de 1789. Cela ne veut pas dire, bien entendu, qu'il n'y ait pas eu, en même temps, d'autres causes ayant exercé la même action nuisible sur l'industrie des cuirs, causes dont il sera question plus loin. Toutes les industries, pour lesquelles le chauffage à bon marché est la condition indispensable de la prospérité, telles que celles du fer, du verre, de la faïence, subissaient davantage encore l'influence de cette mauvaise organisation de l'économie rurale, qui a eu pour conséquence la destruction barbare des forêts en vue d'étendre le terrain cultivé, ce qui a permis à la culture de rester extensive comme par le passé.

L'exploitation insuffisante des gisements de la houille, dont la cause première était que le Trésor s'était approprié les richesses du sous-sol et en avait cédé l'exploitation à des monopolistes, ne permettait pas, même dans le voisinage des mines, de remplacer le bois par un combustible minéral ; à plus forte raison il en était ainsi dans les endroits situés à quelques centaines de kilomètres des mines, car le mauvais état des voies de com-

de fermiers qui ne paraissent dans les foires comme marchands de toiles presque aussi souvent et bien plus lucrativement que comme marchands de blé ». (Procès-verbaux des séances du conseil provincial du Berry, p. 60.)

munication, l'existence d'octrois entre les provinces et les redevances exigées par des seigneurs augmentaient à un tel point le prix de la marchandise, qu'au dire des contemporains, le charbon de terre coûtait aux fabricants de Rouen deux fois plus cher que sur les lieux de son extraction. Voilà pourquoi les Français trouvaient avantageux de le faire venir de l'Angleterre, malgré les droits très élevés dont il était frappé, droits qui, joints aux frais de transport. quadruplaient son prix (1).

En dehors des causes que nous venons de signaler, l'industrie française éprouvait au XVIIIe siècle les inconvénients dont se sont plaints tout récemment les propriétaires des fabriques et des usines russes, c'est-à-dire la difficulté d'avoir un contingent fixe d'ouvriers bien préparés. Cela tenait à ce que le processus qui amenait les paysans des campagnes à grossir les rangs des prolétaires ne possédant pas de terre n'était pas encore achevé ; or c'était ce processus qui avait assuré à l'Angleterre, un siècle auparavant, la main-d'œuvre à bon marché et avait par là contribué au développement de ses fortunes industrielles. Bien que, comme nous l'avons vu, le déclin du système des redevances seigneuriales, basé sur l'allotissement des terres du manoir aux villagers, déclin qui avait commencé en France au milieu du XVIIIe siècle, fît constamment affluer vers les villes une partie de la population des campagnes, celle notamment qui ne trouvait plus d'occupation dans l'agriculture ou préférait au sort de garçon de ferme celui d'ouvrier de fabrique, de domestique ou de journalier ; néanmoins cette classe, formée d'éléments qui n'avaient pas définitivement rompu avec leur ancienne vie d'agriculteurs, et n'avaient quitté leurs foyers que pour un certain temps, pouvait aussi peu assurer au fabricant un nombre suffisant de bras tou-

1. « Le charbon coûte en Normandie le quadruple. » Procès-verbaux de l'assemblée provinciale de Rouen. (Hippeau. « Le gouvernement de la Normandie », v. V, p. 290.)

jours disponibles et bien préparés, que nos paysans d'il y a un quart de siècle qui, de même, ne quittaient leurs villages que pour un nombre de mois. Voici un exemple qui peut servir d'illustration à ce que j'avance. Dans le Dauphiné, où, grâce aux conditions physiques, à l'abondance de vallées et de plateaux, l'élevage de bestiaux jouait un rôle important, et où par conséquent il y avait des conditions favorables pour la conservation des propriétés et des servitudes communales et par suite du système d'allotissement et des redevances, les paysans, étant de fait attachés au sol, ne pouvaient participer à l'industrie qu'à titre de petits industriels ruraux, ou d'organes subalternes de la grande industrie ; le contingent nécessaire d'ouvriers habitant la fabrique ou l'usine se recrutait parmi les originaires de l'Auvergne, c'est-à-dire de paysans qui quittaient leurs villages à la recherche du travail et étaient toujours prêts, s'ils étaient mécontents de leurs patrons, à revenir à leurs travaux agricoles habituels. Seule cette circonstance nous permet de comprendre la raison des salaires relativement élevés obtenus par les ouvriers qui travaillaient dans les fabriques de papier de cette province ; c'est elle qui nous explique les cas fréquents de leur fermeture en été, et cette indépendance que montraient ici les travailleurs à l'égard des fabricants. Ils faisaient preuve d'une grande solidarité et menaçaient souvent d'abandonner en masse l'entrepreneur ; des renseignements très instructifs à cet égard ont été recueillis en 1769 sur l'ordre du contrôleur général par l'intendant local de l'industrie : après avoir déclaré que les ouvriers appartiennent au nombre de ces « mauvais garnements que l'Auvergne a vomis de son sein », l'auteur du mémoire parle ensuite de leurs étranges prétentions vis-à-vis des patrons. Ils mettent, écrit-il, les fabricants dans l'impossibilité de prendre des mesures de répression contre leur ivrognerie et leur débauche, car ils les menacent à toute heure de quitter leur établissement. Organisés en compagnonnages, ils ont inséré dans leurs statuts toutes sortes de dispositions très avantageuses pour eux-mêmes et très préjudiciables aux patrons. Cela leur permet de ne travailler que quand bon leur semble. Après avoir passé au cabaret non seulement le dimanche, mais le lundi et quelquefois une partie de la journée du mardi, ils se mettent ensuite avec impertinence à la table du maître, critiquent tous les plats qu'on leur sert, surtout le vin qui leur semble toujours trop coupé d'eau ; leur nourriture est pourtant abondante et variée. On met le couvert trois fois par jour ; pour le dîner, on sert la soupe, un morceau de viande et de lard ; pour le goûter on donne encore de la soupe et quelques légumes : des petits pois, des haricots et des truffes, nommées topinambours ; de plus, un morceau de gruyère. Le souper est composé des mêmes plats à peu près que le dîner et dans la même quantité. Chaque fois on sert du vin, coupé seulement d'un tiers d'eau. Et lorsque, suivant entente mutuelle, il y a des travaux supplémentaires, qu'on appelle « avantages », on ajoute aux trois repas mentionnés encore un repas qui consiste en pain et vin à discrétion. Quant aux gages, il faut les considérer comme assez élevés, le patron fournissant la nourriture et le logis ; le premier ouvrier à la cuve, nommé le « gouverneur », touche en argent huit livres cinq sols par mois ; l'ouvrier en chef a sept livres et dix sols, tous les autres de six livres dix sols à sept livres ; les femmes gagnent de huit à dix sols par jour ; les domestiques à gages et les charretiers touchent dix à douze livres par mois. Et si l'on considère que les travaux extraordinaires fournissent à peu près la même somme, on peut conclure qu'en partageant avec le patron le logis et les repas, les ouvriers des fabriques de papier peuvent encore mettre de côté une somme de treize à seize livres ou francs par mois. En expliquant les causes qui rendent inévitables les travaux supplémentaires ou « avantages », l'intendant de l'industrie du Dauphiné dit que les fabricants n'avaient d'autre choix que de trouver en été des travaux agricoles pour leurs ouvriers ou bien de les garder près d'eux au moyen d'une forte rémunération des travaux extraordinaires. Les renseignements à cet égard ont été pris dans toutes les provinces qui envoient leurs habitants aux fabriques du Dauphiné à Montargis, à Angoulême, à Limoges et dans toute l'Auvergne. L'intendant ajoute, comme opinion personnelle, que si les « avantages » cessaient d'exister, les fabricants resteraient sans ouvriers, car les fabriques sont souvent obligées de chômer tantôt faute d'eau, tantôt faute de chiffons ou d'argent pour en acheter. Nous pouvons conclure de ces paroles que les travaux ne se faisaient régulièrement qu'en hiver, que pour exécuter les commandes il fallait quelquefois prolonger le travail à des conditions spéciales, qu'enfin en été les paysans ayant quitté leur village y retournaient momentanément pour la récolte. Ceci est entièrement conforme à ce que nous communiquent, sur les ouvriers émigrants de l'Auvergne, d'une part le rapporteur de l'assemblée provinciale de Clermont-Ferrand, et de l'autre le voyageur bien connu à ce moment Legrand d'Aussy (1).

Très souvent aussi le salaire supplémentaire permettait à l'ouvrier de rester à la fabrique même à l'époque des travaux des champs après avoir envoyé à la famille l'argent nécessaire pour payer l'impôt et couvrir différents frais. Mais la possibilité de rompre à tout moment avec le nouveau genre de vie et de revenir à leurs occupations agricoles a fait que les grèves sont devenues parmi les ouvriers du Dauphiné d'une pratique courante. Après

1. « Une partie de ces émigrants disparaît entièrement ; l'autre revient momentanément dans ses foyers, porter ses épargnes qu'elle a pu faire pour acquitter l'impôt ; mais cette ressource est elle-même un fléau ; le même besoin l'éloigne bientôt de ses foyers et il n'y reste que l'exemple des mauvaises mœurs et le dégoût de l'agriculture (procès-verbal des séances de l'assemblée provinciale de l'Auvergne, tenue à Clermont-Ferrand en 1787, p. 249). Comp. Legrand d'Aussy « Voyages en Auvergne », t. III, p. 234. S'expatrient ceux qui possèdent des propriétés et ceux qui n'en ont point ». (V. aussi v. I, p. 333).

une entente préalable entre eux, les grévistes abandonnaient le patron et empêchaient d'autres ouvriers de prendre leur place pendant deux, quatre, même six mois ; ou bien ils menaçaient le patron de mettre sa fabrique à l'index s'il ne leur payait un dédit de 50, 60 ou 100 livres. Ils mettaient également à l'amende tous ceux qui ne se joignaient pas à leur grève ou bien qui consentaient à accorder au patron le délai réglementaire de six semaines. Comme des amendes analogues menaçaient également les personnes qui n'allaient pas à l'église les dimanches et jours de fête, ou qui n'observaient pas les carêmes, nous avons des raisons de croire que les pratiques décrites par l'intendant correspondaient aux dispositions habituelles des statuts que se donnaient les confréries et dont le type le plus ancien se retrouve dans les corporations religieuses ou fondées dans un but de bienfaisance (1).

Là où l'industrie de fabrique ne pouvait pas disposer d'un contingent plus ou moins considérable d'ouvriers venus d'autres localités ou pris parmi les indigènes, parmi les ouvriers agricoles ayant rompu tout lien avec le sol, elle était obligée d'avoir recours à l'industrie domestique qui avait produit des générations entières de tisseurs, de fileurs, de tanneurs. Les nouvelles entreprises qui surgis-

1. Au nombre de ces dispositions nous signalerons encore celles-ci, d'après le rapport de l'intendant : « Celui qui ne se tient pas assez convenablement à table est mis à l'amende ; celui qui vomit après avoir trop bu est mis à l'amende ; de même pour un ouvrier célibataire qui ne termine pas par un mariage la cour qu'il fait à une jeune fille. Comme toutes les confréries de ce genre, celles des ouvriers des fabriques de papier dans le Dauphiné exigeaient trois « pots de vin » ou quatre bouteilles aux frais communs, au profit des compagnons de passage. De même, un pot de vin devait être offert lorsqu'un ouvrier de passage s'embauchait chez le maître ; en ce cas celui-ci était alors obligé de fournir du vin pour trente sous chaque fois. Les membres d'un compagnonnage obligeaient encore les maîtres et les contremaîtres à faire certains versements au profit de leur caisse, à savoir : 60 livres de celui qui, n'étant pas fils de maître, devenait maître ; 30 livres de celui qui entrait comme apprenti chez le maître ; 9 livres du même apprenti pour avoir été admis aux repos communs et la moitié de cette somme seulement, s'il était fils de maître. (Réponse au mémoire par lequel on demande divers éclaircissements sur les papeteries du Dauphiné, adressée à M. Trudaine en 1769. (B. Nat. F[12] 644.)

saient cherchaient naturellement à utiliser ces instruments de travail ; aussi les anciennes fabriques étaient-elles souvent obligées d'avoir recours au gouvernement pour établir les limites au delà desquelles les nouvelles ne devaient plus recruter d'ouvriers parmi les paysans vivant d'agriculture. Un exemple caractéristique nous en est offert par le différend qui s'est produit un quart de siècle avant la Révolution entre une fabrique de coton à Neuville et les fabriques plus anciennes de lainages, à Vienne.

Parmi les causes qui empêchent le développement de ces dernières on cite, en 1764, ce fait que les propriétaires de la manufacture de coton de Neuville, bien qu'étendant leurs opérations sur un rayon considérable, comprenant le Lyonnais, le Beaujolais, la Bresse, les Dombes et le Forez, s'efforcent néanmoins à faire filer leur coton par les paysans du Dauphiné, dont les manufacturiers de Vienne ont fait à grand'peine et à grands frais de bons fileurs de laine. Le gouvernement est appelé à mettre fin à ce débauchage d'ouvriers d'autrui, suivant l'expression des intéressés qui semblent en parler comme des serfs appartenant à la fabrique (1).

L'absence d'une classe spéciale d'ouvriers et la nécessité de les recruter parmi la population agricole se montrent très nettement aussi dans le Languedoc ; là, dès la première moitié du siècle, les états provinciaux disaient, en constatant le développement rapide des manufactures de laine produisant des marchandises pour le Levant, que l'agriculture commençait à souffrir par suite du manque d'ouvriers (2). De même, en Champagne, des fabriques, comme celle de la draperie de Troyes, ont été obligées, au lieu d'avoir le nombre nécessaire de fileurs, d'aban-

1. « Tableau de la manufacture royale de Vienne en Dauphiné », 1764. (Arch. Nat. F[12] 555.)
2. Des Cilleuls. « Histoire et régime de la grande industrie », p. 190.

donner ce travail aux habitants de la campagne (1). Cette pratique subsiste même après l'introduction des machines à filer ; l'intendant de l'industrie dit, dans son rapport sur l'état des fabriques de Troyes en 1785, que ces machines ruinent les fileuses — si grande est leur extension dans les campagnes. Le tissage non plus n'avait pas toujours lieu au local même de la fabrique, une partie des métiers étant disséminée dans les villages ; aussi le même inspecteur dit-il, en parlant de la prospérité récente et de la déchéance actuelle de l'industrie drapière, que le fabricant, qui jadis avait occupé 1.200 tisseurs, tant en dedans qu'en dehors de la fabrique, en a maintenant réduit le nombre à la moitié. Le mode même d'épuration des laines, au moyen de baguettes et de claies de bois, dans lesquelles on introduisait la laine, permettait d'exécuter cet ouvrage préliminaire non pas à la fabrique, mais au domicile de l'ouvrier. L'inspecteur détermine le nombre moyen de livres de laine brute qu'un ouvrier peut nettoyer pendant une journée. Il parle de la vente directe des laines épurées par les producteurs de campagne aux marchands de la Normandie, indique le prix moyen de la livre et dit que c'est la différence entre ce prix et celui d'une livre de laine brute qui constitue le gain des dégraisseurs et laveurs de laine.

Le même témoin nous donne le nombre de jours qu'un ouvrier emploie pour apprêter une pièce de drap, ce qui nous permet de déterminer son salaire. Nous concluons facilement de ces calculs que la simplicité des procédés techniques, de même que le mode de rémunération des travailleurs non pas à la journée, mais à la pièce, étaient adaptés à la fabrication à domicile et permettaient aux fabricants de se contenter d'un nombre relativement petit d'ouvriers travaillant dans l'établissement même. Bien entendu, là où, comme à Sedan, on poursuivait la fabrica-

1. Dans les mémoires sur différentes fabriques de Troyes (Arch. Nat. F[12] 555) nous lisons : « Les habitants de la campagne sont en possession de la filature de ces laines. »

tion des draps de qualités supérieures, le travail devait nécessairement s'effectuer dans les fabriques mêmes ; mais c'est précisément là que se faisaient le plus sentir tous les inconvénients résultant du manque d'ouvriers spécialistes, ainsi que de la nécessité de faire le départ entre les fabriques concurrentes en ce qui concernait les limites dans lesquelles chacune avait le droit de recruter un nombre suffisant de fileurs et de tisseurs. Dans cette description de la situation où se trouvait l'industrie dans les Trois Evêchés, description faite en 1785 par Tricou, inspecteur des manufactures de Sedan, il est question, entre autre, du mécontentement qu'éprouvent les propriétaires des fabriques à voir les manufacturiers de Reims venir chercher leurs fileurs presque aux portes de Sedan, tandis qu'il leur serait si facile de trouver le contingent nécessaire d'ouvriers en Bourgogne où l'industrie est encore au berceau et où le paysan vigneron, qui dispose de grands loisirs, pourrait en consacrer une partie à filer de la laine. Avec la pratique actuelle, au contraire, ils enlèvent aux manufacturiers de Sedan les fileurs déjà formés ; il n'y a rien d'étonnant, dans ces conditions, si ces derniers se voient obligés d'engager un nombre considérable de travailleurs d'Allemands (1), fait qui prouve on ne peut plus clairement ce

1. « Les manufactures de Rheims qui viennent faire filer jusqu'à nos portes, causent un grand préjudice à nos fabriques : 1° parce qu'elles nous enlèvent nos ouvriers ; 2° parce que le même fileur prend des laines de Sedan et des laines de Rheims ; il en résulte un mélange qui n'est pas avantageux à nos draps. Le Conseil n'a pas jugé à propos de fixer à chaque jurande des limites au delà desquelles il ne serait point permis de faire travailler ; il a au contraire donné à chaque fabricant la liberté d'avoir des ouvriers partout où bon lui semblerait. Ce système qui paraît convenable dans les provinces méditerranées, mériterait peut-être une exception en faveur des frontières, afin que les étrangers ne profitassent point d'une industrie, dont le produit pourrait être reversé dans le royaume. Si Rheims ne pouvait pas faire filer dans notre voisinage, Sedan aurait des fileurs plus à portée et occuperait moins d'Allemands. Rheims serait alors forcé d'étendre ses ateliers du côté de la Bourgogne, où l'industrie est encore au berceau et qui pourrait fournir un grand nombre d'ouvriers, à qui la culture des vignes laisse des moments d'oisiveté ; mais il fau-

défaut d'ouvriers industriels permanents, et absolument détachés de l'agriculture, sur lequel j'insiste pour expliquer bien des traits de l'industrie manufacturière de la France au dernier quart du xviiie siècle. C'est aussi cette circonstance qui, à mon avis est la vraie cause de cette position indépendante des ouvriers vis-à-vis des entrepreneurs dont parle l'inspecteur des manufactures ; on se plaint d'eux, ajoute-t-il, tous les jours ; les tisseurs surtout (1) se distinguent par leur manque de subordination ; eux seuls pouvaient être considérés, dans l'industrie drapière, comme une classe d'ouvriers complètement spécialisée, tandis que les fileurs et les foulons continuaient à ne faire qu'un avec les producteurs agricoles, sinon comme industriels de campagne, au moins comme organes subordonnés de la grande industrie qui leur faisait des commandes et leur fournissait les matières premières.

C'est par le défaut de la main d'œuvre que s'explique également le salaire relativement élevé, sinon des ouvriers occupés dans l'industrie domestique, du moins de ceux qui travaillaient dans les fabriques, comme dégraisseurs et laveurs de laine, comme foulons, tisseurs, presseurs, etc. Les fileurs, au nombre desquels il y a beaucoup d'enfants, touchent un salaire qui souvent n'atteint pas 10 sous par jour, les dégraisseurs et les foulons sont rétribués à raison de 25, 30 et même 40 sous, et les teinturiers et les presseurs, qui ont une certaine instruction technique, exigent parfois jusqu'à quatre livres par jour. Il va sans dire que le personnel de l'administration, composé de commis, directeurs et commis-voyageurs, touche un traitement annuel beaucoup plus considé-

drait instruire des fileurs dans cette province, et les Rhémois aiment bien mieux venir dans un pays où ils en trouvent de formés. » Tricou, Tableau de la situation des manufactures des Trois Evêchés, 1785. (Arch. Nat. F[12]. 644.)

1. Tous les jours les plaintes se renouvellent, le tisseur surtout est trop indépendant. (Arch. Nat. F[12]. 644.)

rable, notamment de 400 à 2.000 livres, logement non compris (1).

Le manque d'ouvriers qui est la source de toutes ces particularités du régime industriel que nous sommes en train d'étudier, se fait sentir aussi dans l'industrie drapière de Rouen. Pas plus tard qu'en 1781, c'est-à-dire huit ans seulement avant la Révolution, un des

1. Tableau des personnes de l'un et de l'autre sexe depuis l'enfant de sept ans jusqu'à l'âge de décrépitude qui ont été employés dans la draperie royale de Sedan en 1774.

		Salaires
Dégraisseurs et laveurs de laine	48	de 25 à 30 sous
Fousseurs et batteurs	86	de 25 à 30 »
Trieuses et plieuses	480	à 10 »
Dresseurs	250	de 18 à 24 »
Cardeurs, fileurs et de dévideurs de trame (beaucoup d'enfants)	3.501	de 7 à 14 »
Dresseurs, cardeurs, fileurs, et dévideurs de laines (beaucoup d'enfants)	4.115	de 5 à 10 »
Fileurs de lisière	360	de 7 à 8 sous
Bobineuses	204	de 7 à 8 »
Ourdisseuses	48	de 12 à 14 »
Colleurs	36	à 35 »
Tisseurs en draps (enfants)	1.856	de 8 à 22 »
Sepouleurs (enfants)	464	à 4 »
Nopeuses et rentrayeuses	575	de 9 à 25 »
Foulons	96	de 15 à 40 »
Monteurs de chardons	60	à 30 »
Laineurs de draps	407	à 30 »
Nettoyeuses de chardons (enfants)	101	à 5 »
Tondeurs et recoucheurs de draps	832	à 30 »
Teinturiers	66	de 20 à 40 » et 4 l.
Friseurs	12	de 25 à 30 »
Presseurs et emballeurs	42	de 20 à 24 » et 4 l.
Cardiers (enfants)	98	de 4 à 10 » et 3 l.
Lamiers et roteurs	30	de 14 à 35 »
Faiseurs de navettes, bobines, rouets, etc	58	à 25 »
Fabricants et émoleurs de forces	36	de 24 à 40 »
Commis, directeurs et voyageurs	160	depuis 400 jusqu'à 2.000 livres, non compris le logement.
Total	13.920	

Arch. Nat., F[12] 657.

intendants de l'industrie, de Montaurais, entretient une correspondance avec un autre inspecteur des manufactures, nommé Gany, sur la question de savoir dans quelle mesure l'animation qui s'est manifestée pendant les derniers mois dans l'industrie du coton, met les fabricants des lainages dans l'impossibilité d'avoir un nombre suffisant d'ouvriers (1).

En examinant de plus près l'organisation industrielle de la Normandie, nous arrivons à cette conclusion qu'elle ne répond nullement au type de la grande industrie. Les fileurs et les tisseurs sont dispersés dans les villages à 12 et 15 lieues à la ronde de Rouen ; Arthur Young, en visitant la Normandie pendant les années qui ont précédé la Révolution, croit pouvoir déclarer qu'à partir de Rouen jusqu'au Havre, ainsi que dans tout le pays de Caux, l'industrie manufacturière constitue la principale source de revenus pour la population rurale, tandis que l'agriculture ne joue qu'un rôle secondaire. C'est là le domaine de la production à domicile, ajoute-t-il, genre d'industrie très répandue en France, surtout en Normandie (2). Louviers et Elbeuf, qui sont les centres de l'industrie lainière dans la généralité de Rouen et qui fabriquent, la première ville environ 4.000, la seconde 18.000 pièces de draps, pour la somme de 10.800.000 livres, ainsi que les fabriques secondaires, situées dans Rouen même et à Darnétal, avec le roulement annuel de 10.400 pièces, pour la somme de plus de 3.500.000 francs, peuvent aussi peu se passer du concours des fileuses et des tisseuses de campagne, que les fabriques moins importantes d'Angelis, de Nonancourt et d'Evreux. Voici ce que dit en 1787, sur le comté de Caux et le district d'Aumale, l'inspecteur des manufactures, Tolosan, à qui nous avons emprunté toutes ces données : le froc est fabriqué dans tout le pays de

1. Lettre du 20 novembre 1781. Arch. Nat., F[12] 129.
2. Arthur Young. « Voyages en France », v. II, ch. XIX, p. 380.

Caux et la fabrication des serges est répandue dans une multitudes de bourgs et villages d'Aumale (1).

Dans les autres généralités de la Normandie, l'industrie de la laine n'est pas non plus concentrée dans les villes, mais existe également dans les campagnes ; dans la généralité de Caen ses points principaux, mais non pas uniques, sont : Vire, Valognes, Cherbourg et Saint-Lô ; tandis que dans celle d'Alençon elle existe dans plus de quatre-vingts paroisses, dont quelques-unes, comme par exemple celles de Bernay, Tordonnay, Fervaques, Nogent-le-Rotrou, Bel, ne peuvent point passer pour des faubourgs. Et ce n'est pas dans la Normandie seule que l'on peut constater cette combinaison de deux types d'industrie manufacturière, d'un côté les fabriques, de l'autre les industries de campagne. La division du travail — l'industrie domestique s'occupant de la filature et les ouvriers de fabriques du tissage, — leur permet de vivre côte à côte et de se rendre des services mutuels. Sans l'industriel de campagne le fabricant n'arriverait probablement pas à fabriquer toute la quantité de marchandises, dont il a besoin, de même que sans le fabricant l'industriel rural ne serait pas à même d'écouler les produits de son travail et parfois de se procurer les matières premières dont il a besoin.

Mais cette entente, pour ainsi dire tacite, n'était pas toujours accompagnée de cette division du travail que nous venons de signaler.

Dans la généralité d'Alençon, comme dans les districts de Caux et d'Aumale, la petite industrie avait le pas sur la grande. Ce triomphe de l'industriel de campagne apparaît plus nettement encore dans les autres provinces de la France, en Bretagne par exemple où l'industrie de laine se réduit à la fabrication, par les paysans

1. Compte rendu par M. Tolosan des différents objets qui concernent son département le 13 mai 1787 (F[12] 657).

eux-mêmes, de draps grossiers, pour l'usage local (1), ou encore dans le Soissonnais où, d'après le Mémoire sur l'état de l'industrie locale en 1787, la plupart des bourgs et des villages aux environs du chef-lieu comptaient un nombre plus ou moins grand de métiers de tisserands et étaient occupés à la fabrication de toiles et de draps ordinaires pour consommation locale (2).

Le type le plus caractéristique de cette fabrication des draps dans le village, industrie plus ou moins indépendante de la fabrique, nous est fourni par l'industrie du Gévaudan. En 1781, les états provinciaux du Languedoc adressent au contrôleur général, de Fleury, qui se trouvait, à ce titre, à la tête des manufactures et du commerce de la France, une requête dans laquelle ils demandent de dispenser les produits de fabrication du Gévaudan de l'obligation d'être estampillés avant d'entrer dans le commerce. Pour justifier leur demande ils allèguent que les habitants du Gévaudan, qui trouvent dans la fabrication des draps la ressource principale de la vie, « n'ont point d'ateliers montés», c'est-à-dire n'ont aucun centre de fabrication. Les ateliers sont dispersés parmi la population de la campagne ; les produits qui en sortent sont directement écoulés au marché et achetés par des commerçants qui les font fouler et teindre pour leur propre compte (3).

Dans la production des toiles, plus encore que dans celle du drap, on constate la prépondérance décisive de l'industrie domestique sur la fabrique ; pour être plus exact, il faudrait dire que la grande industrie ne fait ici qu'apparaître, tout en exerçant déjà, comme le témoignent les notices des inspecteurs de l'industrie, une certaine influence dans le sens de la diminution de la fabrication domestique.

1. Ibid. s.
2. V. Mémoire sur le commerce et l'industrie à Soissons, fait à Soissons, le 22 février 1787, F[12] 644.
3. Lettre de M. de Fleury à l'intendant du Languedoc, du 1er août 1781. F[12] 129, p. 220.

La Bretagne, qui, par la quantité de toiles qu'elle livre annuellement au marché, occupe presque la première place parmi des provinces qui fabriquent des tissus de lin, reçoit moins de commandes pour les toiles de vaisseaux depuis qu'une fabrique spéciale de toiles à voile a été fondée en Agenais et que cette fabrique a commencé à fournir ses produits au port de Bordeaux (1).

En Normandie, la fabrication domestique de la toile existe côte à côte avec la grande industrie. Rien qu'à Rouen, en y comprenant ses faubourgs et dix petites communes, assujetties aux seigneurs féodaux, mais faisant partie de la banlieue, il existe en 1782 plus de 900 fabricants de toiles, dont plusieurs, selon l'inspecteur des manufactures, n'ont pas les moyens nécessaires pour monter des ateliers et se contentent de prendre des commandes comme de simples ouvriers (2). Cependant, quelque considérable que soit la fabrication des toiles dans la ville même, elle cède à celle de la campagne, au point de vue de l'importance de ses opérations (3).

On peut juger des proportions prises par l'industrie des tissus de lin à Rouen et aux environs, dans une circonférence de 15 lieues, pendant les dix dernières années avant la Révolution, par ce fait qu'en 1782 le nombre de personnes occupées dans cette industrie atteignait le chiffre énorme de 188.217. Or, comme Rouen n'a jamais eu sous l'ancien régime plus de 60.000 à 80.000 habitants, on peut facilement conclure que la majorité de ces ouvriers se trouvait parmi la population des villages. Ordinairement les fileuses et les tisserands de la campagne recevaient des

1. Compte rendu de l'inspecteur des manufactures de Bretagne, de 1769 (F[12] 555).

2. Il y a parmi ces maîtres un certain nombre qui n'ayant pas le moyen de travailler pour leur compte, ne travaillent que comme simples ouvriers pour des maîtres qui les emploient (F[12] 644). Rapport du 12 novembre 1782).

3. La fabrication de la toilerie de la campagne qui est répandue à 12 ou 15 lieues à la ronde de Rouen, est encore plus considérable que celle de la ville, ibid.

commandes des fabricants ; il y avait cependant parmi eux des personnes qui portaient directement au marché des chaînes de fil tout ourdies. Nous pouvons donc dire que la fabrication domestique de la toile n'était pas encore entièrement soumise à l'influence de la grande industrie ; mais là où cette dépendance était déjà établie, où la fileuse et le tisserand, travaillant chez eux, n'étaient que des organes subalternes de la fabrique, leurs salaires étaient relativement élevés, bien qu'ils fussent d'un cinquième moindre que ceux reçus par les tisserands travaillant à la fabrique même : les premiers avaient 20 sous par jour et les seconds 28, tandis que la fileuse qui travaillait chez elle ne pouvait pas espérer gagner par jour plus de 10 à 15 sous.

Les salaires que recevaient les ouvriers des fabriques, tenaient évidemment à la difficulté qu'avait l'établissement industriel à s'assurer un nombre suffisant d'ouvriers, à cause de la présence, côte à côte avec lui, des industriels de campagne ayant l'avantage d'exercer leur métier chez eux (1). La ville de Rouen exceptée, l'industrie de toile a, dans toutes les autres localités de la Normandie, presque entièrement le caractère d'une industrie domestique. Voici ce que nous trouvons dans le rapport de l'inspecteur des manufactures pour l'année 1782, relativement aux personnes qui l'exerçaient à Yvetot, petite ville de 10.000 à 12.000 habitants. La plupart des fabricants n'ont pas de métiers chez eux ; ils ne font que préparer la matière pour la filature, et le travail même est exécuté par des habitants de la campagne, dispersés à 7 lieues aux alentours. A Pont-Audemer, lisons-nous dans le même

1. Les chiffres que nous venons de citer sont empruntés au rapport rédigé en 1782 ; ils sont presque les mêmes que ceux donnés, cinq ou six ans plus tard, par Arthur Young pour toutes les manufactures du royaume. Le salaire moyen, écrit-il, est pour les hommes de 26 sous, pour les femmes de 15 sous ; les fileuses n'ont que 9 sous (t. II, chap. 19, p. 376). Dans ce dernier document, la rémunération plus élevée des ouvriers de fabrique ressort davantage encore, puisque les fileuses dont il est question ici sont les seuls représentants de la petite industrie domestique.

rapport, beaucoup de fabricants n'ont qu'un ou deux métiers, autrement dit, ce sont encore des représentants de l'industrie domestique. Le même caractère est celui que porte, pour l'industrie de la toile, toute la généralité de Soissons, à l'exception de quelques points, tels que Marle, où 70 à 80 femmes sont occupées dans une seule filature, avec le salaire élevé de 18, 20 et 25 sous par jour, toujours pour la même raison évidemment : la difficulté d'avoir des ouvrières à meilleur marché, vu l'existence, à côté, de fileuses travaillant à domicile (1). Peu nombreuses sont les provinces, où on n'agite pas la question des filatures de lin existant dans les campagnes ou bien de la nécessité d'en créer avec le concours des assemblées provinciales et des états provinciaux (2).

Beaucoup moins importante est la part prise par les industriels de la campagne dans la fabrication des tissus de coton. Cette dernière industrie montre une concentration d'ouvriers déjà assez considérable : ainsi, dans une seule fabrique, celle par exemple, fondée en 1743 à Limoges par les frères Forest, on trouve un quart de siècle plus tard, 1.800 ouvriers (3). Cependant, même dans cette industrie, les produits demi-manufacturés (le fil) sont fabriqués par l'industrie domestique. Les machines à filer, introduites d'abord en Angleterre, étaient peu répandues dans les villages français. En 1787, le rapporteur de l'assemblée provinciale de Caen parle encore de la nécessité de les introduire dans les campa-

1. « Mémoire sur le commerce et l'industrie de la généralité de Soissons » du 22 février 1787. F[12] 677.

2. Ainsi, dans le rapport sur la situation de l'industrie des Trois Evêchés, rédigé par l'inspecteur des manufactures Tricou, en 1785, nous lisons : « La ville de Metz est entourée de villages dont les habitants ne sont occupés qu'à cultiver les vignes ; ce genre de travail leur laisse un temps considérable... La plupart des cultivateurs ne mangent leur pain qu'à titre d'emprunt par les avances que leur font les propriétaires. Il serait avantageux d'établir des filatures dans tous ces villages » (F[12] 644).

3. Correspondance de Fargot avec Trudaine au sujet de différentes exigences présentées par les propriétaires de cette fabrique au gouvernement, années 1766 et 1767 (Arch. Nat. K. 909).

gnes ; il promet, dans ce cas, une diminution de frais et la possibilité de conserver la filature à la main exclusivement pour l'industrie de la laine (1).

Dans la plupart des provinces, les fabriques de cotons étaient obligées de chercher des aides parmi les fileuses de campagne qui, jusqu'alors, ne filaient que de la laine ; de là le mécontentement des fabricants drapiers qui ne pouvaient plus trouver pour eux un nombre suffisant d'ouvriers. En 1764, les directeurs de la manufacture du Dauphiné où l'on fabriquait des étoffes de laine de toute nature, expriment leur mécontentement au sujet de ce que les fileuses formées par eux s'occupent maintenant de la filature du coton, travail plus facile et plus propre, assurent-ils. C'est là la cause de ce manque d'ouvriers et de cette hausse des prix du fil, dont souffrent leurs affaires (2).

Les fabricants concluent en demandant qu'on interdise aux fileuses de laine de travailler en même temps le coton. Le gouvernement désirait de son côté empêcher la fabrication d'étoffes mélangées, contraires, comme nous le verrons plus bas, aux règlements. On avait pris dès 1746 des mesures, pour que les industriels de campagne ne pussent charger une même personne de ces deux espèces de filature. Ces interdictions restaient cependant inappliquées en 1780 et, dans les années suivantes, les intendants de l'industrie et du commerce étaient obligés plus d'une fois de les rappeler aux autorités provinciales (3).

1. V. Procès-verbaux de l'Assemblée provinciale de Caen, 20 août 1787, chez Hippeau, v. V, p. 336.

2. Tableau de la Manufacture Royale de Vienne en Dauphiné, 1764. F.[12]555. On commence à faire filer du coton dans les environs de Vienne, où les entrepreneurs ont établi leurs filatures de laine parce que les ouvriers sont dressés, une fileuse de laine pouvant bien filer du coton, elle donnera même préférence à cette dernière matière, la filature en est plus facile et plus propre.

3. M. de Montoran, intendant du commerce, écrit le 3 octobre 1777 à l'intendant du Languedoc : « Dans votre lettre à Taboureau vous mandez que les filatures de coton dans votre généralité, et notamment dans le Vivarais, sont tellement accrues qu'on file le

Le goût du public pour les tissus de coton et surtout pour les percales imprimées, tout en entraînant un développement considérable de la contrebande, peu à peu força le gouvernement à ne plus les exclure d'une façon aussi rigoureuse qu'auparavant et à songer à la création de filatures rurales. Quelquefois on employait à cet effet les femmes et les enfants qui se trouvaient dans les hôpitaux (1) ; très souvent aussi les fabriques de toiles disparaissaient pour faire place à celles de tissus de coton. C'est ainsi qu'aux environs de Noyon, lorsque la fabrication des batistes se trouva hors d'état de faire vivre les ouvriers, faute de demande, et que beaucoup d'entre eux furent obligés de s'établir à Troyes et à Rouen, une fabrique de cotonnades appartenant à un certain Joyeux s'établit à sa place. Fondée en 1770 par un ouvrier qui avait autrefois émigré, elle trouva en 1781 les moyens d'écouler ses produits aux représentants des maisons de commerce de Troyes qui venaient y faire leurs achats (2). A la fin du XVIIIe siècle les économistes et ceux qui s'intéressaient au bien-être public s'efforcèrent de répandre au milieu des paysans des machines à filer pareilles aux « jennys » anglaises, également comme moyen de soutenir l'industrie de la campagne. Il en fut question et dans les séances du comité de l'agriculture au contrôle général des finances (3), et dans les rapports des Assemblées provin-

coton dans les mêmes ateliers que ceux dans lesquels on file la laine et où on fabrique les draps, d'où il résulte que ces matières se mélangent et que les étoffes de laine dans lesquelles il s'introduit du coton, deviennent défectueuses et ont des taches, parce que le coton ne foule pas et ne peut prendre la teinture de la laine. En 1746 on avait défendu de filer et carder de la laine et du coton dans les mêmes ateliers sous peine de 10 livres d'amende. Il faut le remettre en vigueur. » (F[12] 126, p. 37).

1. Ainsi, à Poitiers, où se trouvait la filature de coton de MM. Sézille, sur 200 ouvriers, 150 étaient des garçons et des filles de l'hôpital ; ils étaient occupés en 1787 à filer du fil de coton. (Rapport de l'inspecteur des manufactures de Poitiers, Vaugelade, du 23 août 1787. F[12] 644.)

2. Mémoire sur le commerce et l'industrie de la généralité de Soissons, 1787. (F. [12] 644.)

3. « L'administration de l'agriculture au contrôle général des finances », par H. Pigeonneau, p. 101.

ciales (1) et dans la correspondance des intendants de l'industrie avec les inspecteurs qui leur étaient subordonnés.

En Alsace et en Lorraine des établissements assez importants furent fondés, ayant pour but de fabriquer des mousselines et des indiennes imprimées. Les fabricants de Colmar et de Mulhouse sollicitèrent du gouvernement différents privilèges : entre autres l'exemption des droits d'entrée pour les marchandises qui venaient des provinces situées au delà du cordon douanier général et étaient, par conséquent, considérées comme des marchandises étrangères ; tout ceci, en même temps que l'interdiction d'importer les mêmes tissus de l'Angleterre, interdiction qui subsistait toujours, permettait aux fabriques de cotonnades non seulement de prendre racine mais en même temps de fournir du travail aux petits industriels de la campagne (2).

Cette nouvelle branche de l'industrie textile devait se ressentir du manque d'ouvriers plus encore que les autres ; aussi n'est-il pas étonnant de rencontrer dans les témoignages de quelques inspecteurs des manufactures en Lor-

1. V. par exemple le rapport à l'Assemblée provinciale de Rouen en 1787, p. 289.

2. Lettre de M. Blondel, intendant de commerce, à M. Lazovsky, du 24 août et du 28 octobre 1785 : « Vous trouverez ci-joint un arrêt du conseil qui renouvelle les anciennes défenses d'introduire dans le royaume les toiles de coton et mousselines venant de l'étranger ; il interdit également le débit des toiles peintes, gases et linons de fabrique étrangère. L'interprétation donnée à cet arrêt par les préposés des fermiers généraux relativement aux manufactures du royaume situées hors des cinq grosses fermes (Alsace) a excité les réclamations les plus vives du commerce de l'Alsace, province regardée comme étrangère effective quant aux droits des traittes. Le conseil a statué sur les représentations des entrepreneurs de la manufacture de Colmar par arrêt du 19 du même mois. Mulhouse sera assimilée à l'Alsace quant aux faveurs à accorder aux toiles peintes (F[12] 132). L'article des toiles de coton fabriquées dans le Noyonnais est important pour Noyon et plus encore pour les gens de nombre de villages des environs auxquels il assure la subsistance (F[12] 644).» Le 17 février 1789 l'ingénieur des manufactures Leturc écrit: «C'est en 85 que j'ai vu des «jennys» en Normandie dans les environs de Romilly chez de pauvres fileuses et ils n'avaient que trente broches, tandis que celles de Bar-le-Duc en ont jusqu'à quatre-vingts. »(F[12] 657.)

raine, notamment à Bar-le-Duc et en Alsace, où les machines à filer avaient été introduites depuis longtemps, des plaintes au sujet des salaires qui leur semblaient exorbitants (1).

De toutes les fabriques occupées dans l'industrie textile, seules celles de soie se passaient du concours des petits industriels ruraux, à moins qu'on ne comprenne dans l'industrie rurale l'élevage des vers à soie et la cueillette des cocons. Cela tenait non pas à la nature même de l'industrie qui, au contraire, exige plutôt de l'habitude, de l'adresse et du goût qu'une direction générale, mais à la cherté de la matière première. Lorsque en 1755 le gouvernement se proposa de répandre la filature de soie parmi les paysans du Lyonnais, et résolut d'apporter dans ce but quelques modifications dans les règlements en vigueur, les fabricants firent remarquer avec raison l'absence d'interdictions empêchant la population des campagnes de s'occuper de l'industrie de la soie et déclarèrent que, vu la cherté de la matière première, il leur serait difficile d'en fournir à des ouvriers habitant loin, surtout si l'on tient compte de cette circonstance que les portes de la ville ferment tous les soirs, circonstance qui oblige les travailleurs à s'établir dans l'intérieur de l'enceinte, bien que les loyers soient beaucoup moins chers dans la banlieue. Les fabricants n'admettent pas que l'industrie de la soie puisse, comme celle de la toile, se répandre dans les villages environnants, car, disent-ils, tandis qu'un commerçant de Rouen par exemple ne fournit au paysan tisseur que du fil et du coton, le fabricant lyonnais est obligé de risquer une somme d'argent assez importante, celle que représente la soie brute, destinée à la fabrication des étoffes (2).

1. « La main-d'œuvre me paraît exorbitante dans le Barrois », écrit le 17 février 1789 l'ingénieur Leturc dans son rapport au bureau de l'encouragement de l'industrie rurale en Normandie (F.[12] 657.)

2. Observations des fabricants de Lyon sur le projet d'arrêt qui tend à changer huit articles des règlements de leur manufacture (F.[12] 657.)

Il y a peu d'industries où les conflits entre patrons et ouvriers au sujet des salaires fussent aussi fréquents que dans celle de la soie ; nulle part ailleurs les crises et les grèves ne sont aussi fréquentes : cela tient à ce fait que la classe ouvrière dans cette industrie est déjà formée et que son existence dépend entièrement des prix des tissus et, par conséquent, des salaires. Or, l'insuffisance de la demande, qui résulte des changements de la mode et de la préférence générale donnée aux draps, aux indiennes et aux mousselines sur le taffetas et le velours, fait que ces prix baissent plutôt qu'ils ne montent ; en même temps, les crises provoquées par la surproduction deviennent, de l'aveu des fabricants eux-mêmes, un fait commun et se répètent tous les quatre ou cinq ans ; aussi comprend-on que les ouvriers veuillent garantir leurs salaires contre l'influence des variations des prix et de leur tendance à la baisse, au moyen de la réglementation administrative. A la veille de la Révolution et des célèbres décrets du 4 août 1789 qui ont donné naissance à la liberté des contrats, les ouvriers de Lyon jugeaient utile d'établir une échelle des salaires qui leur assurerait au moins le minimum de moyens d'existence et qui serait revisée tous les cinq ans, pour pouvoir suivre les fluctuations de l'industrie (1).

1. Maurice Wahl cite des fragments du mémoire rédigé en 1789 par les ouvriers de la Grande Fabrique de Lyon à l'occasion de la convocation des Etats Généraux et le résume de la manière suivante : « Le régime de l'offre et de la demande libres sans tarif obligatoire un moment établi ne satisfait point les ouvriers ; ils observent qu'entre hommes égaux en moyens et en pouvoirs... la liberté ne peut que leur être avantageuse ; mais à l'égard des ouvriers de soie, destitués de tous moyens, dont la subsistance journalière dépend tout entière de leur travail journalier, cette liberté les livre totalement à la merci du fabricant, qui peut sans se nuire suspendre sa fabrication et par là réduire l'ouvrier au salaire qu'il lui plaît de fixer, bien instruit que celui-ci, forcé par la loi supérieure du besoin, sera bientôt obligé de se soumettre à celle qu'il veut lui imposer. Ils préfèrent donc un tarif, mais un tarif revisable qui serait remanié tous les cinq ans, les marchands et les ouvriers entendus, par une autorité arbitrale telle que l'assemblée ou les états de la province. » (Wahl. « Les premières années de la Révolution à Lyon », 1894, p. 24).

Il est difficile de ne pas conclure de tous ces faits que l'histoire industrielle de la France sous l'ancien régime est loin de nous mettre en présence de la production capitaliste. Si nous voulions passer en revue la tannerie, la ganterie, la bonneterie, la chapellerie, la quincaillerie. la verrerie, etc., nous constaterions partout la prépondérance des petites fabriques et usines, les difficultés qu'avaient les entrepreneurs de s'assurer une quantité suffisante d'ouvriers à bon marché et la concurrence que faisaient à toute entreprise tant soit peu considérable les industriels de campagne, travaillant à leurs risques et périls ou sur la commande des commerçants. Dans l'impossibilité où je suis de fournir des données statistiques complètes dans un travail de caractère général, je me bornerai à quelques exemples seulement.

On trouve dans les Archives Nationales de Paris une liste de toutes les tanneries qui existaient dans le district de Dijon quelques années avant la Révolution, de même qu'un état plus ou moins complet des différentes papeteries du Dauphiné pendant les dernières trente années de l'ancien régime. Jetons un coup d'œil sur ces documents.

Quelles indications nous donnent-ils relativement au caractère général de l'industrie française dans la seconde moitié du XVIIIe siècle? La première liste nous montre que dans chacune des villes qui y figurent : Dijon, Avallon, Auxonne, Pontarlier, Châtillon-sur-Seine, Montbard, Arnay-les-Ducs, Saulieu, Bligny, Nolay, il existe plusieurs ateliers : deux, quatre, cinq, six, sept, huit, neuf ; seul Autun en contient vingt ; partout le patron travaille avec un aide ou un apprenti ; autrement dit, nous avons devant nous non pas une fabrique, mais un atelier d'artisan (1).

Examinons maintenant le nombre et le caractère des papeteries du Dauphiné, une des provinces où elles étaient

1. V. Etat des tanneries qui existent dans l'étendue de la Direction des droits réunis de Dijon, du nombre des tanneurs et des cuirs de bœuf et de vache qu'ils fabriquent année commune. (F[12] 644.)

le plus nombreuses. A Aouste, de même qu'à Saint-Jean-de-Noyan, nous en trouvons deux ; à Blacons, à Bourgoin, à Chabeuil, Crest, Domur, la Cona, Mepour, Maurenas, Openner, Mablé, Rive, Saint-Menam, Vienne, Vizille, Voiron, une seule. Les fabriques comptent le plus souvent de quatre à huit maîtres-ouvriers et à peu près autant d'aides, mais quelquefois nous lisons : le maître y travaille seul, ou bien : le maître avec son fils et sa servante, ou encore : il n'y a pas d'ouvriers, il n'y a que l'entrepreneur avec sa famille ; ou encore : à la tête de l'établissement se trouve « un misérable qui est au jour la journée » ; ou bien enfin : l'entrepreneur — un paysan — s'est ruiné voulant conduire son entreprise tout seul et l'a cédée à deux frères qui la dirigent à l'aide de deux ouvrières. A la question relative au degré d'aisance des fabricants l'inspecteur provincial des manufactures répond : à l'exception des frères Montgolfier, de MM. Jubier à Mepour, Magnan à Saint-Jean et Gaillardon à Crest qui jouissent d'une certaine aisance, tous les autres ne sont que de simples ouvriers qui se sont trouvés à la tête de l'établissement soit par l'alliance avec une fille d'ancien maître, soit en prenant à ferme une fabrique à leurs risques et périls, souvent sans un sou en poche (1).

Voyons maintenant quel est l'état des fonderies de fer, en particulier au sud-ouest de la France, dans le pays de Foix, au Languedoc, au Roussillon et en Guyenne, qui forment ensemble une des régions les plus importantes de cette industrie. Un conflit qui a eu lieu en 1764 entre le marquis de Gondanès et les habitants de la république d'Andorre au sujet de l'embauchage par ces derniers des ouvriers travaillant chez le marquis permettra de nous rendre compte de l'état des forges dans tout le Sud-Ouest de la France, puisque, selon les assertions du marquis qui avait entre ses mains une partie considérable de

1. Réponse au mémoire par lequel on demande divers éclaircissements sur les papeteries du Dauphiné, en 1769.

cette industrie, les ouvriers des ateliers du Languedoc, du Roussillon et de la Guyenne venaient presque tous du pays de Foix. Profitant de la guerre, dit le marquis dans ses doléances au ministre, le duc de Choiseul, ils se sont avisés de ranimer les anciennes forges ou d'en créer de nouvelles dans la vallée d'Andorre, de débaucher nos ouvriers de France et de ruiner ainsi les fabriques du pays. Jamais aucun ouvrier n'est venu d'Andorre dans nos provinces ; au contraire, c'est le pays de Foix qui fournit des mineurs et des forgerons au Languedoc, à la Guyenne et au Roussillon, et en nombre tel que depuis l'émigration en Andorre et de là en Espagne, nous manquons d'un tiers d'ouvriers nécessaires. Tandis qu'au pays de Foix il y a vingt-deux forges dont six des plus importantes appartiennent au marquis de Gondanès, les autres provinces que nous venons d'énumérer n'en comptent que dix-huit en tout. La liste des propriétaires de ces forges nous montre que les membres de la noblesse de naissance et de robe prédominaient parmi eux : nous y trouvons des ducs, des marquis, des comtes, des barons, des présidents au Parlement de Toulouse, l'archevêque de Narbonne et l'évêque de Comminges.

A l'exception du marquis de Gondanès qui fournissait le tiers de tout le fer venant du pays de Foix, les fonderies appartenaient au type moyen ; les plus considérables parmi celles qui se trouvaient dans la même province disposaient d'un personnel ouvrier de 300 à 400 hommes. Il a suffi de l'émigration en Espagne de 3.000 à 4.000 ouvriers, attirés par un salaire plus élevé, pour que le marquis de Gondanès fût obligé de fermer quatre usines sur six. La continuation de cette émigration menaçait l'industrie du fer de toute la région du sud-ouest ; aussi des mesures de répression énergiques furent-elles prises contre elle (1).

1. Lettre du marquis de Gondanès au duc de Choiseul du 31 mars 1764 ; la réponse de l'évêque d'Andorre ; le rapport de

Ainsi, même dans les branches d'industrie qui par leur caractère demandent une dépense de capitaux considérable, l'entreprise restait aux mains des propriétaires fonciers qui recrutaient leurs ouvriers parmi les paysans et se voyaient dans l'impossibilité de continuer l'exploitation, aussitôt que la population, attirée par un salaire plus élevé, commençait à émigrer.

Au sud-ouest de la France, l'exploitation des mines de fer restait également entre les mains des grands propriétaires. Ce n'est qu'en Auvergne, qu'elle avait déjà pris, d'après le témoignage de Legrand d'Aussy, un caractère démocratique. « Chacun, écrit-il, voudrait découvrir des mines : le prêtre, le bourgeois, le paysan, le seigneur ; et cependant il n'y a que trois mines dont on puisse dire qu'elles sont réellement exploitées. De même, les paysans sont prêts à exploiter des gisements de houille, mais je ne connais qu'un seul chez qui les travaux soient conduits d'une façon plus ou moins régulière (1). »

Nous voyons par conséquent qu'à côté des usines métallurgiques et des mines qui sont plutôt des moyennes que des grandes entreprises, il existait en France au XVIIIe siècle, des mineurs de campagne qui entreprenaient l'exploitation des mines à leurs risques et périls et avec une dépense de capitaux tout à fait insignifiante. Et comme cette branche d'industrie est une de celles qui exigent le plus de dépenses préliminaires, il n'est pas étonnant que le succès couronne rarement les efforts de ces hardis pionniers, qui, en plus, manquent souvent des connaissances techniques les plus élémentaires.

Avant d'en finir avec la question des rapports de la grande et de la petite industrie à la veille de la Révolu-

l'intendant du Roussillon, de Bon ; le mémoire du marquis de Gondanès en réponse à la missive de l'évêque d'Andorre ; la liste des usines qui employaient des originaires du pays de Foix ; (Arch. Nat. K. 909.)

1. Legrand d'Aussy. « Voyage fait en 1787 et 1788 dans la ci-devant haute et basse Auvergne ». V. II, pp. 204, 214, 245, 248.

tion, passons en revue les opinions des contemporains à ce sujet. Chez la plupart des économistes du XVIIIe siècle y compris ceux qui, comme Dupont de Nemours, Lazovski ou Lavoisier, faisaient partie du Comité d'agriculture au Conseil d'Etat, nous voyons une sympathie très prononcée pour la petite industrie rurale, sinon dans les branches de l'industrie du fer, du moins dans l'industrie textile. Les associations agronomiques rivalisent de zèle en ce qui concerne la protection à accorder à la filature et au tissage paysans en organisant quelquefois dans ce but des distributions gratuites de semences de chanvre et de lin et en invitant les intendants à propager de la même façon la culture des mûriers. Chez certains auteurs, comme par exemple chez Mirabeau fils, les sympathies pour la petite industrie prennent même un caractère d'hostilité vis-à-vis des fabriques et des usines. Ainsi dans son traité « De la Monarchie prussienne », Mirabeau dit que la réunion de plusieurs manufactures, les entreprises qui exigent un personnel nombreux d'ouvriers, travaillant au profit du patron, ne méritent pas l'encouragement du gouvernement (1).

Ces idées, que nous pouvons considérer comme courantes à cette époque, sont absolument contredites par celles exprimées dans les notes de voyage d'Arthur Young. Selon lui, le progrès des manufactures ne contribue pas, en général, à développer l'agriculture ; la petite industrie rurale ne fait qu'éloigner le paysan du travail des champs.

« Les branches principales de l'industrie française, écrit-il, c'est la manufacture du coton et de la laine en Normandie, de la laine seule en Picardie et en Champagne, du lin et du chanvre en Bretagne, enfin de la soie dans le Lyonnais, il faut y ajouter la fabrication des ustensiles en fer dans cette même province. Si les manufactures étaient réellement un encouragement à l'agriculture, les pays

1. « De la Monarchie prussienne », t. III, p. 109.

que nous venons de mentionner, devraient se distinguer par une belle culture; je les ai visités tous et les ai trouvés dans un état tellement pitoyable qu'au lieu de considérer les fabriques comme un bienfait pour le cultivateur, je ne peux les reconnaître que pour son ennemi. Prenant en considération la fertilité extraordinaire du sol de la Picardie et de la Normandie, on peut dire qu'il n'y a pas de pays au monde où les champs soient cultivés moins bien. Les grandes fabriques d'Amiens et d'Abbeville n'ont produit un seul enclos et n'ont diminué d'un seul acre les jachères. Si vous voulez voir un désert, visitez les environs d'Elbeuf et de Rouen. Le pays de Caux, doté par la nature d'un sol fertile et où chaque cabane a son atelier de tissage, est couvert d'herbes folles et présente un aspect de saleté et de dénûment. Le sol est tellement gaspillé qu'il aurait été épuisé depuis longtemps s'il était moins riche de nature. La culture de la Champagne est si mauvaise qu'elle est devenue proverbiale, et cependant dans cette province il y a des manufactures vastes et prospères. En Bretagne on ne voit rien que des landes couvertes de fougères et d'ivraie, bien que vous vous trouviez au centre d'un des rayons industriels les plus importants de l'Europe. Qui ne connaît l'importance des fabriques de Lyon et de Saint-Etienne; et cependant, d'après le témoignage de l'intendant du commerce local, le Lyonnais est la province la plus pauvre de la France. D'autre part, l'Artois en est une des plus riches bien qu'elle ne possède pas de manufactures (1). »

Young n'est pas seul de cet avis : nous le retrouvons chez certains Français, hommes de pratique et non de science. Lorsque, en 1755, les fabricants de Lyon furent invités à répandre dans les campagnes la filature de soie, ils firent, entre autres, cette objection que les paysans lyonnais ne pourraient pas être en même temps de bons cultivateurs et de bons industriels. Il est impos-

1. « Voyages en France », vol. II, p. 383.

sible, disent-ils, de mettre en parallèle les paysans de la Hollande ou de la république de Gênes avec les paysans du Lyonnais ; les premiers n'ont affaire, ni à l'agriculture ni à la viticulture. Introduisez la petite industrie dans les villages du Lyonnais, et vous verrez que le paysan négligera sa charrue (1).

Parmi les causes qui enrayaient le développement des manufactures françaises et qui, en particulier, les empêchaient de soutenir avec succès la concurrence sur le marché international, les économistes sont presque unanimes à parler de la réglementation rigoureuse qu'apportaient à l'industrie les statuts des corporations et les mesures gouvernementales qui les complétèrent plutôt qu'elles ne les remplacèrent ; ces mesures établissaient la longueur des tissus ainsi que leur largeur et la quantité de fils nécessaires à leur fabrication, le titre des métaux précieux employés dans l'horlogerie et ainsi de suite.

En répétant ce qui a été dit au XVIIIe siècle par Gournay, Turgot, Roland de la Platière, beaucoup d'historiens modernes de l'industrie française insistent sur les inconvénients qui résultaient de cette réglementation, empêchant le perfectionnement technique, l'économie des matières premières et par conséquent la diminution des prix des marchandises, de même que l'adaptation des procédés de fabrication au goût changeant du public, à ce qu'on appelle les exigences de la mode.

On ne pourrait se ranger à leur avis qu'à condition de limiter leurs conclusions au régime de l'industrie française pendant les règnes de Louis XIV et de Louis XV, lorsque toute « mal-façon », c'est-à-dire tout travail s'écartant des règlements, même si la faute en était à un ouvrier négligent, et nullement à la volonté du maître, entraînait non

1. Observation des fabricants de Lyon sur le projet d'arrêt qui tend à changer 8 articles des règlements de leurs manufactures (Arch. Nat. F^{12} 657.)

seulement une amende, mais même la destruction ou la confiscation de la marchandise. Les gardes jurés, élus par la corporation, se permettaient non seulement de procéder à des perquisitions dans le but de découvrir des produits qui seraient reconnus illégaux, mais encore prononçaient des jugements contre le maître et les marchandises fabriquées par lui. Mais depuis l'abolition des corporations et leur reconstitution ultérieure sur des bases entièrement nouvelles, c'est-à-dire depuis 1776, un changement bien prononcé s'effectue dans la politique industrielle de l'Etat. Les successeurs de Turgot expriment, il est vrai, plus d'une fois leurs regrets, au sujet du peu de soin qu'ont pris leurs prédécesseurs de la bonne qualité des produits français destinés au marché étranger, permettant ainsi à ces derniers de perdre la bonne renommée dont ils avaient joui jadis dans tous les pays (1). Mais ces mêmes administrateurs reculent plus d'une fois devant l'idée de provoquer l'opposition de la classe industriellepar l'application rigoureuse des anciens règlements. A ce point de vue, la correspondance des intendants de l'industrie avec les inspecteurs locaux, correspondance qui a été conservée presque tout entière aux Archives Nationales, est très instructive.

1. En 1780 l'inspecteur des manufactures du Languedoc caractérise ainsi la situation qui a été créée à ses prédécesseurs par le changement produit dans les idées du gouvernement sur les avantages et les désavantages de la réglementation : « Les inspecteurs... depuis longtemps ont eu, pour ainsi dire, les mains liées, et toutes leurs représentations et observations, adressées au ministère, sur tout ce qui se passait dans leurs départements de contraire et nuisible aux fabriques et au commerce, étaient sans effet... les principes de liberté indéfinie, qui régnaient alors, laissèrent la majeure partie des dispositions des règlements sans exécution.. »(V. Des Cilleuls. « Histoire et Régime de la grande industrie », p. 198.) Trois ans auparavant, de Montaran, intendant de commerce, écrivait à de Crosne, inspecteur des manufactures de Rouen : « On ne peut se dissimuler que le relâchement et le désordre qui se sont introduits dans les fabriques n'ayent déjà porté atteinte au crédit et à la réputation dont elles jouissent chez l'étranger et que les précautions prises par les règlements pour assurer la bonne foi leur avaient particulièrement procurés. » (Lettre du 28 juin 1777, F^{12} 129.)

Elle nous montre qu'avant de s'arrêter à la demi-mesure qui consistait à maintenir les règlements dans toute leur vigueur pour les anciens produits manufacturés et à en dispenser les produits nouvellement créés, le gouvernement avait essayé de reconstituer l'ancien régime dans son entier. Dans les lettres adressées à l'intendant de Lyon et datées du 20 mai 1777, on parle encore de la nécessité d'observer rigoureusement les règlements, partout où il s'agit d'estampiller les marchandises pour attester qu'elles avaient été visitées par les fonctionnaires et reconnues bonnes après cette visite. Le gouvernement insiste sur ces mesures comme pouvant empêcher la circulation sur le marché de produits ne répondant pas, par leur qualité, aux exigences de la loi et capables de jeter le discrédit sur l'industrie française(1). Dans une autre lettre, adressée au procureur général du Parlement de Toulouse, l'intendant de commerce, de Montaran, se plaint surtout des abus qui s'étaient introduits dans les fabriques du Languedoc ; il raconte en même temps que le 3 mars 1777, en faisant leur tournée habituelle chez les tisserands de Clermont-Lodève, les gardes jurés saisirent une chaîne de drap chez un tisseur nommé Chanzy, parce qu'ils n'y trouvèrent pas le nombre réglementaire de fils, bien que le drap à la fabrication duquel elle était destinée n'eût dû être livré dans le commerce que sous le nom de « londrin second ». L'intendant insiste pour que l'affaire arrive jusqu'au parlement de Toulouse et charge le procureur général d'obtenir un jugement le plus tôt possible (2). Un mois plus tard, cependant, ce même de Montaran se trouve obligé de s'écarter de ces principes si rigoureux : il apprend qu'à Rouen les fabricants de lainages n'observent plus aucun règlement et refusent même de présen-

1. Correspondance de M. de Montaran, intendant de commerce. (Arch. Nat. F[12] 126, p. 8). Lettre à M. de Flesselles, intendant de Lyon, du 20 mai 1777.
2. Ibid. Lettre du 22 mai 1777, p. 9.

ter leur marchandise au contrôle du bureau gouvernemental, composé de gardes jurés.

« Les abus, lui écrit l'inspecteur local, sont devenus tellement fréquents, qu'il serait dangereux de vouloir les réprimer brusquement en rendant l'inspection plus sévère ; il suffit que cette dernière arrive à en arrêter les progrès. » Tout en se montrant parfaitement d'accord avec l'opinion de son subordonné, M. de Montaran ajoute que beaucoup de règlements ne répondent plus aux exigences de l'époque, qu'ils sont devenus inapplicables et, observés rigoureusement, pourraient même nuire aux intérêts de l'industrie (1). La même tendance à ne pas tenir compte des règlements se manifeste parmi les fabricants du Languedoc, surtout à Carcassonne. Leurs procédés ont jeté le discrédit sur les draps du Midi et ont forcé l'empereur de les exclure du nombre des marchandises vendues aux foires de Leipzig. De Montaran espère que cette leçon ne sera pas perdue et qu'on mettra bientôt fin à cette malfaçon, qui s'est introduite depuis que triomphe le système de la liberté et de l'indépendance dans l'activité industrielle (allusion évidente à Turgot et à ses mesures — qui n'ont pas subsisté d'ailleurs — pour abolir le système des corporations) (2). L'une des causes de la mauvaise qualité des laines fabriquées dans le Midi est ce fait qu'on y mélange du coton, chose qui est devenue possible depuis que, contrairement aux règlements, les mêmes ateliers s'occupent, dans le Vivarais, de la filature de ces deux matières textiles en même temps ; aussi l'intendant de commerce exige-t-il que l'on mette en vigueur la loi de 1746, dirigée contre cette pratique (3).

A côté de l'addition du coton, les fabricants s'efforçaient

1. Ibid. Lettre du 28 juin 1777 à M. de Crosne à Rouen.

2. Lettres de M. de Montaran à l'inspecteur des manufactures de Toulouse et à l'intendant du Languedoc, du 26 septembre et 9 octobre 1777. Ibid.

3. Lettre à l'intendant du Languedoc du 3 octobre 1777. Ibid.

encore de faire des économies dans la teinture. « Jadis, écrit de Montaran à l'intendant du Languedoc, dans sa lettre du 7 janvier 1778, les draps noirs de Toulouse jouissaient d'une réputation bien méritée ; aujourd'hui cette industrie est déchue parce qu'on se sert pour la teinture d'ingrédients de mauvaise qualité. Les ouvriers en rejettent la responsabilité sur les fabricants eux-mêmes, qui, d'après la déclaration faite à l'inspecteur des manufactures, menacent de les renvoyer s'ils donnent au tissu un teint quelque peu solide ; ils ne tiennent qu'à la belle apparence du produit, dans le but d'induire en erreur l'acheteur. Quelque légère que soit la teinte, ils ordonnent aux ouvriers de broder, aux deux extrémités de la pièce, des rosettes qui, conformément au règlement, doivent attester le bon teint. » Pour mettre fin à ces abus, le gouvernement est prêt à remettre en vigueur les règlements de 1737, tombés en désuétude, règlements d'après lesquels on apposait aux deux bouts de la pièce des plombs qui portaient, l'un le nom et le prénom du fabricant, et l'autre la qualité du teint (bon teint, petit teint) (1).

Mais toutes ces mesures étaient impuissantes à arrêter la décadence de l'industrie drapière du Languedoc. Destinée exclusivement au marché international, la fabrication des londrins et des mahoux, qui rencontrait la concurrence des draps anglais, de même qualité et de prix moins élevé, ne pouvait évidemment se fortifier qu'à condition de réduire les frais ; or, comme les prix des matières premières et les salaires restaient toujours les mêmes, il fallait naturellement faire des économies sur les premières et remettre au marché des produits de qualité inférieure (2). On peut juger de l'insuffisance des résultats

1. Lettre du 7 janvier 1778. Ibid., p. 100.

2. L'inspecteur des manufactures du Languedoc, Joubert d'Epinay, se rendait très bien compte de la véritable cause qui empêchait la restitution de l'ancienne qualité des draps du Languedoc, comme le démontre le fragment suivant de sa correspondance, conservé aux archives départementales de l'Hérault (C. 2569) : « Les

qu'atteignaient ces tentatives de remettre en vigueur les anciens règlements, par les renseignements qui venaient continuellement de Carcassonne, de Nîmes, de Toulouse et de Montpellier, quant à la confiscation fréquente de centaines de pièces de drap, inadmissibles, disait-on, pour le commerce du Levant (1), de même que par ce fait que le gouvernement, mécontent de la qualité de la marchandise qui lui était offerte, pensa un moment à ouvrir lui-même des magasins de draps pour uniformes militaires ; s'il renonça ensuite à cette idée, c'est uniquement sur la demande des Etats provinciaux de Languedoc, qui lui avaient fait observer que sa décision serait fatale pour l'industrie locale (2). Pour illustrer la situation dans laquelle se trouvait l'industrie de la laine du Languedoc dix ans avant que le traité de commerce avec l'Angleterre n'eût donné aux draps anglais un accès presque libre aux marchés français, citons les faits suivants. Pour diminuer les frais les fabricants de Carcassonne essayèrent de toutes les façons de baisser les salaires ; les tisserands décidèrent de s'adresser au gouvernement en le priant de prendre leur parti et de chercher à obtenir pour eux des salaires plus élevés. Le gouvernement ne put cependant pas se décider à fixer un tarif de salaire à cause des variations dans les prix des draps et de l'influence que ces prix exerçaient sur les salaires (3).

En même temps l'intendant du commerce, de Montaran,

manufactures (du département de Toulouse) qui jouissaient auparavant d'une réputation distinguée ont été obligées de déchoir considérablement et, pour conserver le débit de leurs marchandises qu'on ne voulait plus acheter qu'à bas prix, de rechercher leurs bénéfices dans le vice de leur fabrication. » (V. Des Cilleuls. « Histoire de la grande industrie en France », 206, 207.)

1. Dans la lettre de De Montaran à l'intendant du Languedoc, du 3 octobre 1777, il est question de ce qu'à Montpellier « les inspecteurs négociants adjoints aux bureaux de visite générale ont dénoncé 200 pièces de drap dont la qualité était inadmissible dans le commerce du Levant ». (Ibid., p. 37.)

2. Lettre de De Montaran à l'inspecteur des manufactures de Clermont-Lodève. (Arch. Nat. F[12]. 126, p. 61.)

3. Lettre de De Montaran à l'intendant du Languedoc du 3 octobre 1777. (Ibid., p. 37).

était forcé de constater la baisse des prix due à ce fait que le consommateur du Levant ne voulait plus de draps français, devenus trop imparfaits grâce aux abus innombrables qui s'étaient introduits dans leur fabrication, et préférait ceux d'Angleterre et surtout ceux de Venise. Encouragés par ce succès, les habitants de la république de Saint-Marc firent tout leur possible pour perfectionner leur industrie (1). N'ayant plus de débouchés à l'étranger pour l'écoulement de leur marchandise et ayant besoin d'argent pour faire marcher leurs fabriques, les manufacturiers du Languedoc consentent à vendre leurs draps défectueux contre des billets qu'ils s'empressent ensuite d'escompter ; les draps vendus passent aux mains des colporteurs qui les offrent à bon compte aux consommateurs français (2).

Les tentatives d'observation rigoureuse des règlements provoquent une opposition ouverte de la part des intéressés. A Carcassonne, où, selon le témoignage d'un garde juré, Puré la Chapelle, la tromperie dans la fabrication des draps est devenue universelle (3), l'inspecteur des manufactures Casaban est publiquement insulté par un fabricant, nommé François Auctrise, auquel il s'est permis de faire une observation à propos de la mauvaise qualité des marchandises qui sortent de ses ateliers (4).

Le gouvernement se persuade de plus en plus qu'il est impossible d'empêcher l'industrie du Languedoc de péricliter par la seule observation rigoureuse des règlements ; il croit devoir, au contraire, abroger certains arrêts, ceux-là notamment dont l'observation devenait trop difficile dans les circonstances actuelles.

1. Lettre de De Montaran à de Sartine du 3 octobre 1777. (Ibid., p. 48.)
2. Lettre de De Montaran à Huat, inspecteur des manufactures de Toulouse, du 7 janvier 1778. (Ibid., p. 99.)
3. Lettre à l'intendant du Languedoc du 3 octobre 1777. (Ibid., p. 39.)
4. Lettre à l'intendant du Languedoc du 20 décembre 1777.

Dès le 3 octobre 1777, de Montaran parle de la nécessité de rédiger pour l'industrie de la laine un nouveau règlement qui ne conserverait que quelques-unes des anciennes dispositions (1). Pour élaborer ce nouveau règlement l'administration supérieure demande, par l'intermédiaire des inspecteurs provinciaux, leur concours et leurs conseils aux fabricants eux-mêmes.

Le 16 mai 1778, en constatant encore une fois la méfiance que manifestent pour les draps du Languedoc les commerçants du Levant, l'intendant des manufactures fait observer que l'administration est, de l'avis de tout le monde, forcée d'appliquer l'ancien règlement, mais qu'elle n'est pas à même de le faire sans le concours des intéressés. L'inspecteur des manufactures par conséquent s'adresse aux différentes corporations du Languedoc et demande leur avis sur les modifications à introduire dans les anciens règlements (2). Ces derniers doivent rester en vigueur jusqu'à la publication des nouvelles mesures, mais le gouvernement recommande aux personnes qui sont appelées à surveiller leur observation de faire preuve de beaucoup d'indulgence et de circonspection dans leur application et de ne viser qu'à une chose : la bonne foi dans la fabrication (3). L'auteur de l'*Histoire de la Grande Industrie en France aux XVIIe et XVIIIe siècles*, M. des Cilleuls, a trouvé dans les Archives du département de l'Hérault toute une série de documents très intéressants sur les destinées de l'industrie de la laine du Languedoc à l'époque qui nous intéresse. Il résulte des renseignements recueillis par lui que le nombre de pièces, expédiées dans le Levant, nombre qui en 1778 encore atteignait le chiffre de 46.255, était tombé presque à la moitié de ce chiffre, l'année de la Révolution. On n'en avait expédié, en 1789,

1. Lettre du 30 octobre 1777. (Ibid., p. 487.)
2. Lettre du 16 mai 1778. (Ibid., p. 209.)
3. Lettre-circulaire aux inspecteurs des manufactures du 29 octobre 1777. (Ibid., p. 69.)

que 25.215 ; quant à la valeur totale de l'exportation, elle atteignait à peine, en 1780, le chiffre de 2.500.000 fr. (1). Il n'est pas étonnant, dans ces conditions, que le nombre de fabriques soit tombé dans des proportions énormes : en 1767, 1.200 métiers travaillaient encore à Toulouse ; treize ans plus tard il n'en restait plus que 150.

Il était donc naturel également que les nouveaux règlements publiés sous forme de lettres patentes du roi, le 5 mai 1779, ne fussent pas en état d'apporter des changement notables dans l'industrie de la laine du Languedoc ; l'on a quelque peine à croire l'inspecteur des manufactures du département de Toulouse lorsqu'il affirme que ces règlements n'ont fait que donner plus de liberté aux fabricants : ces derniers se seraient imaginé que les anciennes dispositions, qui réglaient le mode de fabrication, avaient perdu leur vigueur (2).

L'administration supérieure semblait de plus en plus pénétrée de cette idée que l'avenir de l'industrie de la laine dépendait moins de l'observation rigoureuse des règlements que du bas prix des matières premières et de la présence d'un nombre suffisant d'ouvriers se contentant de salaires peu élevés. Elle était amenée ainsi d'une part à protester contre des mesures utiles à l'agriculture, telle que la défense du passage libre des troupeaux à travers les vignobles après les vendanges, et, d'autre part, à s'opposer à l'émigration des ouvriers et à arrêter ceux d'entre eux qui allaient chercher à l'étranger, en Espagne, un travail mieux rétribué. Lorsque, le 25 juin 1779, un arrêt du Parlement de Toulouse défendit l'accès des vignes aux troupeaux, sous peine de confiscation du bétail, de l'a-

1. Des Cilleuls, p. 361, note 1041 et p. 206.

2. Depuis les lettres patentes du 5 mai dernier (1779), les fabricants se sont relâchés : je n'ai point encore vu d'aussi mauvaises et défectueuses marchandises que celles qui se fabriquent depuis un an. Les communautés se sont imaginées que les dispositions des anciens règlements devaient être éteintes. (Des Cilleuls, p. 206.)

mende pour les propriétaires et de peines corporelles pour les bergers, l'inspecteur local des manufactures écrivit à l'intendant de commerce que cette mesure allait restreindre l'élevage des brebis dans la province, ce qui, à son tour, devait amener une diminution, dans la quantité de laine produite, quantité qui était déjà insuffisante et qu'on devait compléter pour deux tiers, au moyen d'achat à l'étranger (1).

A son tour, le directeur des manufactures écrivait, le 28 mars 1780, au chef du personnel judiciaire et garde des sceaux, qu'il était nécessaire de s'opposer à l'application de cet arrêt, qui abolissait une ancienne pratique, innocente, selon lui, et ayant deux effets heureux : d'un côté la possibilité de procurer de l'engrais à bon compte, de l'autre le fait qu'elle assurait à l'industrie locale la quantité nécessaire de laine (2). Presque en même temps, l'inspecteur des manufactures de Nîmes recevait l'ordre d'empêcher par la force l'émigration des ouvriers en Espagne et de tâcher, par tous les moyens, de maintenir l'ordre et la tranquillité dans leur milieu (3). Plus rationnelle était, à notre avis, une autre mesure prise par l'administration supérieure dans le but d'accorder aux draps français, afin de rendre possible leur concurrence avec ceux d'Angleterre, les mêmes conditions dont jouissaient les produits anglais. Cette mesure tendait à introduire dans les villes du Languedoc, en commençant par Nîmes, des presses à laine semblables aux presses anglaises. En sa qualité de Directeur général des finances Necker écrivait le 11 décembre 1779, à l'intendant du Languedoc, qu'avec le concours pécuniaire du gouverne-

1. Lettre de De Montaran à l'intendant du Languedoc du 19 novembre 1779. (F^{12} 127, p. 269.)
2. Lettre du 28 mars 1780 (F^{12} 128, p. 67).
3. Lettre à l'inspecteur des manufactures de Nîmes, du 13 janvier 1779 (F^{12} 127).

ment et des Etats provinciaux ces presses pourraient facilement être introduites dans toutes les villes du Midi de la France et que les fabricants français soutiendraient alors plus aisément la concurrence des Anglais en Espagne (1).

L'industrie de la laine du Languedoc n'est pas la seule où la tentative de remettre en vigueur les anciens règlements ait provoqué une opposition unanime de la part des intéressés ; des protestations énergiques contre la conduite des gardes jurés et des inspecteurs se faisaient entendre de toute part ; des démarches nombreuses étaient faites en vue de faire exempter telle ou telle fabrique de l'application des anciens règlements. Dans sa lettre à l'intendant d'Auch, datée du 3 octobre 1777, de Montaran parle, en se rapportant au témoignage de l'inspecteur des manufactures locales, des vexations que se permettent les gardes jurés ; ils enlèvent les tissus des métiers à la moindre trace d'un défaut dans leur fabrication. Ils emportent les marchandises ainsi confisquées et ne les rendent aux fabricants qu'après avoir fait payer à ces derniers des amendes arbitraires (2).

En même temps, les syndics des Etats provinciaux du Béarn rédigeaient une requête collective dans laquelle ils demandaient que l'industrie locale fût exempte des rigueurs des règlements. Ils disaient à l'appui de leur demande que les fabriques et usines du pays n'étaient fondées que depuis peu et que toute tentative de régler la fabrication ne ferait qu'entraver leur développement (3).

Les visites domiciliaires destinées à découvrir la malfaçon, rencontraient non des encouragements, de la part des intendants de l'industrie, mais plutôt des mesures de répression. Dans une lettre à l'inspecteur des manufactures

1. Arch. Nat. (F^{12} 127, p. 290).
2. Lettre du 3 octobre 1777 (F^{12}, 126, p. 47).
3. Lettre du 20 décembre 1777 (p. 81).

de Morlaix, de Montaran remarquait avec justesse que, ces mesures inquisitoires ne pouvaient avoir d'autres conséquences que de blesser les fabricants et de provoquer la défiance des acheteurs ; ce dernier danger est surtout sensible lorsqu'on a affaire aux étrangers qui arrivent avec leurs bateaux pour acheter les produits des manufactures françaises. Il faut, dit-il, que l'inspection ne devienne pas une institution détestée et qu'elle ne perde pas ainsi la possibilité de rendre les services que nous sommes en droit d'en attendre (1).

Lorsque l'administration centrale apprit les plaintes des fabricants de Nîmes contre l'application trop rigoureuse des anciens règlements par l'inspecteur local, de Montaran crut devoir lui adresser une réprimande formelle dans ces termes : « Vous vous êtes écarté de la prudence et de la modération que je vous ai particulièrement recommandées en vous disant qu'il était impossible de forcer d'un seul coup les fabricants à observer rigoureusement les règlements par des menaces d'amendes et de confiscations. La préoccupation des intendants du commerce en général, et la mienne en particulier, était d'avoir, par votre intermédiaire, des renseignements exacts sur l'état actuel des fabriques, les modifications qu'il faut apporter aux règlements et les moyens par lesquels on pourrait amener les industriels à l'observation de mesures, capables de sauvegarder les intérêts des consommateurs. Vous avez violé les ordres qui vous ont été donnés en répandant, par votre extrême sévérité, la terreur parmi les industriels (2). » Le 28 février 1778, Necker indiquait déjà, en s'adressant aux chambres de commerce, le caractère de la nouvelle réglementation de l'industrie, projetée par lui ; il déclarait que l'expérience avait également prouvé et le mal que pouvait causer au

1. Lettre du 5 décembre 1777. (Ibid, p. 107.)
2. Lettre du 3 janvier 1778. (Ibid, p. 109.)

commerce l'application de toutes les règles et les abus amenés fatalement par la liberté illimitée de l'industrie.

Il fallait donc, tout en laissant subsister la protection, que le roi confère au commerce, choisir la voie moyenne également éloignée des deux extrémités (1). C'est en vertu de cette politique que le gouvernement renonçait à employer des mesures de répression contre les frères Charvet accusés par les gardes jurés d'avoir diminué le nombre de fils dans leurs tissus tout en conservant leur ancienne largeur. Les gardes-jurés avaient beau insister, en affirmant qu'une pareille impunité pourrait avoir pour résultat la fabrication de marchandises de mauvaise qualité : l'intendance prit parti pour les entrepreneurs qui se plaignaient de ce que les gardes-jurés opéraient leurs confiscations d'une manière illégale, c'est-à-dire sans convoquer au préalable les juges et les conseillers de la ville, et que les amendes restaient entre leurs mains, au lieu d'être versées à la caisse commune des fabricants du Dauphiné (2).

Ce désir de ne pas recourir aux mesures de répression même alors que la non-observation des règlements occasionnait un préjudice aux ouvriers et devenait un danger pour la bonne qualité des produits, se voit très nettement dans la réponse faite par l'intendant du commerce le 31 juillet 1779 à ceux qui lui dénonçaient les abus introduits dans la rémunération des fileuses : au lieu de les payer à la pelote, on les payait au poids du fil. Cela devait nuire fatalement à la qualité du fil ; ni les inspecteurs de provinces, ni l'intendant n'en doutaient ; ce qui n'a pas empêché ce dernier de juger utile de rappeler à ses subordonnés qu'il était absolument impossible d'user dans ce cas de mesures sévères et qu'il fallait se

1. Projet d'une lettre aux Chambres de commerce et aux députés par M. le Directeur général (Ibid., p. 155).

2. Lettre à l'intendant de Grenoble du 19 mars 1778 (F^{12}. 126, p. 163).

contenter des seules représentations et rappels au règlement (1).

Lorsque Libours, le sous-inspecteur de Morlaix, se fut permis de prendre des mesures énergiques à l'égard des personnes qui avaient violé les règles dans la fabrication de la toile et eut provoqué ainsi un mouvement hostile à son égard dans la ville de Lecorven, l'intendant du commerce lui donna tort pour avoir menacé les industriels de porter à la connaissance du conseil les abus qu'il venait de découvrir. Sa lettre se termine par la conclusion suivante : « Pour remplir utilemeut les devoirs d'inspecteur, il ne suffit pas d'être honnête et consciencieux, il faut posséder en outre la douceur, la sociabilité, la modération et la prudence et s'efforcer continuellement à entretenir la paix en même que le bon ordre (2). »

Après tout ce qui vient d'être dit, il est difficile de partager l'avis de ceux qui croient qu'avec la chute de Turgot la chaîne entre les règlements industriels de Colbert et ceux dont la publication se rattache au nom de Necker s'est trouvée renouée. On ne peut prétendre que le gouvernement français, pour cette seule raison qu'il avait renoncé au principe de la libre concurrence, proclamé, comme nous le verrons plus tard, par les physiocrates, et appliqué par le ministre réformateur, était immédiatement revenu au régime non seulement de la protection mais de l'intervention dans la vie industrielle du pays.

Nous assistons plutôt ici à la lutte chaotique entre les anciens et les nouveaux principes, les premiers trouvant leur expression dans les lois, les seconds existant dans la pratique administrative sinon des organes inférieurs du pouvoir, du moins des autorités supérieures.

Necker croyait avoir trouvé une solution à ces contradictions, en plaçant le maintien des règlements en vigueur

1. Lettre du 30 juillet 1779 (F[12] 127, p. 160).
2. Lettres du 6, du 27 et du 30 septembre 1779 (F[12] 127, p. 178, 180, 218).

à la base de la nouvelle législation industrielle, en tout ce qui concerne la fabrication des produits manufacturés et en permettant à l'industriel de suivre son choix et son calcul personnel dans la fabrication des produits nouveaux. Les lettres patentes du 5 mai 1779 inaugurent le système des marques pour tous les produits de l'industrie, mais ces marques mêmes étaient de deux sortes : les unes indiquaient que les produits livrés étaient conformes aux exigences des règlements, les autres, que le fabricant ne se considérait pas comme lié par une loi quelconque (1). Voici l'interprétation donnée par de Montaran dans sa lettre à l'inspecteur des manufactures de Touraine, aux mesures édictées par le gouvernement en vue de concilier les avantages de l'ancien régime avec ceux de la liberté des entreprises industrielles. Conformément aux lettres patentes du 5 mai 1779, écrit-il, les dispositions des anciens règlements doivent être observées jusqu'à ce que les nouvelles entrent en vigueur. L'administration s'est arrêtée à l'idée d'une « marque de grâce », c'est-à-dire à l'apposition d'une marque officielle même sur les étoffes qui, vu la négligence générale, possèdent une largeur irrégulière. La marque doit être apposée même sur les marchandises qui, auparavant, entraient aux marchés sans porter aucun signalement.

Il s'ensuit, ajoute l'intendant des manufactures, qu'il faut conserver les anciennes marques pour tous les produits conformes aux règlements établis, et que la nouvelle marque, créée par l'arrêt du Conseil du 19 mars courant, doit être apposée exclusivement, soit sur les marchandises qui n'en portaient pas du tout auparavant, soit sur celles qui auront été fabriquées d'une manière arbitraire (2).

Le gouvernement s'efforçait ainsi d'établir des règles uni-

1. V. Des Cilleuls, p. 199 où se trouve le résumé des lettres patentes du 5 mai 1779.

2. Lettre du 1er juin 1781. M. de Montaran à M. de Tournay au Mans en Touraine. (F12 129, p. 132.)

formes pour toutes les branches d'industrie et pour toutes les provinces du royaume. Les mesures visaient aussi à ne plus faire porter de responsabilité pour les écarts légers ou involontaires, ne punissant que la préméditation. On voulait que la violation consciente des règlements ne nuisît point aux intérêts de l'industrie, en jetant, sur les marchés étrangers, le discrédit sur les produits français. Ce point de vue apparaît très bien dans les déclarations du genre de celles exemple, faites au garde des sceaux par Necker. Si la nouvelle loi soumet aux règlements les tissus dont les fabricants tiennent à constater eux-mêmes la conformité aux règles établies, elle leur laisse en même temps pleine liberté de fabriquer des tissus, de la façon qu'ils trouveront la plus avantageuse pour eux. Si ces tissus doivent avoir une bordure, ce n'est pas pour les compromettre aux yeux du client, mais pour prévenir ce dernier d'avoir à s'assurer par lui-même de leur qualité, en lui indiquant qu'elle n'est pas garantie par le gouvernement.

Les règles dont l'observation est prescrite sous peine de punition, n'ont d'autre but que de garantir une bonne fabrication. Elles doivent servir de frein à la cupidité de l'entrepreneur et empêcher les abus contre lesquels le client ne pourrait pas se défendre sans le concours des lois (1).

Le même esprit pénètre, deux ans plus tard, la lettre de l'intendant des manufactures, de Montaran, à l'inspecteur de Bayonne. « Les marques, dit-il, ont en vue le bien commun du commerce et de l'industrie. Le commerce est intéressé à savoir ce qu'il achète, et l'industrie à ce que les produits étrangers ne pénètrent point au marché et ne fassent par concurrence aux produits nationaux (2). » Cette dernière considération poussa Necker à créer une troi-

1. Lettre du 29 janvier 1780. (F^{12} 128, p. 20.)
2. Lettre du mois d'avril 1782 (F^{12} 130, p. 94.)

sième marque pour certifier la provenance nationale des produits. Il dit, en s'adressant au garde des sceaux, que cette dernière marque, loin de gêner le commerce, lui servirait au contraire de garantie contre les marchandises étrangères (1). Dans la pratique, cependant, l'administration s'écarta bientôt de ce système.

Au mois d'avril 1782, Joly de Fleury, qui avait remplacé Necker, écrivait à l'intendant de Montauban : « Il n'existe en réalité que deux sortes de marques de commerce pour tous les tissus du royaume, à savoir la marque de règlement et la marque de liberté. Il est vrai que par l'arrêté du conseil du 12 mars 1781 une troisième fut introduite, mais je n'ai pas voulu mettre cet arrêt en pratique avant d'avoir recueilli les opinions des intendants. Votre observation sur l'inutilité de la troisième marque, connue sous le nom de marque nationale, et sur la possibilité de la remplacer par une autre qui certifierait la liberté de l'industriel, me semble bien fondée, avec cette réserve pourtant qu'il faudrait exiger de tous les fabricants qui ne s'en tiennent pas aux règlements dans la fabrication de leurs produits, de laisser une bordure pareille à celles que l'on exige des personnes qui produisent des tissus de nouveau genre (2). »

Parmi les mesures générales prises pour sauvegarder le commerce contre la fraude des fabricants, nous trouvons l'obligation de déclarer le caractère du teint — le « grand » ou le « petit teint ». Le gouvernement était guidé en ce cas par les considérations suivantes : de toutes les espèces de fraude contre lesquelles le consommateur a besoin d'être protégé, c'est la teinture des tissus qui est la plus fréquente. Le teint peut être plus ou moins résistant et il est difficile d'en reconnaître la qualité ; c'est

1. Lettre du 29 janvier 1780 (F[12] 128, p. 20).
2. F[12] 130, p. 92.

cependant cette dernière qui détermine le prix du tissu (1). L'apposition des marques était à la charge des bureaux spéciaux composés de gardes élus par les corporations, et, dans les localités où l'organisation corporative n'existait pas, de fonctionnaires nommés par le gouvernement. Le désir de l'administration, écrit l'intendant des manufactures, de Montaran, à l'inspecteur de Rennes, le 24 février 1781, serait de former dans les provinces des bureaux spéciaux, composés de fabricants et de commerçants qui remplissent le devoir de gardes ; mais on s'est aperçu bientôt qu'il était impossible de suivre la même méthode partout. Cette circonstance force l'administration, là où il est impossible de trouver des gardes-jurés, à avoir recours à des fonctionnaires nommés par le gouvernement ; ce sont aussi bien les inspecteurs que les commissaires, qui sont chargés de l'apposition des marques. Je me rends compte, dans votre généralité, où le système corporatif n'existe que dans quatre villes, de la difficulté qu'il y a à avoir des gardes-jurés choisis parmi les fabricants ; et, comme il ne serait pas commode de les prendre dans le milieu ouvrier, il faut bien se contenter d'agents gouvernementaux.

Dans la réforme de Necker les fonctions administratives et judiciaires n'étaient plus réunies entre les mains des mêmes personnes. L'inspection et les gardes-jurés remplissaient les premières, tandis que les secondes appartenaient aux juges de commerce, spécialement créés.

Le gouvernement continuait à recommander aux inspecteurs une grande modération dans l'usage de leur autorité ; il leur interdisait de poursuivre les fautes accidentelles produites par l'ignorance ou l'imprévoyance.

1. Lettre de Joly de Fleury à l'intendant de Montauban du mois d'avril 1782. (F^{12} 130, p. 91.)

« La sévérité, dit l'intendant des manufactures, doit être réservée pour les traits de mauvaise foi ouverte ou masquée. » Quant aux mesures de répression elles-mêmes elles consistaient uniquement à couper en deux les tissus illégalement fabriqués, tandis qu'auparavant l'amende et la confiscation venaient s'y ajouter. Après cette opération les « tissus illégaux » étaient rendus aux fabricants (1).

A l'égard même des produits dont la fabrication était soumise à des règlements, l'administration ne cessait de témoigner une grande condescendance et n'insistait pas sur l'observation des règles plus ou moins indifférentes aux intérêts du commerce ; ainsi Necker croyait pouvoir permettre de vendre les « marchandises qui ne seraient pas en contravention, puisqu'elles n'ont que de légères imperfections », et l'intendant des manufactures, de Montaran, jugeait inutile d'exiger que les fabricants déclarassent non seulement la largeur, mais aussi la longueur de leurs tissus (2).

J'ai dit plus haut que le gouvernement avait l'intention d'introduire l'uniformité dans le contrôle de l'industrie sur toute l'étendue du royaume ; mais ce désir paraît ne pas avoir eu de suite. L'intendant des manufactures, de Montaran, explique cet insuccès par ce fait que, dans beaucoup de provinces, certaines branches d'industrie ne sont pas du tout développées, ou bien on n'a pas sur elles de renseignements suffisants ; ainsi il existe dans telle province un règlement pour la fabrication des toiles de lin, tandis que celui destiné à la fabrication des draps y fait défaut. Mais comme tous les tissus, dans quelque localité de

1. Nous lisons dans la lettre de de Montaran à Brissot du 24 septembre 1780 : « La peine prononcée contre les contraventions n'est aujourd'hui que de couper les toiles, après quoi les coupons sont rendus aux fabricants au lieu que les anciens règlements y ajoutaient la confiscation et une amende assez forte. » (F[12] 128, p. 185.)

2. Lettre du Directeur général des finances aux fermiers généraux, du 18 janvier 1781, et lettre de de Montaran à Gruy, inspecteur, de la même date. (F[12] 129, p. 4 et 5.)

l'État qu'ils soient fabriqués, ont le même droit de pénétrer sur les marchés, ce régime peut évidemment être préjudiciable aux intérêts de l'industrie française ; il est nécessaire surtout, dit-il, de prendre des mesures contre les produits des provinces situées en dehors du cordon douanier général, car il y circule librement des marchandises de provenance étrangère qu'on doit empêcher de pénétrer dans les provinces intérieures (1).

Mais au lieu de s'étendre et d'embrasser successivement toutes les branches de l'industrie et toutes les provinces du royaume, la réforme de Necker rencontra, dès le début, une opposition énergique de la part aussi bien du séparatisme local, que de la mauvaise volonté de certaines branches d'industrie qui ne voulurent pas se soumettre aux exigences, surtout fiscales, découlant du système de marques légales apposées sur tous les produits fabriqués sans distinction.

A peine les nouvelles dispositions concernant l'apposition des plombs furent-elles promulgués, que le Parlement de Besançon refusa d'enregistrer les lettres patentes du 5 mai, en disant, pour motiver son refus, que les manufactures venaient seulement de naître dans la province et que cette innovation leur serait plutôt nuisible qu'utile. Necker dut, dans sa lettre adressée au chef du personnel judiciaire et garde des sceaux, défendre l'idée que le développement insuffisant de l'industrie dans telle ou telle province ne pouvait pas empêcher d'y introduire des lois qui étaient créées justement en vue de son développement (2).

Quelque temps après, le même Necker fut obligé d'entrer en correspondance avec les fermiers généraux qui avaient arrêté des balles entières de toiles expédiées de

1. Lettre de de Montaran à Couturier du 11 février 1781. (F^{12} 129, p. 29.)

2. Lettre du directeur général des finances au garde des sceaux du 29 janvier 1780. (F^{12} 128, p. 20.)

Rouen dépourvues de marques et de leur expliquer qu'un grand nombre de fabricants se sont crus ces temps derniers affranchis de l'obligation d'apposer sur les tissus aussi bien leurs propres marques que les plombs de l'inspection (1). En même temps, l'intendant de commerce, de Montaran, recevait du Languedoc des nouvelles sur l'esprit d'indépendance qui régnait parmi les commerçants et les fabricants de Valenciennes et qui se manifestait sous forme de refus de payer quoi que ce soit pour l'apposition des plombs sur leurs tissus ; ils avaient l'intention, sous prétexte de la liberté du commerce, de se passer à l'avenir de toute inspection des gardes-jurés (2).

Dans certaines provinces, telles que le Bourbonnais, par exemple, où l'industrie et le commerce étaient peu développés et conservaient plutôt le caractère de la petite industrie rurale, ou même domestique, l'industrie continuait à rester libre de tout règlement (3). Dans d'autres, certains districts ne possédant que l'industrie rurale demandaient à être exemptés de l'application des nouveaux règlements et de l'institution même des inspecteurs. Les États provinciaux se chargeaient souvent de servir d'intermédiaires pour les petits industriels de campagne, comme le montre l'exemple de l'intervention, en 1781, des Etats du Languedoc dans l'intérêt de l'industrie rurale du Gévaudan, ainsi que la démarche faite par ceux de Béarn, pour la fabrication domestique des tissus en lin. Fleury, le successeur de Necker, se prononce en faveur de la première requête et montre la contradiction où se trouve la seconde avec les règlements nouvellement établis. Les

1. Lettre du directeur général aux fermiers généraux du 13 janvier 1781. (F^{12} 129, p. 4.)
2. Lettre de de Montaran à l'intendant du Languedoc du 8 février 1781. (Ibid., p. 27.)
3. Dans sa lettre à l'intendant Jubié, à la date du 9 juin 1781, de Montaran écrit : « Il existe un certain nombre de provinces pour lesquelles il n'a point été fait de règlements de fabrication, attendu que leur commerce est si faible et si minutieux qu'il n'a pas paru mériter l'attention de l'administration. Le Bourbonnais est dans ce cas. » (Ibid. p. 137.)

deux documents sont intéressants pour nous, car ils contiennent, entre autres, un exposé des conditions mêmes de l'industrie rurale ; nous croyons par conséquent utile de les citer *in extenso*. Voici ce que le syndic des Etats provinciaux du Languedoc, nommé Romme, écrit à Fleury : « On m'a soumis un mémoire contenant la demande d'excepter les tissus du Gévaudan du nombre de ceux qui doivent être marqués. » Il est dit dans ce mémoire que la cadesserie (1) constitue la ressource principale pour les habitants de cette province, bien qu'ils n'aient pas d'ateliers régulièrement établis. Les métiers sont dispersés parmi les habitants de la campagne ; la marchandise fabriquée est livrée au marché de la ville voisine, d'où elle passe en balles aux marchands qui la remettent, pour leur propre compte, aux foulonniers et aux teinturiers. Par leur petite largeur et par leur valeur insignifiante les tissus se rapprochent le plus de ces tissus de qualité ordinaire, qui, conformément aux articles 11 et 12 des lettres patentes du 4 juin 1780, ne sont sujets à l'apposition de plombs que lorsqu'ils sont définitivement apprêtés et sans visite préalable. Dès le mois d'août 1781, Fleury exprime, dans sa lettre à l'intendant de cette province, l'idée qu'il faudra, probablement, donner satisfaction à cette demande (2). Mais la question reste encore pendante au mois de mai 1782, lorsque, dans sa lettre à l'inspecteur, l'intendant de commerce déclare, tout en exprimant l'espoir que le conseil de commerce reconnaîtra l'inutilité de soumettre à la réglementation les tissus grossiers et donnera ainsi satisfaction aux industriels du Gévaudan, que cette affaire ne résout nullement en principe la question du plombage. Dans un royaume commercial et possédant des voisins exerçant l'industrie, ajoute-t-il, il est nécessaire d'avoir une marque qui per-

1. Draps fabriqués pour l'exportation aux colonies américaines de l'Espagne.

2. F [12] 129, p. 220.

mette de distinguer les produits étrangers de ceux du pays, car autrement, la France serait ouverte à la contrebande ; or une fois la nécessité des plombs reconnue, il sera tout naturel de charger les fonctionnaires de leur apposition et de reconnaître pour insuffisantes les marques des fabricants. Rien, en effet, n'empêcherait ces derniers de marquer de même les produits étrangers (1).

Cette dernière affirmation s'explique par le fait suivant : le gouvernement découvrit presque à la même époque que les fabricants d'Aix en Provence apposaient volontiers leurs marques aux soieries d'Italie et donnaient ainsi à la contrebande une forme légale.

La peur de voir revenir ces abus l'amena à rejeter même les demandes du genre de celle adressée en 1783 par les Etats de Béarn. Ces derniers faisaient observer au gouvernement, dans un mémoire spécial, que leur province ne possédait point de corporations commerciales et industrielles, pas plus qu'il n'y avait là de tisserands ni de blanchisseurs spécialisés ; qu'il n'y était pas possible non plus de désigner quelque bourg, comme donnant lieu à une certaine concentration de métiers et d'industrie. Chaque ménage campagnard, disent-ils, cultive la quantité nécessaire de lin et fabrique des toiles dont il a besoin « d'après les combinaisons arbitraires ». Cette liberté de l'industrie constitue, de l'avis des États provinciaux, un avantage incontestable pour les paysans, parce qu'elle leur permet de garder entre leurs mains tout le gain provenant des différentes manipulations subies par le lin qu'eux-mêmes cultivent (2).

Ce n'est pas seulement dans les provinces caractérisées par la petite industrie rurale, que les nouveaux règlements trouvèrent une opposition résolue. On peut en dire autant de celles où la grande industrie avait depuis long-

1. Lettre de De Montaran à Villeraint datée du mois de mai 1782. (F. 12 130, p. 168.)
2. Lettre de De Montaran à l'intendant d'Auch du mois de juin 1783. (F12 130, p. 488.)

temps pris racine, comme par exemple le Dauphiné, le Hainaut, la Picardie et la Normandie. Dans sa lettre du mois de mars 1782, Fleury, le successeur de Necker, parle à l'intendant de Grenoble du nombre infini d'abus que l'on trouve dans les fabriques de Romans. Les entrepreneurs et les commerçants ne se sont soumis jusqu'à présent à aucune clause des nouveaux règlements ; les gardes-jurés ne visitent point les fabriques et n'apposent point de plombs aux étoffes, sous prétexte « qu'ils ne sont pas payés pour inquiéter leurs confrères ».

Les gardes ont chargé un commis de toutes les affaires du bureau et lui ont ordonné d'apposer aveuglément des plombs à toutes les étoffes. Les teinturiers, eux non plus, ne se conforment pas à la règle de l'apposition des plombs attestant le grand ou le petit teint. Toutes les fois que l'inspecteur se permet de faire une observation ou de rappeler le règlement, il est accablé d'injures. Récemment encore, il a eu à les subir à Vienne, et il doit maintenant de nouveau se plaindre du mauvais accueil qu'il a reçu à Romans (1).

A Bayonne, les nouveaux règlements sont, au dire de l'inspecteur, presque inconnus des fabricants. Les marchandises ne portent couramment aucune espèce de plomb, et dans certaines localités, comme par exemple à Nay, on est loin de présenter au bureau tous les tissus fabriqués. L'opposition des fabricants est considérable surtout lorsqu'il est question du plombage des toiles ; l'inspecteur explique ce mécontentement par les conditions mêmes dans lesquelles s'effectue le commerce des toiles, et l'intendant est obligé de reconnaître la justesse de ces considérations.

De même qu'à Bayonne, les marchandises se débitent ici dans un état inachevé : les marchands font teindre les tissus achetés par eux et cette opération se fait parfois

1. Lettre de Fleury à l'intendant de Grenoble de mars 1782. (F^{12} 130, p. 77.)

dans les conditions suivantes : le tissu est coupé en deux et chaque moitié est teinte en couleur différente. Parfois aussi les tissus sont revendus deux ou trois fois sans être teints du tout, en restant, pour ainsi dire, en état de produit demi-manufacturé ; tous ces faits, qui témoignent de la dépendance étroite dans laquelle se trouve l'industrie rurale vis-à-vis du capital commercial, sinon industriel, empêchent l'application stricte des lois qui exigent que l'apposition des plombs aux produits demi-manufacturés ait lieu dans les mêmes bureaux où est effectué le plombage des mêmes produits, définitivement apprêtés.

L'intendant avoue également qu'il serait très vexatoire d'exiger l'apposition des plombs aux flanelles demi-apprêtées, étroites et de prix peu élevé qui se fabriquent dans la généralité d'Auch et se débitent en balles cousues dans de la toile grossière. Ainsi, la pratique elle-même indique la nécessité d'abandonner l'application uniforme des règlements, et le législateur se voit obligé d'en exempter, par un nouvel arrêté du 4 juin 1780, ces produits d'une valeur peu importante de l'industrie rurale. La rédaction de cet arrêté du 4 juin fut telle qu'il suffisait de donner au tissu la largeur d'une demi-aune et de l'évaluer à quarante sous au plus, à sa sortie de l'atelier, pour soulever la question de savoir si ce produit devait être soumis au contrôle des inspecteurs. L'administration se rendait elle-même compte du danger qui menaçait l'industrie à cause du désir bien naturel des industriels d'éviter l'inspection gênante pour eux, en avilissant volontairement la qualité des tissus et en diminuant la largeur ce qui, selon la loi, les faisait ranger dans la catégorie des tissus nouveaux, libres par cela même du contrôle gouvernemental.

C'est pourquoi de Montaran recommandait à ses subordonnés la plus grande prudence dans la question des tissus qui, par le nombre de fils employés au tissage, ne satisfaisaient pas au minimum réglementaire. Les laisser sans aucun contrôle, écrit-il à l'inspecteur de Saint-Gaudens, pourrait être très préjudiciable au crédit dont jouissent nos étoffes à l'étranger, mais, d'un autre côté, il ne faut pas oublier que la loi met entre les mains des fabricants une arme très dangereuse dans leur lutte contre les gardes-jurés : ils n'ont qu'à porter plainte contre ces derniers et à obtenir un arrêt à notre désavantage ; il n'y a donc pas le moindre doute que les fabricants cesseront une fois pour toutes de prendre en considération vos observations et d'écouter vos conseils.

Il est donc préférable de leur faire comprendre que c'est leur propre intérêt qui leur commande de ne laisser sortir de leurs fabriques que des tissus qui répondent aux exigences des règlements, que c'est également important pour leur bon renom et pour les intérêts de l'industrie. Tandis que les mesures répressives ne peuvent amener que l'avilissement volontaire de la qualité des produits, dans le but de leur faire appliquer les arrêtés libérateurs du 4 juin 1780 (1). Et il semble que les appréhensions n'aient pas été vaines. Lorsque les lettres patentes du 9 août 1781 établirent les mêmes exemptions au profit des linons à la mode qui n'avaient pas les dimensions réglementaires, les fabricants du Hainaut et de la Picardie se jetèrent sur la fabrication des tissus de bas prix, vendus par pièces. Cette pratique devint si courante que les marchands de nouveautés de Valenciennes, de Cambrai et de Saint-Quentin adressèrent au Conseil de commerce des plaintes formelles contre le préjudice qu'elle portait aux intérêts de l'échange. Le marchand, écrivent-ils, se trouve dans l'impossibilité de vérifier la présence du nombre indiqué de pièces, parce qu'elles se vendent en gros ; le marché est inondé de marchandises de mauvaise qualité (2).

1. F[12] 130, p. 113.
2. Lettre de juin 1782 de De Montaran à l'intendant du Hainaut, en Picardie (Ibid., p. 185.)

L'industrie des toiles de Rouen était également organisée sur des bases qui ne permettaient pas l'application rigoureuse du nouveau régime créé par Necker. Avant d'être débitées, les toiles étaient coupées en trois ou quatre morceaux, la marque qui indiquait la qualité du teint faisait donc défaut à beaucoup de pièces et les fabricants pouvaient faire passer pour des étoffes de bonne qualité celles qui en réalité ne l'étaient point au point de vue du teint (1).

De même à Tours, malgré la prédominance de la grande industrie, les nouveaux règlements ne trouvaient qu'une application restreinte. Les inspecteurs se plaignaient de la désobéissance des gardes jurés et de leur négligence de leurs devoirs (2). Dans d'autres provinces, comme par exemple dans le Languedoc, les nouveaux règlements n'ont pas été rédigés du tout et les anciens se heurtaient à la résistance énergique des fabricants (3).

Le gouvernement se pénétrait de plus en plus de cette conviction qu'aucunes règles générales, si parfaites qu'elles puissent être, ne sauraient être appliquées d'une manière absolue, si on ne tient pas compte des difficultés locales qui se dressent devant elles. Il insistait de plus en plus sur l'utilité des conseils que les inspecteurs, familiers avec les conditions de la province, pourraient lui donner. L'intendant de commerce De Montaran démontrait plus d'une fois dans ses lettres que le conseil de commerce, qui n'a en vue que le bien général, est intéressé à ce que ses subordonnés lui fassent connaître tout ce qui pourrait contribuer au progrès de l'industrie française et, en particulier, tout ce qui pourrait permettre d'appliquer moins rigoureusement les règlements (4).

1. Lettre de De Montaran à l'intendant de Rouen datée de mars 1783 (Ibid., p. 447.)

2. Lettre de De Montaran à l'intendant de Tours datée de mars 1783. (Ibid., p. 433.)

3. Lettre de Fleury à l'intendant du Languedoc, datée du mois de janvier 1783. (Ibid, p. 431.)

4. Lettre à l'inspecteur de Bayonne, du mois d'avril 1782. (Ibid, p. 98.)

Il n'est pas étonnant que, dans ces conditions, une exigence même aussi réalisable que celle de ne vendre que des marchandises plombées, ne fût pas strictement observée, non seulement dans des provinces perdues, mais à la porte même de la capitale. Voici ce qu'écrit, en avril 1783, De Montaran au lieutenant de police Le Noir : « J'apprends qu'à la foire de Saint-Denis un grand nombre de marchandises ne sont revêtues d'aucune marque ; cet abus est spécialement prévu par les nouveaux règlements ; les marchandises étrangères elles-mêmes doivent être munies d'un plomb certifiant qu'elles ont acquitté les droits d'entrée. La tolérance avec laquelle l'administration envisage la violation des lois sur les marques est l'une des causes de ce que la foire de Saint-Denis commence à avoir la prépondérance sur celle de Troyes, où les règlements sont encore rigoureusement suivis (1). » Affirmer, dans ces conditions, que l'industrie française rencontrait encore, la veille de la Révolution, les mêmes obstacles de la part du gouvernement qu'à la première moitié du siècle serait volontairement méconnaître les faits. Les sphères gouvernementales étaient déjà pénétrées de cette idée que la tutelle exercée sur les fabriques et les usines ne saurait que nuire à leur développement naturel, en empêchant les produits de s'adapter au point de vue de l'aspect et des dimensions au goût changeant du public. Dès 1781 l'inspecteur de Sedan fait remarquer que si les fabriques de cette ville ont pris, ces temps derniers, un développement si rapide, c'est uniquement grâce à ce que les règlements sévères de 1743 n'ont point été observés. A cette époque, ces fabriques n'employaient que cinq ou six cents ouvriers ; elles possèdent maintenant 12.000 à 15.000 métiers. Si cette liberté est maintenue, ajoute l'inspecteur, les manufactures de Sedan continueront sans aucun doute à se développer (2).

1. Lettre de De Montaran à Le Noir du mois d'avril 1783. (Ibid.)
2. « Réflexions sur les nouveaux règlements ». K. 909.

Un autre inspecteur, nommé Holker, écrivait vingt ans auparavant : « Si les fabricants d'Elbeuf avaient eu depuis longtemps la permission qu'ils ont obtenue aujourd'hui, d'employer à la fabrication de leurs draps différentes espèces de laines, si ces mêmes fabricants avaient le droit de fabriquer des draps de différentes qualités, la manufacture d'Elbeuf aurait pris un développement beaucoup plus considérable que celui qu'elle présente à présent et nous ne serions pas obligés de commencer maintenant seulement à faire concurrence aux Anglais dans l'écoulement aux marchés étrangers des draps bon marché (1). »

Les circonstances ont beaucoup changé depuis le temps où le même Holker disait, en 1764, pour caractériser la manière de voir des inspecteurs des manufactures à Montpellier, qu'ils n'ont d'autre rêve que de rétablir les anciens règlements, croyant que c'est l'unique voie pour assurer la prospérité commerciale de la France (2).

Quelques années avant la Révolution, certains fabricants, comme par exemple Chardon, Cadet, ont réussi à produire une grande impression sur les esprits des classes dirigeantes et à trouver un appui auprès des inspecteurs tels que l'économiste bien connu, Cliquot de Blairvache, par la simple démonstration de cette idée que l'absence de la liberté complète, pour le choix dans la fabrication, aura pour résultat de faire supprimer la moitié de tous les métiers, car la réglementation empêche de contenter aussi bien ceux qui font faire des marchandises sur commande que les clients accidentels. On ne peut pas contraindre les étrangers à acheter les marchandises françaises autrement qu'en allant au-devant de leur goût, disait-il ; et après lui, nous voyons répéter la même chose par les rédacteurs du mémoire sur la situation des fabriques de Sedan en 1781. L'industrie française ne pourra faire con-

1. Lettre à Trudaine de Holker fils, chargé de faire une enquête à Elbeuf, 10 avril 1769 (F^{12} 657).

2. Lettre du 26 novembre 1767. (Ibid.)

currence à l'industrie étrangère qu'à condition d'être en état de livrer ses marchandises à des prix égaux, et même inférieurs à celle-ci ; or, pour cela, elle a précisément besoin de pouvoir donner à ses produits tel ou tel aspect, selon la nécessité du calcul commercial (1). En se prononçant pour le système protectionniste, l'inspecteur des manufactures du Dauphiné remarquait ironiquement dans sa lettre à Trudaine : « Comme ce n'est point parler le langage du jour que de soumettre le commerce à des lois, on n'insistera pas davantage sur leur nécessité, dans la crainte de me faire soupçonner d'être encore attaché aux anciens préjugés (2). » Cette disposition d'esprit existait non seulement en 1769, mais même plusieurs dizaines d'années avant. Il est vrai que, lorsque Marillac écrivait au successeur de Colbert que le meilleur moyen de soutenir les manufactures c'était de laisser une liberté entière au commerce et à l'industrie (3), son opinion trouvait encore peu d'écho ; mais dès le milieu du XVIIIe siècle (en 1754) l'intendant du Languedoc se plaignait déjà que Vincent de Gournay en propageant pendant sa mission administrative dans les provinces du Midi l'idée de la liberté du commerce et en protestant contre les règlements et les inspecteurs, avait provoqué la non-observation des premiers et avait détruit la confiance dont jouissaient les seconds. La propagande de l'un des fondateurs de la physiocratie trouva sept ans plus tard au nord de la France un champion résolu dans la personne de Baquelan, intendant des manufactures comme lui. La liberté est préférable à la réglementation. écrivait-il au contrôleur général de Laverdy, au moins elle

1. K. 909.
2. « Réponse au mémoire par lequel on demande divers éclaircissements sur les papeteries du Dauphiné », 1769. (F[12] 644.)
3. Les gens se livrent à l'industrie guidés par leur propre intérêt, ajoute Marillac, on n'a donc qu'à soutenir et à soulager le sort des manufactures existantes Jamais encore elles n'ont fait preuve d'une telle décadence que depuis le moment où on s'est avisé de les multiplier à l'aide des lois et de l'autorité. (Lettre au contrôleur général du 5 octobre 1685. V. Des Cilleuls. « Histoire de la Grande industrie », p. 208.)

ne peut pas faire de mal, tandis que les règlements sont toujours dangereux et beaucoup d'entre eux sont absurdes (1).

On pourrait même dire que pendant les années qui ont directement précédé le ministère de Turgot, la liberté du commerce trouvait plus de partisans que pendant les dix années qui séparent la France de la Révolution. En 1783, l'inspecteur Dupré écrivait de Clermont-Lodève à l'intendant Saint-Prist : « Il y a longtemps que les contrôleurs généraux envisagent avec indifférence et de loin la production de nos fabriques, non-conforme aux règlements, en disant : laissez faire, laissez passer (2). » Tandis que parmi les fonctionnaires inférieurs de l'administration qui gérait les intérêts industriels de la France, on pouvait encore rencontrer des défenseurs zélés de l'ancien principe de l'intervention gouvernementale, son caractère nuisible ne faisait plus de doute pour les intendants de commerce, relevant de cette même administration. On en trouve une preuve évidente dans les rapports des commissaires gouvernementaux, chargés de faire une enquête sur les conditions de l'industrie dans des rayons entiers.

Ainsi Baquelan qui a visité en 1761 le nord de la France croit pouvoir affirmer que tous les règlements sont nuisibles et absurdes ; nuisibles, parce qu'ils gênent l'initiative des fabricants, empêchent la concurrence, affaiblissent l'esprit d'invention, oppriment et gênent le manufacturier, etc. ; absurdes, parce qu'ils supposent que l'industrie a atteint son apogée, que personne ne fera plus de découvertes, que le goût des consommateurs de tous les pays restera toujours le même (3). Même ceux qui, comme Roland de la Platière, envoyé pour inspecter les manufactures d'Amiens, se prononçaient encore dans l'intérêt

1. Ibid., p. 209.
2. Ibid., p. 212.
3. « Histoire et régime de la Grande Industrie en France aux XVIIe et XVIIIe siècles », par Alfred des Cilleuls, p. 219. Lettre de Baquelan au ministre de Laverdy.

des consommateurs pour le contrôle de la longueur, de la largeur et de la qualité des tissus débités, exigeaient en même temps la liberté la plus entière dans le choix des dessins et des couleurs, car elle seule, disaient-ils, permettra de se conformer au goût changeant du public (1).

Mais si dans les sphères administratives supérieures se manifestait moins la résolution de mettre fin à tous les règlements, que le désir de ne pas trop insister sur leur observation, cela ne veut pas dire que le système protectionniste, sous d'autres rapports, manquât en France de défenseurs chaleureux.

Très souvent les fabricants continuaient à insister sur la nécessité d'interdire l'exportation non seulement des matières premières, mais aussi des produits demi-manufacturés, tels que laines, soie, fil, peaux pour gants, etc. Le gouvernement de son côté croyait encore utile d'interdire l'usage de certains produits, par exemple des toiles teintes, en vue d'encourager l'industrie de la laine et de la soie ; quelques siècles plus tôt il avait de même établi des droits d'entrée protecteurs ou prohibitifs sur les produits étrangers et empêchait l'émigration des ouvriers.

A la fin du XVIIIe siècle, comme va nous le montrer l'analyse de la correspondance administrative des intendants de commerce avec les inspecteurs provinciaux, la croyance à l'efficacité et à l'utilité de toutes ces mesures faiblissait sensiblement et de plus en plus, à mesure qu'on approche de l'époque où une rupture définitive se fit avec l'ancienne tradition administrative et un traité de commerce fut conclu avec l'Angleterre sur les bases du libre-échange. Il se produisit de même un changement de vues quant à l'utilité des privilèges et des exemptions d'impôt dont jouissaient certaines fabriques et usines particulièrement protégées. Le gouvernement ne conserva désormais le titre honorifique

1. « Précis de mes opérations depuis que je suis à Amiens et réflexions sur une partie des objets qui y ont rapport », par Roland, ibid., p. 215.

de manufactures royales qu'aux établissements nouveaux qui se proposaient réellement d'enrichir le pays d'un produit inconnu jusqu'alors. Il distribua avec moins de largesse qu'autrefois des subsides pécuniers aux fabriques qui manquaient de capitaux : en revanche, il prêta volontiers l'oreille aux avis de ceux qui parlaient de l'utilité qu'il y aurait à modifier le système d'imposition des matières premières aux barrières et douanes intérieures, dans le but de diminuer les frais de fabrication. L'idée du libre-échange, avant de triompher dans le commerce étranger, trouva d'abord des partisans dans le commerce intérieur ; cependant les droits particuliers de certaines provinces empêchèrent l'établissement d'un tarif général pour tout le pays et le système féodal retint entre les mains des seigneurs le droit de fixer les prix obligatoires au marché.

Tout ce que je viens de dire est confirmé par la correspondance, déjà citée, des intendants de commerce. Pour assurer la prépondérance de l'industrie nationale, Colbert était occupé de donner à la France les moyens d'avoir la main-d'œuvre à meilleur marché que dans les pays qui lui faisaient concurrence. C'est à ces vues que répondaient ses mesures contre l'exportation du blé et l'émigration des ouvriers français à l'étranger. La vie à bon compte permettait à l'industrie de Lyon d'avoir la main-d'œuvre à peu de frais et de compenser ainsi la perte qu'entraînait l'achat à l'étranger d'une partie des matières premières. Tous les témoignages s'accordent à dire que la main-d'œuvre à bon marché a été une des causes du développement extraordinaire de l'industrie de la soie à Lyon. Des salaires peu élevés existaient également comme nous l'avons appris grâce à des témoignages contemporains, à Paris, en Champagne, en Languedoc, et dans le Forez ; c'était surtout le cas au moment de crises provoquées tantôt par la surproduction, tantôt par le manque de commandes, tantôt par la cherté des matières premières déterminée à son tour par une mauvaise récolte ou par les demandes exagérées du trésor, ainsi par exemple, en ce qui concerne le fer et les cuirs. Il n'est donc pas étonnant si les ouvriers étaient souvent disposés à émigrer en Espagne, en Portugal, ou encore en Allemagne et en Russie, où des salaires beaucoup plus élevés leur étaient offerts.

Mais cette émigration des travailleurs devait entraîner à ses suites la hausse des salaires et la diminution du nombre de contribuables ; aussi le gouvernement et les entrepreneurs étaient-ils intéressés dans la même mesure à arrêter l'émigration.

Pendant le dernier quart du XVIIIe siècle le gouvernement lutta avec l'émigration en recourant à des interdictions directes. En 1778, par exemple, il prit des mesures énergiques pour arrêter les ouvriers désireux de se rendre dans la presqu'île ibérique (1).

A peine la nouvelle que le gouvernement russe se propose d'embaucher des ouvriers à Marseille pour l'installation d'une fabrique de faïence et qu'il a envoyé dans ce but un agent secret, nommé Serdukoff, arrive-t-elle à la connaissance du contrôleur général, que l'intendant de Provence reçoit l'ordre de s'opposer de toutes ses forces à cet embauchage. L'intendant du Languedoc, Saint-Prist, insiste plus d'une fois sur la nécessité de prendre des mesures contre l'émigration des ouvriers en Espagne. Cédant à son avis, le gouvernement français ne recule même pas devant l'idée de recourir à la force armée, tout en faisant preuve en même temps d'irrésolution et de doute ; ainsi il recommande à ses subordonnés de se contenter de menaces à l'égard des embaucheurs supposés, et de ne pas aller jusqu'à leur arrestation. Aussi l'émigration continue-t-elle dans les mêmes proportions qu'auparavant. Le dernier des intendants du Languedoc, Boulainvilliers, est encore obligé d'en parler, comme d'une des plus grandes calami-

1. Lettre du 13 janvier 1779 à l'inspecteur de Nîmes. Dubet ($F^{12}127$).

tés dont souffre sa province, comme de la cause déterminante de la concurrence que l'industrie étrangère oppose à celle du pays (1). La même absence d'un plan général, la même inconstance dans l'application de la règle de conduite une fois arrêtée à l'égard de l'industrie et du commerce, inconstance qui dépend de ce qu'on était pas persuadé de sa justesse et de son utilité, se manifeste aussi bien dans le refus de l'intendant de Picardie, malgré l'insistance de la Chambre locale de commerce, d'empêcher l'émigration à l'étranger d'Alexandre Laurent, un des fabricants les plus importants d'Amiens, que dans la déclaration du bureau de commerce quant à l'impossibilité d'édicter une loi générale contre l'émigration des ouvriers de l'Alsace, vu que ceux qui n'ont pas de travail n'ont point d'autre moyen que d'aller en chercher à l'étranger. Mais comment concilier cet avis si sage avec les mesures sévères prises par ce même bureau en vue d'arrêter l'émigration, mesures dirigées contre les embaucheurs, coupables à ses yeux de vouloir inciter des Français à devenir les sujets d'autres Etats que la France ? Comment concilier cette politique pleine d'amour pour la liberté avec l'ordre, donné cinq ans avant la Révolution par le contrôleur général Calonne aux intendants de la Picardie et de la généralité d'Alençon, de punir de la prison toute tentative de quitter le pays pour chercher du travail à l'étranger, et tout particulièrement en Portugal (2).

Toutes ces mesures n'ont pas pu, d'ailleurs, arrêter les progrès de l'émigration, à en juger par ce fait qu'il en est souvent question dans la correspondance entre les intendants de commerce et les inspecteurs provinciaux. A Metz et à Montauban, comme à Sedan, on embauchait des

1. Lettre du 16 février 1779 (F^{12} 127, p. 31).

2. Toutes ces données ont été puisées dans la correspondance administrative conservée aux Archives Nationales, ainsi que les actes des Archives provinciales du département de l'Hérault, C. 2618. V. des Cilleuls, pp. 213 et 218.

ouvriers pour l'Allemagne, la Russie et l'Espagne (1).

On doit reconnaître également pour avortées les tentatives de paralyser la concurrence étrangère par l'interdiction d'exporter des matières premières, interdiction à laquelle le gouvernement a été obligé de recourir plus d'une fois au cours des douze dernières années qui précèdent la Révolution pour satisfaire aux désirs fréquemment exprimés de la part des entrepreneurs d'industries. « Il est impossible d'interdire l'exportation du coton à l'étranger, écrit le 20 novembre 1781 l'intendant de commerce de Montaran à l'inspecteur des manufactures de Rouen, car autrement les vaisseaux n'étant pas sûrs de la faire écouler en France, auraient hésité à charger en Amérique cette marchandise encombrante (2). » L'exportation du fil de lin de Picardie et de Flandre atteignait parfois, malgré des prohibitions formelles, des proportions qui réduisaient la fabrication locale. Le contrôle exercé par les commis de la ferme générale et les mesures rigoureuses prises vis-à-vis des contrebandiers étaient incapables d'arrêter cette exportation. Le contrôleur général Joly de Fleury fut obligé, en janvier 1782, de reconnaître que l'expérience avait prouvé l'impossibilité d'empêcher l'exportation des matières textiles par le moyen d'interdictions administratives. Il est nécessaire par conséquent, pensa-t-il, de les abandonner et de se borner, pour les matières filées servant au tissage, à recourir à des droits d'exportation plus élevés que ceux qui frappent les produits demi-manufacturés, c'est-à-dire le fil (3).

L'interdiction de toute exportation était non seulement

1. V. les lettres de l'intendant de commerce Blondel de 1786 à Dupont, à Metz et à Amiens. Arch. Nat., F^{12} 132. Intendance du commerce. Registre contenant les lettres de M. Blondel, commencé au mois d'août 1784.

2. Arch. Nat. F^{12} 129. Correspondance tenue par M. de Montaran, intendant de commerce depuis le 1er janvier 1781, p. 401, lettre du 20 novembre.

3 Arch. Nat. F^{12} 130, lettre de Joly de Fleury, de janvier 1782, aux intendants de Lille, de Valenciennes et de Picardie.

inutile, mais même dangereuse, car elle pouvait à chaque instant provoquer des mesures analogues de la part de l'étranger. Et en effet, il arriva en 1786, que par l'arrêté du 29 novembre, l'empereur d'Autriche enleva à ses sujets la liberté d'exporter le lin, le chanvre et le fil. Cette mesure eut, de l'aveu des membres du Conseil de commerce de Paris, des suites très préjudiciables à l'industrie française. On pensa un moment y répondre par l'interdiction absolue d'importer en France les toiles d'Autriche, mais on s'aperçut que le marché ne pouvait pas s'en passer à cause de la production insuffisante de linge de table en France (1).

Ce que, pour la Flandre et la Picardie, était l'exportation du fil de lin à l'étranger, était pour les fabriques de Sedan, de Louviers, d'Elbeuf et de Reims l'exportation des laines d'Espagne et pour les manufacturies de Grenoble celle des peaux de chevreau et d'agneau. Le gouvernement essayait de combattre par des interdictions la liberté naturelle des producteurs de vendre les matières brutes à qui bon leur semblait ; mais ces interdictions, comme le prouvent les plaintes réitérées des intéressés, étaient loin d'atteindre leur but, vu le développement croissant de la contrebande. En octobre 1784, l'intendant de commerce Blondel prescrivit, en condescendant à la demande des fabricants, de réunir dans des magasins spéciaux toutes les laines venant d'Espagne, croyant ainsi empêcher au moins en partie leur vente à l'étranger (2).

L'exportation des peaux pour gants était considérée comme encore plus dangereuse, car elle menaçait de mettre un terme à la situation exclusive dont les gants de Grenoble, de Blois et de Vendôme jouissaient en Europe.

1. Arch. Nat. F^{12} 107. Séance du Conseil de commerce du 1er décembre 1788, p. 566.

2. Arch. Nat. F^{12}, 132. Lettre de Blondel du 20 octobre 1784 à Cliquot de Blervache et à Rouillé d'Orfeuil.

D'après l'intendant de commerce Blondel, on ne voyait jadis aux foires de Leipzig et de Francfort d'autres peaux que celles de France ; mais il n'en a plus été de même à partir du moment où les étrangers ont fondé leurs propres fabriques pour tanner les peaux de chevreau et d'agneau venant de France. En 1785, les Anglais, raconte le même intendant, ont acheté presque toutes les peaux tannées du midi de la France. Les fabricants se plaignent de l'exportation de dépouilles et de peaux d'agneau et de chevreau à l'étranger et affirment que les fabriques étrangères, créées grâce à cette exportation, les ont obligés à baisser les prix de leurs produits et à diminuer, en conséquence, le salaire des ouvriers. Cette dernière circonstance a eu pour résultat, ces dernières années, un surcroît d'émigration à l'étranger (1).

Jadis, il y avait, au dire des fabricants, à Grenoble même, 10.000 personnes vivant du métier de gantiers ; aujourd'hui ce métier a été réduit dans des proportions telles que beaucoup d'ouvriers sont obligés de chercher du travail à l'étranger. Les Anglais ont, dans les localités où l'on fabrique des peaux de gants, des commis spéciaux chargés de les acheter et d'embaucher des ouvriers. Les fabricants connaissent la présence de ces agents à Meilhan et à Annonay. Pour mettre fin à la concurrence étrangère, il faudrait frapper les peaux exportées de droits égaux à ceux que les étrangers prélèvent sur les gants importés de France (2).

Les tentatives d'entraver l'exportation des chiffons, dans l'intérêt de la papeterie française, ne furent pas plus heureuses. Les intendants de commerce se plaignent souvent de l'inefficacité du contrôle exercé par les fonctionnaires de la ferme générale, et attribuent à cette circonstance l'augmentation des frais de fabrication et l'é-

1. Ibid. Lettres de Blondel du 1er octobre et du 18 août 1784.
2. Arch. Nat. F12 128. Lettres de De Montaran à Couturier, à Grenoble, du 22 août 1780, p. 160.

tat de marasme de l'industrie nationale. L'interdiction de l'exportation à l'étranger que réclament les fabricants de l'Auvergne, du Limousin, de l'Angoumois, de Poitiers, de Grenoble et d'Auch, se tourne contre eux-mêmes, dès qu'il s'agit de défendre les intérêts de l'imprimerie française. Les intendants de commerce déclarent ouvertement que l'exportation libre du papier à l'étranger ne peut avoir d'autres conséquences que d'augmenter la concurrence des imprimeries étrangères. Aussi rêvent-ils le rétablissement des droits d'exportation sur les papiers, tout en se rendant compte en même temps des difficultés pratiques qu'il y a à réaliser toutes ces mesures, surtout à cause de la contrebande qu'elles favoriseraient et qui amènerait le manque de matières premières, des chiffons pour les papeteries et du papier pour les imprimeries ; autrement dit, ils reconnaissent que les mesures utiles aux intérêts de l'industrie nationale peuvent dans la pratique se retourner contre celle-ci (1).

Pendant que le protectionnisme régnait en France, les produits de l'industrie étrangère qui pouvaient faire concurrence à ceux du pays étaient frappés de la même interdiction à l'entrée que les matières brutes et les produits demi-manufacturés à leur sortie du pays ; pendant les dernières années de l'ancien régime, le gouvernement insistait encore sur l'observation de ces interdictions, tout en comptant de moins en moins sur leur efficacité et ne cédant que devant les instances des intéressés. Le fait même d'avoir octroyé le droit de port franc à plusieurs ports importants, entre autres à Marseille, entraînait nécessairement la violation du monopole exclusif des producteurs du pays. C'est pourquoi on se plaignait souvent de ce que les commerçants, faisant le commerce avec le Levant et l'Espagne, chargent à Marseille beaucoup de marchandises venant de l'étranger, ce qui, entre

1. Lettre de Blondel à Vidaux de la Tour du 11 juin 1786.

autres inconvénients, cause un préjudice au commerce des orfèvres. Mais les intendants de commerce laissent ces doléances sans suite : la perfection même des produits français, disent-ils, et l'abondance de charges fiscales qui pèsent sur le producteur, sont cause de ce que l'industrie nationale ne peut rivaliser en bon marché avec celle des autres pays. Les marchands de Marseille sont donc réduits à la nécessité de faire leurs provisions de marchandises destinées au Levant, en dehors de la France. Et comme, en échange, ils rapportent du Levant des matières premières, nécessaires aux manufactures françaises, l'intérêt même de l'industrie nationale exige que liberté entière soit laissée aux commerçants de Marseille de se procurer des marchandises où bon leur semble. Il n'y a de même aucune raison pour ne pas donner aux habitants de Marseille la possibilité de faire concurrence aux marchands étrangers dans la fabrication d'objets d'orfèvrerie et de bijouterie à bon marché en les exemptant des impositions qui frappent ces produits dans les autres localités de la France. Cette mesure aurait encore cet avantage qu'elle créerait dans ce port, le plus important du pays, une classe ouvrière très nombreuse, qui augmenterait la consommation des objets de première nécessité (1).

Très souvent, le fabricant lui-même arrive à cette conclusion que l'élévation des droits de douane entraîne elle-même une grande importation de produits étrangers, vu la prime considérable que procure la contrebande ; en effet, les personnes qui l'exercent arrivent souvent à garder pour eux le quart du prix de la marchandise qui serait employé autrement à payer les droits d'entrée. C'est dans ce sens que se prononce en 1780 dans un mémoire présenté au directeur général des finances, la

1. V. Lettres de M. De Montaran, intendant de commerce, à M. Taboureau, contrôleur général, datées du mois de mai 1777, F[12] 126, p. 3 et 4.

chambre du commerce de Lille. La Flandre française, déclarent ses membres, est contiguë à celle d'Autriche ; aussi l'importation de toiles de contrebande y est-elle facile et habituelle ; elle est entretenue par l'élévation même des droits d'entrée qui atteignent parfois 25 o/o du prix de la marchandise (1).

Parfois aussi les industriels français eux-mêmes vendent pour leurs propres produits, des produits étrangers, afin de profiter de la différence des prix avantageuse pour eux. En 1780, les fabricants de velours d'Aix sont soupçonnés de telles pratiques ; l'intendant de commerce De Montaran écrit qu'il vient d'apprendre qu'ils se procurent couramment des velours à Gênes et les vendent ensuite comme leurs propres (2). Cela n'empêche pas le gouvernement d'insister sur l'apposition des marques certifiant l'origine nationale de la marchandise et de saisir celles qui ne sont pas marquées, comme ce fut par exemple le cas pour un stock entier de toiles de Rouen en janvier 1784 (3).

C'est précisément dans le but de protéger l'industrie nationale contre la concurrence étrangère que le gouvernement maintient énergiquement ses ordres sur l'apposition des plombs. La même préoccupation l'amène parfois à se demander s'il ne devrait pas étendre le système de la protection aux produits tels que le sucre raffiné, par exem-

1. Lettre de De Montaran à Couturier de Lille, ci-joint le mémoire de la Chambre de commerce de cette ville. La lettre est à la date du 8 avril 1780, F[12] 128, p. 75.

2. Lettre de De Montaran à l'intendant de Provence du 15 juillet 1780. F[12] 128, p. 128.

3. F[12] 129, lettre circulaire du Directeur général des finances aux fermiers généraux, le 13 janvier 1781, p. 4. — Dans la lettre de De Montaran à l'inspecteur des manufactures de Bayonne du mois d'avril 1782, nous lisons : « Il n'y a que les marques du bureau qui puissent faire distinguer les étoffes nationales et qui puissent en même temps les garantir de la concurrence étrangère, en rendant les versements du dehors plus difficiles et plus dangereux ; en conséquence les commis de la ferme générale sont autorisés à saisir et à confisquer tout ce qui sera dépourvu de nos marques. » F[12] 130, p. 99.

ple ; et c'est seulement la pensée que les producteurs nationaux en profiteraient pour devenir trop exigeants envers les consommateurs, qui le fait renoncer à cette mesure, tout en se réservant le droit d'y avoir recours comme à un moyen extraordinaire et temporaire au cas où il serait nécessaire d'encourager la production locale (1).

L'idée d'un tarif douanier rencontrait une hostilité de plus en plus grande dans les milieux administratifs eux-mêmes, comme le prouve, entre autres, le différend surgi en 1785 entre l'inspecteur local des manufactures de la Basse-Normandie, nommé Allard, et l'intendant de commerce Blondel. Le premier affirmait que l'interdiction complète de l'importation d'étoffes étrangères, de même qu'un tarif atteignant jusqu'aux 40 o/o de leur prix, non seulement n'empêchent pas leur entrée dans le pays, mais la favorisent plutôt en encourageant la contrebande. L'intendant de l'industrie persistait au contraire à croire que les interdictions formelles et la remise aux fonctionnaires de la ferme générale de la totalité ou de la plus grande partie des sommes fournies par les confiscations pouvaient constituer un moyen efficace contre la concurrence étrangère (2). Le conseil royal était du même avis et renouvelait, la même année, l'interdiction d'importer en France des tissus de coton et des mousselines, des toiles peintes, des gazes et des linons de fabrication étrangère (3).

Cette obstination dans la conservation des anciennes prohibitions douanières provoquait de la part des gouvernements européens des représailles fréquentes. Ainsi, dès 1779, les fabricants français de toiles de Saint-Quentin se plaignaient amèrement du préjudice que leur cau-

1. Ce sont les députés de commerce du Dauphiné qui demandent en 1732 l'interdiction d'importer le sucre raffiné de l'étranger, comme on le voit dans la lettre adressée à ce propos par De Montaran à Villenaut, inspecteur local de l'industrie. F[12] 130, p. 53.
2. Lettre de Blondel du 28 mars 1785 à Allard. F[12] 132.
3. Lettre de Blondel à Lazovsky du 24 août 1785. F[12] 132.

sait l'interdiction d'importer les tissus de lin français en Portugal (1). Plus tard, les drapiers de Languedoc exprimaient le même mécontentement parce que l'empereur n'avait pas voulu admettre leurs produits à la foire de Nuremberg, sous prétexte de leur mauvaise qualité. Le gouvernement français se voyait très souvent dans l'impossibilité de répondre à ces mesures par des représailles analogues, à cause de l'insuffisance de la production nationale. C'est ainsi que, lorsque l'empereur s'est prononcé contre l'exportation en France du chanvre provenant de l'empire, la cour de Versailles a eu un moment l'intention d'y répondre par l'interdiction de tout commerce de toiles de Silésie ; elle a dû cependant renoncer à ce projet vu l'insuffisante quantité de produits français (2).

Le maintien des interdictions gouvernementales relatives à l'exportation et à l'importation devenait d'autant plus difficile qu'elles ne pouvaient être efficaces qu'à condition de s'étendre également sur certaines provinces du royaume qui se trouvaient hors du cordon douanier général ; tel était le cas de l'Alsace et de la province des Trois-Evêchés dont Metz était le chef-lieu. Pouvant recevoir librement, ou en payant des taxes moins élevées que les autres parties du royaume, les matières premières et les produits demi-manufacturés de l'étranger, elles avaient naturellement toute possibilité de tuer, par le bon marché de leurs produits, l'industrie des autres provinces. On fut donc obligé de les mettre à peu près sur le même pied que les pays étrangers ; mais cette circons-

1. Lettre du directeur général des finances à Vergennes du 22 janvier 1779. F[12] 127, p. 17.

2. Cette question a été examinée dans la séance du Conseil de commerce du 4 décembre 1788. Voici ce que nous lisons dans les procès-verbaux de l'assemblée. « L'Empereur a défendu le 29 novembre 1786 l'exportation du lin, des étoupes, du chanvre. Délibéré : impossible de répondre à cette prohibition par la défense d'entrer des toiles autrichiennes, parce que nous n'en fabriquons pas une assez grande quantité, surtout en linge de table, pour nous passer de celles d'Allemagne. » Arch. Nat. F[12] 107, p. 566.

tance à son tour provoqua de leur part des plaintes sans fin et força le gouvernement à faire des concessions et à baisser légèrement les tarifs. Comme exemple de ces différends, on peut citer ceux qui surgirent en 1785 et 1786, après la publication des arrêts du conseil royal qui interdisaient l'importation des tissus de coton, des toiles peintes, de mousselines, des gazes et des linons dans les limites de la région douanière, appelée les cinq grosses fermes. Les manufacturiers de Colmar en Alsace, qui s'étaient déjà préparés à expédier une quantité considérable de ces marchandises à la foire de Bordeaux, se virent maintenant obligés de renoncer à une spéculation avantageuse, au risque de provoquer une crise de surproduction.

Aussi jugèrent-ils nécessaire d'adresser au Conseil royal leurs protestations. Les manufacturiers de la Lorraine et des Trois-Evêchés se trouvaient plus d'une fois dans la même situation. En 1786, ils soumettent au contrôleur général une requête dans laquelle ils le prient de les exempter des droits d'exportation sur la fonte et les chiffons qu'ils recevaient de la Franche-Comté, et de les autoriser à vendre les produits de leur fabrication dans les limites du cordon douanier. Les mêmes vœux sont émis également par les verriers dont les marchandises payent à l'entrée un tarif égal à la moitié de leur prix. Tout en reconnaissant le tort causé par cet impôt à l'industrie lorraine, l'intendant de commerce Blondel ne peut admettre que le Conseil d'Etat puisse accéder à cette demande avant que les provinces elles-mêmes soient inclues dans le cordon douanier général. Non moins justifiées lui paraissent les représentations faites au Conseil par les entrepreneurs des forges de la Lorraine et des Trois-Evêchés, auxquels il est vraiment impossible de supporter la concurrence des autres parties du royaume en présence des tarifs qui frappent la fonte exportée de la Franche-Comté. De même les prétentions des usines de faïences de la Lorraine sont parfaitement fondées : ces usines paient un droit de trente livres par quintal à l'entrée de leurs marchandises dans les limites du cordon douanier, tandis que les produits du même genre venant des fabriques de Metz ne sont frappés que de quatre livres et dix sols. Les usines de papiers de la Lorraine paient pour les chiffons exportés de la Franche-Comté des taxes si élevées, qu'il leur est impossible de concourir avec les fabriques situées dans d'autres provinces. Et si, pense l'intendant du commerce, toutes ces sollicitations ont été jusqu'à présent laissées sans suite, c'est, évidemment, dans le but de provoquer en Lorraine un mouvement en faveur de son annexion, sous le rapport des douanes, au reste du pays.

C'est ainsi que se développait petit à petit l'idée d'un tarif uniforme pour toute la France et disparaissait celle de l'utilité des prohibitions d'exportation et d'importation et des taxes élevées sur les produits étrangers. La conclusion en 1786 d'un traité de commerce avec l'Angleterre, sinon basé sur un libre-échange complet, du moins n'établissant que des taxes très modérées, de même que le projet soumis aux Notables l'année suivante, projet qui abolissait les douanes intérieures et unifiait graduellement au point de vue des conditions de l'industrie toutes les provinces de France, furent des conséquences de ce changement. Ces mesures eurent un succès inégal. Les Notables rejetèrent le projet du transfert des douanes aux frontières du pays et cette circonstance, comme nous allons bientôt le voir, eut une répercussion fâcheuse sur le commerce de la France avec l'Angleterre, surtout depuis la conclusion du traité de 1786.

Dès 1614, les Etats généraux s'étaient prononcés pour l'abolition des douanes intérieures. Ils s'étaient plaints de ce que les marchandises et les denrées ne pouvaient pénétrer librement d'une province dans l'autre, bien que

1. V. les lettres de Blondel à Lazovsky du 24 août et du 28 octobre 1785 et à Calonne du 21 mars 1786. F[12] 132.

toutes ces provinces ne fussent que les parties d'un seul tout. Vergennes était pénétré de la même idée, lorsque, en 1782, il chargea Dupont, l'économiste bien connu, de préparer un projet du transfert du cordon douanier à la frontière de l'Etat. Dans son mémoire présenté aux Notables, Dupont développa très bien cette idée que les rapports commerciaux entre les différentes provinces intéressent le pays au moins autant, sinon plus, que ceux qui existent entre elles et les pays étrangers. Le bien provenant de la libre circulation des marchandises au marché intérieur, pensait-il, compensera, et au delà, le mal qui proviendra de l'imposition des marchandises étrangères dans les provinces qui, jusqu'alors, les recevaient librement. Ces provinces elles-mêmes ne sont d'ailleurs pas intéressées au maintien de ces privilèges incontestablement désastreux pour l'Etat. Le déficit de 50 millions par an qui résultera de la suppression des douanes intérieures, peut être largement comblé, en étendant les tarifs douaniers à toutes les provinces. Le projet de Dupont mentionnait aussi la nécessité d'abolir l'impôt sur les huiles végétales employées dans l'industrie et sur le fer qui servait à la fabrication. Il demandait aussi le rachat des péages domaniaux et ne conservait d'interdictions d'entrée et de sortie que pour quelques articles qui faisaient concurrence aux produits français, comme par exemple les tissus de coton, teints ou non, ou bien des marchandises qui servaient de matières premières aux fabriques du pays, telles que le bois de construction, le chanvre, le fil, la soie, la peau de gants, la soude et les cendres, le suif, les chiffons, etc. Les notables de la Lorraine, de l'Alsace et des Trois-Evêchés se prononcèrent contre l'extension du cordon douanier jusqu'aux limites de l'Etat, en démontrant l'incompatibilité de cette mesure avec le droit historique et en alléguant le préjudice qui serait causé au commerce de ces provinces à l'étranger (1). Les députés de la

1. L'économiste bien connu, l'abbé Morellet, écrit à ce propos à

Bretagne se reconnurent incompétents dans une question qui, par sa nature, ne relevait que de la représentation provinciale. Des sept bureaux qui constituaient l'Assemblée des notables, trois seulement se montrèrent disposés à s'occuper de la réforme proposée, tout en en critiquant certains détails, tels que l'interdiction d'importer les tissus en coton, comme incompatible avec le principe du libre commerce, principe apparemment reconnu par les auteurs eux-mêmes du projet, ou encore la défense d'exporter certains objets de première nécessité, comme pouvant nuire aux intérêts matériels de la France. Cette opposition suffit pour arrêter toute tentative de développer la liberté du marché intérieur et de supprimer les impôts sur les huiles, les cuirs et le fer qui portaient un préjudice si grand à l'industrie française (1).

Cet insuccès dut nécessairement exercer son effet sur le sort du traité de commerce conclu presque en même temps avec l'Angleterre. Dupont de Nemours remarque justement que les faïences de la Lorraine auraient eu moins de difficultés à supporter la concurrence de celles d'Angleterre, si elles avaient été admises à la circulation libre dans l'intérieur du pays (2); de même l'industrie des cuirs aurait supporté plus facilement le coup qui lui fut porté par l'importation libre des produits analogues anglais si, comme l'espérait Vergennes, l'abolition de l'impôt sur

lord Shelburne : l'Assemblée des notables a reconnu l'utilité de l'abolition des douanes intérieures, mais, en même temps, elle a découvert dans le projet proposé une série d'inconvénients pratiques qui n'ont pas été prévus par le ministre Calonne, comme par exemple le préjudice dont aurait à souffrir la culture des tabacs en Alsace si cette province perdait son droit d'exportation libre. Ce préjudice serait d'autant plus sensible que la prospérité de l'Alsace dépend pour beaucoup de la prospérité de cette industrie. (V. les lettres de l'abbé Morellet à lord Shelburne, publ. par lord Edmond Fitzmaurice, p. 228 et 229.)

1. V. « Etablissement en France du premier tarif général de douanes 1787-1791. Etude d'histoire et d'économie comparées » par le comte de Butenval, pp. 12, 20, 29 et 39.

2. « Lettre à la Chambre du commerce de Normandie sur le mémoire qu'elle a publié relativement au Traité de commerce avec l'Angleterre ». Rouen, 1788, p. 28.

des cuirs avait eu lieu au moment même de la conclusion du traité avec l'Angleterre (1). La suppression de l'impôt sur le fer également projetée, mais non réalisée, aurait augmenté à son tour les chances de l'industrie de fer française dans sa lutte contre celle d'Angleterre (2).

La liberté de l'échange extérieur trouva ainsi la France insuffisamment préparée, parce qu'elle n'avait pas effectué, au préalable, une réforme dans son système fiscal. D'ailleurs, cette ère de liberté commençait au moment où l'industrie française tombait, comme nous l'avons vu, en décadence, et l'industrie anglaise se développait au contraire considérablement, grâce aux perfectionnements techniques apportés à la construction de machines par les découvertes de Watt, de Crompton, d'Arkwright.

Le système que le gouvernement français avait conservé de garantir le monopole de fabrication aux personnes qui ont, les premières, introduit dés innovations dans leurs établissements, vint à son tour empêcher les manufactures françaises de s'élever à un niveau supérieur au point de vue technique, et paralysa leur aptitude à concourir avec les manufactures anglaises (3).

1. Ibid., p. 35... Je puis vous assurer que lorsque M. le comte de Vergennes a signé le traité, il croyait certain que le droit de marque des cuirs allait être aboli ou transformé en une imposition moins vexatoire et moins nuisible.

2. Ibid., p. 111.

3. Lorsque l'on a su que c'était par des machines que les Anglais s'étaient emparés de la supériorité, il fallut certainement se hâter de la disputer par le même moyen. Les entrepreneurs eussent regagné en très peu de temps avec usure plus que la valeur de leur machine. Ils ont préféré se ruiner en continuant la concurrence avec des moyens dont ils reconnaissaient l'infériorité. Si plusieurs d'entre eux se fussent procuré des machines anglaises, si les Chambres du commerce eussent proposé des prix aux artistes qui en construiraient de pareilles ou de meilleures, jamais le Gouvernement n'eût songé à donner pour ces machines des privilèges exclusifs, et leur usage n'eût pas été retardé. Si pendant plus d'un an que ces privilèges ont été sollicités, si lorsqu'ils ont été publiés, il se fût élevé quelque réclamation de la part de nos manufactures (car les coopérateurs de l'Administration en ont fait de très vives), si les représentants de notre commerce eussent proposé quelque autre moyen de récompenser ou d'indemniser les possesseurs de ces machines, il n'y aurait à présent presque pas un de nos ateliers qui en fût dépourvu. Il faudrait que les entrepreneurs qui sollicitent des privilèges exclusifs, apprissent qu'en

Enfin, la réglementation de la production elle-même, en empêchant de suivre les exigences de la mode et de satisfaire les consommateurs qui demandaient des marchandises bon marché, plaçait les fabricants français dans des conditions moins avantageuses que celles de leurs concurrents anglais, et ne leur permettait point de tirer du libre-échange extérieur, tous les avantages qu'il leur promettait. C'est pourquoi les drapiers de Carcassonne insistèrent, pendant les années qui suivirent directement la conclusion du traité avec l'Angleterre, sur la nécessité de leur accorder une liberté entière de fabrication, en déclarant que c'est à cette seule condition qu'il leur serait possible de soutenir la concurrence anglaise aux marchés du Levant (1).

L'initiative du traité avait appartenu à la France. Dès le commencement du XVIIIe siècle, pendant la signature du traité d'Utrecht qui mit fin à la guerre de la succession d'Espagne (1713), la France avait vainement demandé à l'Angleterre l'insertion de certaines clauses

cela ils font une action qu'un bon citoyen doit s'interdire ; que les autres fabricants connussent qu'ils ont le droit de s'y opposer ; que les Chambres du commerce ne perdissent pas une occasion de représenter, qu'en accordant de tels privilèges, l'Administration fait ce que l'on peut croire qu'elle n'a pas le droit de faire, ce qui est le plus contraire à son objet et à ses bonnes et louables intentions, qu'elle dispose du droit, de la liberté et de la propriété d'autrui. (Lettres à la Chambre de commerce de Normandie, pp. 58 et 59.)

1. A la séance du Conseil de commerce à la date du 9 août 1787, l'inspecteur des manufactures Tolozan, en résumant la pétition présentée au Conseil par les drapiers de Carcassonne, énumère ainsi les causes qui ont provoqué la déchéance de leur industrie : 1° La nécessité où sont les fabriques de faire passer leurs draps par les mains des négociants de Marseille ; 2° La nécessité de dégrader ces draps pour pouvoir les donner aux vils prix qu'il plaît à ces négociants d'en offrir ; 3° Les gênes inséparables de l'exécution des règlements rendus sur cette matière, des bureaux de visite et de marque et des fonctions des inspecteurs ; 4° Le défaut absolu d'achats de la part de la nouvelle compagnie des Indes au lieu que l'ancienne et les armateurs qui ont été autorisés à faire librement ce commerce en achetaient jusqu'à 900 ballots par an ; 5° L'excès du prix des laines d'Espagne et des droits dont elles sont grevées ; 6° La perte de 200.000 moutons qui sortent chaque année de France pour les boucheries de Barcelone et d'autres lieux d'Espagne... Les fabricants demandent que pour les mettre en état de lutter contre tous ces obstacles on leur accorde une liberté indéfinie de fabrication et de vente.

qui, au point de vue de l'échange commercial, la mettraient sur un pied égal avec les pays les plus favorisés à cet égard. L'Angleterre repoussa d'une façon catégorique cette proposition. Lorsqu'un nouveau traité fut signé, à la fin de la guerre provoquée par la séparation des colonies américaines de leur métropole, la France demanda de nouveau un changement de la situation créée à son commerce par le traité d'Utrecht. Cette fois, elle parvint à obtenir la promesse formelle d'entamer aussitôt après la ratification du traité de paix, de nouvelles négociations ayant pour but la conclusion d'un traité de commerce, basé « sur la réciprocité, la convenance mutuelle » (1).

Cet idéal trouva, il est vrai, des défenseurs remarquables dans la personne de certains économistes anglais, comme Tucker et Adam Smith ; mais en France la propagande des idées du libre-échange ne sortait pas de l'école de Quesnay, de Gournay et de Turgot. C'était également un de leurs disciples que cet abbé Morellet que Lord Shelburne, l'initiateur du traité de Versailles, reconnaissait ouvertement pour son maître dans la question du libre-échange. La correspondance publiée récemment entre ces deux hommes remarquables, jette quelque lumière sur les points de départ du premier mouvement heureux qui aboutit au triomphe des principes libre-échangistes. « Vous dites dans votre dernière lettre, écrit Morellet à Shelburne, que vos idées sur les avantages de l'échange libre entre nations trouvent toujours plus d'adeptes parmi les négociants et les industriels de l'Angleterre, y inclus Londres, où jusqu'à présent l'habitude des monopoles persistait plus qu'ailleurs en Europe.

1. L'article 18 du traité de Versailles de 1783 renfermait nettement cette obligation : « A nommer, aussitôt après l'échange des ratifications, des commissaires, pour travailler à de nouveaux arrangements de commerce entre les deux nations, sur le fondement de la réciprocité et de la convenance mutuelle, lesquels arrangements devaient être terminés et conclus dans l'espace de deux ans, à partir du 1er janvier 1784. »

Pour moi il n'y a pas de doute que c'est à vous que nous devons entièrement ce progrès. Adam Smith et Tucker, il est vrai, ont reconnu ces doctrines, mais ils ne se sont prononcés là-dessus que dans leurs livres, tandis que vous les avez mises en circulation. Le public est toujours défiant pour nous autres philosophes, et tant qu'un homme d'État ne sanctionne pas les principes bien établis, on les considère comme des théories abstraites, incapables de trouver une application pratique. » Morellet développe ensuite cette idée que nulle part les avantages de la liberté illimitée de l'échange ne peuvent être plus sensibles qu'en Angleterre. « Votre nation, prédit-il, gagnera de leur application plus que nous, et voici pourquoi : les véritables bases de votre commerce se trouvent dans l'écoulement des produits du sol, dont quelques-uns ne se rencontrent que dans votre pays, puis dans le débit de vos produits de manufacture. Mais la raison, les progrès de la technique et les dimensions de vos capitaux sont tous à votre avantage. Nul pays ne peut disputer votre priorité et vous garderez pour toujours la faculté de vendre moins cher que les autres » (1).

Nous trouvons dans le même document l'opinion de Lord Shelburne quant au développement rapide, parmi les industriels anglais, des idées favorables au libre-échange. Le ministre anglais exprimait la même certitude dans ses entretiens avec le commissaire français Gérard de Rayneval. Voici ce que dit ce dernier dans sa lettre à Vergennes : Le ministre m'a déclaré que la manière de penser des négociants anglais à l'égard du libre-échange est meilleure qu'il n'a pu l'espérer. Il n'y a donc pas de doute, prétend-il, que mon système va être réalisé si même je suis obligé de quitter mon poste (2).

1. V. Lettres de l'abbé Morellet à Lord Shelburne, p. 208 et 210, lettre du 9 juillet 1785.

2. Le fragment cité se trouve dans la monographie du comte

Il y avait un peu trop d'optimisme dans cette appréciation. Après la démission du cabinet de Shelburne, le ministre Lord Grandham qui le remplaça, changea totalement de ton vis à-vis de Moustier, délégué français, successeur de Rayneval, et lui déclara que la réforme des relations commerciales et leur établissement sur les principes de la liberté lui semblait peu réalisable à cause des préjugés répandus dans la nation anglaise et entretenus par des personnes influentes (2). De même que Fox, Pitt le jeune qui lui succéda au ministère, exprima le désir de maintenir le *statu quo*, et, sans l'énergie du cabinet français, guidé par Vergennes, la conclusion du nouveau traité de commerce avec la France n'aurait peut-être pas eu lieu en 1786. Mais Vergennes non seulement resta fidèle aux principes du libre-échange, en déclarant, par l'intermédiaire des commissaires qu'il avait délégués en Angleterre, que dans les questions du commerce le roi et son gouvernement étaient partisans des principes les plus libéraux (2), mais il décida même de contraindre les Anglais à exécuter leurs promesses relatives à la revision de la législation existante concernant le commerce avec la France, en menaçant, dans le cas contraire, de ne plus observer le traité d'Utrecht en tout ce qui touche au trafic des deux nations entre elles, et de multiplier les obstacles posés à l'importation des marchandises anglaises par de nouvelles prohibitions relatives aux tissus anglais (arrêt du conseil royal du mois de juillet 1785), au fer, à l'acier poli, aux armes et à la quincaillerie (arrêt du 21 octobre de la même année) (3). Notre gouvernement, écrit à Shelburne son correspondant de France, montre tous les jours plus de rigueur à

de Butenval. « Précis historique et économique du Traité de commerce entre la France et l'Angleterre », en septembre 1786, p. 26.

1. Ibid., p. 27.
2. Ibid., p. 26.
3. Ibid., pp. 28 à 39.

l'égard de l'importation des marchandises étrangères et, en particulier, anglaises. J'en serais fort affligé, si je ne savais que ces mesures ont pour but de vous rendre plus traitables et de vous pousser à rendre vos règlements plus humains et plus raisonnables, en ce qui concerne notre commerce (1). Ce calcul porta juste. Touchés dans leurs intérêts, les manufacturiers et les négociants anglais ne purent supporter la dernière des mesures prises par le gouvernement français contre leur concurrence aux producteurs nationaux, mesures qui consistaient à accorder toutes espèces de privilèges aux entrepreneurs français établissant les mêmes fabriques que celles qui existaient en Angleterre (2). Ils insistèrent eux-mêmes auprès du ministère pour qu'il envoyât à Versailles un commissaire, avec pleins pouvoirs pour la conclusion d'un nouveau traité.

Le choix s'arrêta sur Eden, membre influent du parti libéral, hostile au ministère ; Pitt espéra ainsi l'attirer de son côté. Son arrivée en France ayant coïncidé avec la mort de Vergennes et de Rayneval, deux personnalités les plus compétentes dans les questions du commerce et possédant assez d'autorité pour résister au commissaire anglais, il n'est pas étonnant que dans les pourparlers qui suivirent et dans le texte même du traité les intérêts anglais l'eussent en plus d'un point emporté sur les intérêts français (3). Tout en exprimant son contente-

1. Lettre de Morellet du 9 juillet 1785. (Lettres à Lord Shelburne, p. 211.)

2. L'arrêt du Conseil d'Etat du 18 novembre 1785, dispensait de l'obligation de servir dans la milice, de contribuer à l'entretien des routes, de payer des impôts personnels et des droits d'entrée sur les matières premières, ceux des ouvriers et des entrepreneurs qui fabriqueraient des produits prohibés, tels que : des mousselines, des toiles peintes, des tissus de coton, de la quincaillerie, des draps anglais, etc., dont la fabrication était interdite jusqu'alors en France de peur d'attaquer les intérêts des fabriques qui existaient déjà, surtout de celles de soie et de laine. (Butenval, p. 42.)

3. Ibid., pp. 43 à 46, 64 à 69.

ment au sujet de la conclusion du traité, l'abbé Morellet ne cache pas à son ami Shelburne, que les principes du libre-échange n'y ont pas trouvé la réalisation qu'on pouvait espérer (1).

En effet, autant que l'on peut en juger par la comparaison du texte du traité lui-même avec le projet qui avait été élaboré par Rayneval et soumis au Conseil d'Etat dans la séance du 21 mai 1786, les parties contractantes se sont souvent écartées du principe, d'après lequel les anciennes fabriques incapables de soutenir la concurrence des entreprises étrangères même lorsque les produits de ces dernières étaient imposés de 5 et de 10 o/o de leurs prix, ne méritaient pas la protection du gouvernement et pouvaient être abandonnées à leur propre sort (2).

Tandis que Gérard de Rayneval prenait pour base du futur tarif, un droit d'entrée sur les marchandises étrangères égal à 5 o/o, minimum proposé encore par Colbert, le texte du traité s'arrête comme moyenne à 7 1/2 o/o (3). Le maximum de l'impôt, qui d'après Rayneval ne devait pas dépasser 10 ou 12 o/o, atteint dans le texte du traité 12, 15 et même 30 o/o, sur les bières par exemple (4).

Ajoutons à cela que l'Angleterre se réserva le droit de conclure un traité de commerce avec le Portugal et qu'elle en profita pour abaisser les droits d'exportation sur les vins de ce pays, ce qui diminua l'exportation

1. Lettre du 5 avril 1787, p. 234 et du 27 juin de la même année, p. 241.

2. En principe, toute manufacture, dont les produits sont de 10 et même 5 o/o au-dessus de la marchandise similaire, introduite en contrebande, ne mérite pas d'être soutenue parce qu'elle exigerait des secours onéreux pour l'Etat et occasionnerait une double charge au consommateur. Séance du Conseil d'Etat du 21 mai 1786, v. l'annexe 5 de l'ouvrage de Butenval, « Etablissement en France du premier tarif général de douanes », 1876, p. 150.

3. Ibid., p. 41.

4. Butenval. « Précis historique du Traité de commerce de 1786 », pp. 71 et suivantes.

similaire de la France (1) ; que, d'autre part, les Anglais insistèrent pour que les droits fussent désormais prélevés non pas d'après le poids de la marchandise, mais d'après le prix déclaré par le marchand, condition favorable à toutes espèces de tromperies et à la baisse réelle des revenus fiscaux ; qu'enfin les fabricants anglais, dans l'espoir de tuer l'industrie française, abaissèrent jusqu'à l'impossible les prix des marchandises destinées à la France. Dans ces conditions le traité de commerce ne pouvait être avantageux aux Français (2).

La nouvelle de sa signature n'en fut pas moins accueillie en Angleterre avec des marques visibles de mécontentement. Nulle guerre contre la France ne serait plus désastreuse qu'un tel traité, disait un des journaux les plus répandus de Londres, le *Morning Herald*. La réciprocité est-elle possible là où le climat, le sol, le génie même de la nation, sont du côté de l'adversaire ?

L'auteur de l'article s'efforçait à prouver que les Français payent moins d'impôts que les Anglais, que l'entretien de la vie leur coûte moins cher, que leurs salaires sont en conséquence moins élevés, que l'industrie des draps est florissante en France, que, grâce au « traité de famille », ce pays reçoit des laines d'Espagne à bas prix, et que, enfin, les matières tinctoriales y sont produites sur place, tandis que les Anglais sont obligés de les faire venir de loin.

Il en concluait que les Français peuvent ruiner l'Angleterre par l'importation de leurs tissus de laine, car ces derniers leur coûtent au moins 22 o/o moins cher (3).

A la distance de huit mois, l'opinion des deux nations sur le traité changea radicalement. L'agriculture française devant d'après les calculs de Vergennes et de Ray-

1. Ibid., pp. 82 et 83.
2. Ibid., pp. 112 à 116.
3. Annexe C à la monographie de Butenval du Traité de commerce de 1786.

neval (1), retirer de ce traité des avantages qui compenseraient et au delà les pertes qu'aurait pu subir, du fait de la concurrence, l'industrie de fer et de coton, ne gagna pas autant qu'on avait espéré. De son côté, l'industrie française se trouva plongée dans un marasme complet, ne pouvant soutenir la concurrence des produits anglais, qui coûtant moins cher étaient vendus à « vils prix ». Le premier de ces résultats tenait en partie à ce que les consommateurs anglais, qui avaient déjà pris l'habitude des vins du midi et qui pouvaient maintenant les faire venir du Portugal dans de meilleures conditions qu'auparavant, demandaient moins de vins français qu'on ne l'avait espéré.

Lorsque, à la fin de 1787, on eut établi la balance d'importation et d'exportation pour les huit derniers mois, on trouva que l'Angleterre avait introduit en France pour 30.300.000 francs des marchandise tandis qu'elle n'en avait reçu que pour 26.300.000 francs ; la balance se trouva être ainsi de 4.000.000 au détriment de la France. Il est vrai qu'en 1789 l'équilibre fut rétabli et le cours du change sur l'Angleterre — le meilleur indice du véritable état commercial — continua à être favorable à la France jusqu'en 1792, époque à laquelle commença la circulation active des assignats. Il est vrai aussi que les fabricants anglais subirent à la fin beaucoup de pertes, par suite de l'exportation démesurée de leurs produits en France, du défaut d'écoulement de leurs marchandises et de la baisse démesurée des prix, ce qui entraîna durant l'année 1788 une série de banqueroutes à Manchester et à Londres. Mais il était difficile de le prévoir à l'avance pendant les mois qui suivirent la signature du traité. Aussi il ne se passe aucune séance du bureau du commerce sans qu'il y soit

1. Le 17 septembre 1786 Vergennes écrivait à son commissaire de Londres : Sans doute, nous introduirons, principalement en Angleterre, les produits de notre sol, en échange des produits anglais. Mais j'ai toujours cru et je crois encore, qu'un agriculteur est l'être le plus intéressant pour l'Etat, etc. Ibid., p. 70.

donné lecture de pétitions exposant la situation critique de telle ou telle branche d'industrie. La lecture se terminait ordinairement par la proposition de lui venir en aide. par des secours d'argent, des privilèges, des exemptions d'impôt ou autre mesure quelconque (1). Au commencement d'avril 1788, le propriétaire d'une fabrique de faïences de Rouen, nommé Stergène, demande à être exempté de tout impôt sur le charbon qu'il importe d'Angleterre, en déclarant que, dans le cas contraire, il lui serait impossible de faire face à la concurrence des faïences anglaises (2). Le même jour, on lit la pétition d'un certain Wright, qui a installé à Melun une filature de coton organisée à l'exemple de celles de Manchester, et qui demande que ses ouvriers soient exemptés de toutes contributions et ses produits de tous droits et cela sous prétexte qu'il lui serait autrement impossible de supporter la concurrence des fabriques anglaises. A la fin du même mois, le propriétaire d'une fabrique de faïences à Saint-Yrieix-la-Perche, dans le Limousin, demande une somme d'argent pour l'indemniser des pertes subies par lui du fait de la concurrence anglaise (3).

En juin 1788, Fricot, un fabricant de Lodève, déclare que, le traité de commerce avec l'Angleterre a tué son entreprise, et demande, pour cette raison, un subside en argent (4). Quinze jours plus tard, un fabricant de couvertures de laines de Saint-Dié, se déclarant incapable de soutenir la concurrence des Anglais, insiste pour que l'on installe dans son établissement, aux frais du gouvernement, la machine d'un certain Milne, du prix de 12,000 li-

1. La longue liste de ces pétitions dans les procès-verbaux du conseil de commerce est précédée par la communication suivante de l'intendant des manufactures Tolozan, du 25 février 1788: « M. Tolozan a rendu compte en général de la position fâcheuse dans laquelle se trouvent un grand nombre d'ouvriers et de fabriques, du besoin pressant de verser de prompts secours dans quelques provinces ». F[12] 107, p. 39.

2. F[12], 107, p. 100.

3. F[12], 107, p. 144.

4. Ibid., p. 253.

vres (1). Le même jour, lecture est donnée au Conseil du rapport de la commission à l'assemblée provinciale de l'Ile-de-France, qui raconte avoir accordé la somme de 40.000 francs pour procurer des moyens d'existence aux ouvriers employés à la fabrication des papiers peints à Beauvais, qui restaient pour le moment sans emploi (2). Chaque mois, de nouvelles communications arrivent de différents centres industriels témoignant du désespoir qui avait gagné les ouvriers, congédiés par leurs patrons faute de commandes. La caisse du commerce destinée à venir en aide à ceux qui manquaient de travail a distribué avant le commencement de l'automne 1788 la somme de 70,000 livres (3). Durant tout le mois d'août, le Conseil du commerce reçoit des nouvelles sur les conflits qui surgissent entre patrons et ouvriers dans les papeteries de la Champagne et de la Bourgogne à cause de la diminution des salaires causée chaque fois par le bas prix des marchandises anglaises (4). Vers le milieu du même mois, les tondeurs de Sedan annoncent qu'ils sont à la veille de la ruine, par suite de la baisse de leurs salaires, pour la même raison naturellement (5).

L'inspecteur des manufactures de la Champagne envoie, au mois de septembre, un rapport sur la décadence de l'industrie des laine et des toiles et sur la diminution des opérations commerciales durant les six derniers mois (6). Le 23 octobre, on lit au conseil une série de mémoires sur le préjudice causé par les matières filées anglaises aux fabriques de coton de Rouen et de Louviers ; au lieu du droit de 9 sous par livre que paye ce produit anglais, les auteurs de la pétition demandent qu'il soit grevé à son

1. Ibid., pp. 285 et 578.
2. Ibid., pp. 281 et 473.
3. Ibid., p. 600.
4. Séance du 8 août 1788.
5. Séance du 14 août 1788.
6. F[12] 107, p. 423, séance du 2 septembre 1788.

entrée du droit de 3 francs (1). Un mois plus tard, les ouvriers de Lyon occupés à la fabrication de tissus unis en soie, se plaignent de la diminution de leurs salaires et demandent l'établissement d'un tarif sur le travail (2). A la fin du même mois, les fabricants de faïences du Limousin parlent de nouveau du mauvais état de leur industrie et déclarent ne voir d'autre issue que l'interdiction de tout commerce aux Anglais « qui non contents de pouvoir vendre leurs produits en gros dans les ports français, les répandent encore dans le pays même ».

Au commencement de l'année 1789 les entrepreneurs de l'industrie de soie à Lyon, de toiles peintes à Orléans et d'objets de faïence à Nevers sollicitent des secours d'argent pour eux et leurs familles (3).

En février, mars et avril, des demandes analogues sont formulées par les propriétaires des fabriques de faïences, de toiles, de soie, de laine et de coton ; les uns se plaignent de la concurrence des toiles de Silésie, importées par les Anglais, les autres demandent la prohibition des porcelaines anglaises, contrairement aux clauses du traité de commerce (4).

Dans la séance du 25 juin, lecture est faite du rapport dans lequel le député du commerce de Marseille raconte que les Anglais parviennent, au moyen de fausses déclarations du prix des marchandises, qu'ils expédient en France, à faire taxer ces dernières non pas au droit d'entrée de 12 o/o, établi par le traité, mais de 5 o/o seulement (5). A la fin d'octobre 1789, c'est-à-dire après le mouvement révolutionnaire, qui a amené le transfert de l'Assemblée Constituante à Paris, les pouvoirs municipaux de Reims présentent une pétition collective sur le

1. Ibid., p. 492.
2. Séance du 27 novembre 1788. F^{12} 107, p. 525.
3. Séances du 20 et du 27 janvier 1789.
4. Séances du 10 févr., 31 mars, 30 avril, 14 mai et 14 juin 1789.
5. F^{12}, p. 830.

tort causé à l'industrie française par le traité de commerce avec l'Angleterre (1), et un mois plus tard, Thibaudière, un négociant de Lille, croit devoir intervenir auprès de la Chambre de commerce de cette ville pour ouvrir une souscription au profit des sans-travail (2).

Ces pétitions particulières nous montrent la situation pénible de l'industrie française pendant les premières années qui ont suivi la conclusion du traité de commerce. Elles le font infiniment mieux que les rapports des chambres de commerce de Rouen et d'Amiens. Ces dernières s'étaient déclarées ouvertement partisans de la théorie de la balance commerciale, et, cette dernière se trouvant être, après la conclusion du traité, défavorable à la France, elles en ont tiré des conclusions défavorables au traité (3). L'une des deux chambres, celle de Rouen, tout en attaquant le traité, indiquait il est vrai, en même temps, le moyen d'en éviter les suites fâcheuses. Son mémoire renfermait une critique indirecte des conditions faites à l'industrie française bien avant la conclusion du traité. Dupont n'a eu que peu de choses à ajouter à cette critique pour prouver que la source du mal était non pas dans le principe du libre échange, mais dans des causes qui lui étaient étrangères. Que signifiait en effet le conseil de la chambre de commerce de Rouen d'encourager par des prêts l'établissement de fabriques de nouveau modèle ou celui donné aux fabriques déjà existantes, d'acquérir

1. Séance du 7 octobre, F [12], 107, p. 903.

2. Séance du 27 octobre et du 27 novembre 1789, F [12], 107, p. 903 et 915.

3. Voici ce que nous lisons dans les pétitions de la chambre de commerce de Picardie: « La politique de tout Etat commerçant est d'exporter le plus grand volume possible de ses productions chez ses voisins et d'en recevoir le moins qu'il peut, pour avoir en sa faveur la balance du commerce.

« L'argent étant le signe représentatif de toutes les autres valeurs devient, pour la nation qui l'accumule, le principal mobile de sa puissance et de sa supériorité sur les autres peuples...

« L'article 6 du traité, en levant les prohibitions qui repoussaient loin de nous la majeure partie des produits anglais, va changer l'équilibre de la balance du commerce et priver la France d'une immense partie de son numéraire, etc., etc ».

des machines semblables aux machines anglaises, ou encore le conseil d'encourager par des primes l'exportation de tissus de même qualité que ceux d'Angleterre, d'accorder des prêts gratuits d'argent aux entrepreneurs de fonderies pareilles à celles d'Angleterre, de favoriser l'élevage de brebis à laine fine et la découverte de nouveaux gisements de houille, enfin, de dégrever les matières premières de toute espèce de droits d'entrée ou de transport ; que signifiaient tous ces conseils, sinon la condamnation formelle de toute la politique industrielle de la France (1) ? Pour compléter cette critique, Dupont de Nemours n'a eu à ajouter que les considérations suivantes : on attribue au traité de commerce des effets qu'il n'a pas provoqués. Un changement est survenu dans la mode ; les industriels français n'en tiennent pas compte et continuent à produire des marchandises qui ne se vendent plus. Le traité de commerce n'y est pour rien. L'Assemblée des Notables a éveillé chez le public et chez le gouvernement le goût d'économie ; on dépense maintenant moins qu'auparavant ; peut-on mettre ce fait également sur le compte du traité ? Une inquiétude au sujet de l'avenir s'est emparée de tout le monde ; tous se sont mis à faire des économies. Est-ce de la faute du traité de commerce ? La récolte de cocons a été mauvaise cette année ; le traité n'y peut rien. L'amour du jeu de bourse enlève des capitaux à l'industrie et ne lui permet pas de prendre de l'extension ; ici encore la faute n'est pas au traité. L'Espagne a établi des fabriques de soie dans son pays ; la Cour de Vienne, comme celle de Berlin et de Varsovie, de même que le Divan du Sultan, sont occupés à des préparatifs de guerre ; les souverains des petits pays de l'Allemagne en sont, non sans raison, préoccupés, et ils ont cessé leurs achats de soieries françaises. Quel

1. Mémoire publié par la Chambre de Commerce de la Normandie relativement au Traité de Commerce avec l'Angleterre.

rapport peut-il y avoir entre toutes ces circonstances et le traité de commerce avec l'Angleterre (1) ?

Si nous rapprochons ces appréciations de la description que nous avons donnée plus haut de l'état de l'industrie française dans la seconde moitié du XVIIIe siècle, nous en conclurons certainement que l'ère du libre-échange qui commença en 1786, pour la France, a trouvé le pays mal préparé, et que c'est uniquement grâce à cela que se précipita l'avènement de la crise économique qui se préparait depuis longtemps. Le traité lui-même, comme l'a reconnu plus tard en 1802 la Chambre de commerce de Bordeaux (2), n'a pas provoqué cette crise ; il a contribué à la suppression des éléments archaïques que contenait encore la politique industrielle et fiscale de la France. Il a montré tous les inconvénients des règlements administratifs et des vexations corporatives, il a prouvé la nécessité d'atteindre le plus tôt possible, pour les produits français, une perfection égale à celle des produits anglais et d'affranchir le commerce intérieur de toutes les charges fiscales inséparables de l'existence des douanes intérieures et empêchant l'importation libre de province en province de matières premières telles que le charbon et le fer. Cette vérité a été reconnue par l'Assemblée constituante, ce qui explique dans une large mesure les réformes économiques accomplies par cette dernière, entre autres l'établissement, en 1791, du premier tarif douanier général (3).

1. Lettre à la Chambre de Commerce de Normandie. Rouen, 1788, p. 61 et suiv.

2. Cette appréciation est citée dans le « Précis historique du traité de commerce avec l'Angleterre en 1787 », p. 107 et suiv.

3. V. la monographie consacrée à ce sujet par Butenval, p. 45 et suiv.

§ 2

Après avoir fait connaître aux lecteurs l'état général de l'industrie française sous le règne de Louis XVI, nous aborderons maintenant l'étude de ses branches principales.

Nous commencerons notre revue par l'état de l'industrie textile, par laquelle nous entendons la fabrication des tissus de soie, de laine, de lin et de coton. Les centres de l'industrie de la soie au XVIIIe siècle sont non seulement Lyon, mais aussi Nîmes, Tours, Paris, Rouen, Marseille, Amiens, Toulouse et Auch (1). A Lyon, qui était le centre le plus important, la fabrication des soieries se trouve entre les mains de deux classes différentes, qui forment ensemble ce qu'on appelle « la grande fabrique » ; 400 « marchands-fabricants » fournissent la soie brute, paient sa fabrication et vendent les tissus ; 6.000 maîtres-ouvriers, travaillant avec le concours de leurs femmes, de contremaîtres et d'apprentis, exécutent les commandes faites par les fabricants.

La séparation entre les entrepreneurs et les simples exécuteurs du travail s'est effectuée ici plus complètement que dans n'importe quelle autre localité en France. L'organisation corporative, qui passe pour une chose inconciliable avec tout conflit entre le capital et le travail, s'est trouvée impuissante à l'empêcher. Durant tout le XVIIIe siècle, dit M. Wahl, il se produisit des conflits fréquents entre les marchands-fabricants et les maîtres-ouvriers, tantôt à cause du droit de vendre les tissus directement,

1. D'après les documents trouvés aux Archives nationales de Paris, Boiteau donne la statistique suivante de la répartition des métiers dans les villes indiquées : à Lyon il y avait 14,777 métiers de tisserands, à Nîmes, 3.000, à Tours 1,500, à Paris, 2,000, à Rouen, Marseille, Amiens, Toulouse et Auch 4,000 ensemble (« Etat de la France en 1789 », par Boiteau, p. 547).

sinon aux consommateurs, au moins à des « ouvriers-marchands », classe qui finit par disparaître sous le coup d'interdictions légales ; tantôt à cause de la réglementation des salaires au moyen de tarifs ; d'un côté, on exige leur augmentation vu le renchérissement des denrées, de l'autre, on la refuse, en raison de la concurrence étrangère (1).

S'appuyant sur le rapport fait par le préfet Verninac au ministère de l'Intérieur l'an X de la République, Wahl cite les données statistiques suivantes sur l'importance atteinte par l'industrie de la soie de Lyon en 1788, c'est-à-dire un an avant la Révolution : 14.777 métiers et 58.500 ouvriers, c'est-à-dire les trois septièmes de toute la population de Lyon, étaient occupés à la fabrication de diverses espèces de tissus, depuis les crêpes et les gazes jusqu'aux velours. Sur les dix à douze mille ballots de soie brute produite en France ou venant de l'étranger, de l'Italie, du Levant et de l'Extrême-Orient, Lyon employait huit à neuf mille par an. La soie brute faisait également à Lyon l'objet de plusieurs spécialités accessoires, telles que la fabrication de rubans, de passementerie, de galons, de dentelles en or et du point d'Espagne. 2.700 métiers, qui travaillaient pour vingt-cinq ou trente entrepreneurs, livraient annuellement de ces marchandises pour la somme de 25 millions (2).

C'est l'industrie de la soie qui se ressentit le plus de l'influence de la mode et de la simplification graduelle des mœurs, produite, pour une part considérable, par la propagande des doctrines de Rousseau. Les femmes préférèrent aux anciens brocarts trop lourds à leur avis les mousselines et les batistes légères ; les hommes remplacèrent le satin, le taffetas et le velours par du drap.

1. « Les premières années de la Révolution à Lyon, 1899 ». Maurice Wahl, p. 23.

2. Ibid., p. 5. Extraits de la « Description physique et politique du département du Rhône », par le citoyen Verninac, préfet, publiée par ordre du ministère de l'Intérieur à Paris, an X. (Arch. Nat. A. D. XVI, 63.)

Les tentures en soie sont remplacées par des papiers peints (1). Et si nous ajoutons à ce qui vient d'être dit d'autres causes énumérées dans l'ordre suivant par la Commission exécutive à l'Assemblée provinciale : les lois contre le luxe, édictées en Prusse, en Suède et dans le Saint-Empire Romain, Etats dans lesquels Lyon écoulait une partie de ses produits, la guerre de la Russie avec la Turquie; et, comme conséquence de cette guerre, la diminution de la demande de tissus de soie dans tout l'Orient mahométan ou le Levant, la concurrence des manufactures de soie d'Italie, particulièrement de Milan, et celle des fabriques de Valence en Espagne, enfin, la mauvaise récolte de cocons qui causa la hausse des prix de la soie brute, nous comprendrons aisément les origines de la crise subie par l'industrie de la soie de Lyon un an avant la Révolution, crise qui fit arrêter 5.442 métiers et laissa sans travail 19.680 ouvriers, ainsi qu'il suit des listes de personnes ayant besoin d'assistance, listes dressées par les prêtres de paroisses (2).

Non moins précaire était la situation de la même industrie de la soie à Tours, autre centre important de la production des soieries (3). La concurrence non seulement de Lyon, mais aussi des manufactures étrangères, qui, grâce au concours direct des Huguenots, expulsés de France, avaient pris un grand développement en Angleterre, en Hollande et en Allemagne, a fait que Tours, qui, au commencement du XVIIIe siècle encore, comptait jusqu'à trois mille métiers occupés à la fabrication de tissus de soie, n'en gardait en 1746 que la moitié, et vingt ans plus tard, 1.700 seulement (chiffre donné dans le *Tableau de la généralité*

1. Wahl, p. 29.

2. V. « Procès-verbaux des séances de l'assemblée provinciale de la généralité de Lyon, 1787-1790 » publ. par Guige A. 1898; rapport de la Commission intermédiaire du 28 février 1787, pp. 52 et 53.

3. La fabrication des tissus en soie y a été introduite par Louis XIV en 1470, c'est-à-dire quatre ans après son introduction à Lyon. (V. « La généralité de Tours au XVIIIe siècle » par F. Dumas. Paris, 1894, p. 133.)

de Tours, compte rendu officiel, rédigé en l'année 1766 (1).

Quatre ans plus tard, le nombre des métiers tombe encore d'un tiers. Dans son rapport à l'intendant daté du 5 mai 1770, le Conseil de la ville ne parle plus que de mille ou de mille cent métiers et de la pauvreté des ouvriers qui y travaillent. En 1776 l'intendant Duclusel écrit au contrôleur général Trudaine que la manufacture de Tours n'est plus que l'ombre de l'ancienne. L'engouement pour les toiles peintes et la concurrence des manufactures nouvellement installées à Nîmes sont indiquées au nombre des causes de la décadence de l'industrie locale. La simplification des mœurs, dont a souffert, comme nous venons de le voir, la manufacture de Lyon, ne reste pas sans influence sur la décadence de sa rivale à Tours. Le mémoire rédigé en 1780 par les fermiers généraux se plaint du tort causé à ces deux manufactures par le fait que l'on préfère aux riches brocarts fabriqués à Tours et à Lyon des tissus unis (2) qu'on peut facilement se procurer à l'étranger ; cette circonstance a permis aux rois d'Espagne et à plusieurs souverains indépendants de l'Allemagne d'écarter de leurs marchés, à l'aide d'un tarif douanier très élevé et sans aucun préjudice pour eux-mêmes, les soieries françaises.

La décadence de l'industrie de la soie avance rapidement pendant les dernières trente années avant la Révolution, comme nous le montrent les chiffres suivants : en 1766 il a été fabriqué à Tours 10.000 pièces d'étoffe de soie ; en 1780, 7.454 seulement ; en 1781, 6.723 ; en 1782, 6.136 ; enfin en 1786, 5.422.

Cette baisse continue jusqu'au commencement de la Révolution (3). La décadence n'a évidemment pas été provoquée par la concurrence anglaise, puisque le traité de 1786 n'a pu que faire augmenter la demande des mar-

1. Dumas en cite des fragments p. 139.
2. Ibid., p. 140.
3. Ibid., p. 141.

chandises en soie à l'étranger; elle est, de même, indépendante du développement croissant de l'élevage de cocons en France, élevage dont le chiffre, de 200.000 livres en 1766, est monté jusqu'à 1.000.000 en 1781. Elle s'explique plutôt et surtout par ce fait que le drap est venu remplacer les étoffes de soie même dans l'habillement des classes supérieures, non seulement en raison de la mode, mais probablement aussi par suite du sentiment d'égalité qui se développait dans le public. Ainsi en 1750, un mémoire adressé à l'intendant de Tours dit que tous, riches et pauvres, tiennent maintenant à porter des habits de laine, et que les gens peu fortunés se croiraient déshonorés, si les dimanches et les jours de fête ils ne pouvaient pas mettre pour aller à l'église des habits fabriqués au moins en étoffes moitié laine (1).

Mais les contemporains expliquaient cette disparition de l'industrie de la soie à Tours par la négligence des fabricants eux-mêmes. Dans un mémoire rédigé en 1783 par le trésorier local Garvouin, on trouve exprimé le doute quant à la possibilité d'arracher les habitants de la Touraine à la léthargie dans laquelle ils se trouvent plongés depuis longtemps et qui ne semble pas le moins du monde les incommoder (2).

Quelles que soient, d'ailleurs, les véritables causes du phénomène que nous étudions, il se rattache évidemment à cette diminution générale du bien-être économique de la Touraine, dont se plaignent les rapporteurs des assemblées provinciales, lorsqu'ils disent : « Le commerce végète, la population diminue, les terres restent sans culture et les objets de première nécessité renchérissent (3). »

Si nous voulons nous rendre compte maintenant des conditions générales dans lesquelles était placée en France avant la Révolution l'industrie de la soie, nous devons

1. Ibid., p. 158.
2. Ibid., p. 156.
3. Procès-verbal des séances de l'assemblée générale des trois provinces de la généralité de Tours, tenues à Tours le 12 novembre 1787, p. 29.

nous demander tout d'abord d'où venaient les matières premières employées dans cette industrie.

En ce qui concerne la sériciculture, une série d'essais ont été faits au milieu du XVIIIe siècle, en vue de l'implanter en France. Les intendants distribuaient des vers à soie et des mûriers, quoique avec un succès inégal dans différentes provinces. En Touraine, par exemple, il a été distribué gratuitement dans les villages — depuis 1774 jusqu'en 1782 — 819.598 greffes de mûrier, ce qui a fait une dépense annuelle de 17.440 livres environ. Ces distributions ont cessé en 1778, parce que le résultat attendu a été reconnu comme atteint. L'intendant Duclusel continuait néanmoins à distribuer des semences de ces mêmes arbres, qu'il recevait des provinces du Midi (1). Dans le Dauphiné, les frères Jubié commencèrent dès 1751 à acheter des cocons chez les paysans et à tirer la soie, prenant comme modèle les procédés en usage dans le Piémont. L'année suivante, la même tentative fut faite par Gouat de Grandpré. Le nombre de ces entreprises arriva peu à peu à huit. Les deux premières obtinrent le droit de s'appeler tirages royaux de soie et de recevoir des subsides pour dix ans. Au dire de l'inspecteur local des manufactures, dont le rapport date du 31 mai 1762, ces établissements, dont les deux premiers seulement peuvent être considérés comme prospères, sont d'une grande utilité pour la province : grâce à eux, près de 200.000 mûriers ont été plantés pendant les dix dernières années. Tous les ans une centaine de mille écus sont dépensés pour l'achat des cocons, circonstance qui active la circulation de l'argent entre les mains des paysans du Dauphiné. La production même de la soie, quoique relativement peu considérable, a atteint pendant ces dix années le chiffre de deux millions de livres, dans les seuls établissements de Jubié et de Gouat de Grandpré,

1. F. Dumas. « La généralité de Tours au XVIIIe siècle », pp. 291 et 229.

sans compter six entreprises particulières créées à leur modèle et dans le but de leur faire concurrence. La première de ces fabriques a acheté pendant ces dix ans huit mille quintaux de cocons, la deuxième cinq mille ; quant à la totalité de soie ouvrée et de soie brute on en a obtenu 432 quintaux dans le premier de ces établissements et 343 quintaux dans le second (1).

Le manque de soie brute dans le pays forçait d'en faire venir de l'étranger. Sans ajouter une grande importance aux données statistiques d'avant la Révolution, nous indiquerons, cependant, d'après Moreau de Jonnès, les chiffres de la production et de l'importation des cocons. Nous nous servirons pour cela des témoignages des inspecteurs des manufactures et des intendants de commerce, se rapportant au dernier quart du XVIIIe siècle. En 1775, l'inspecteur des manufactures du Languedoc parle de 30.000 quintaux de soie brute, produits dans cette partie de la France, et les estime à 79 millions de francs. Moreau de Jonnès trouve cette estimation exagérée et y oppose le témoignage d'Arnoult qui affirme qu'en 1790 la production de la soie brute ne dépassait pas 50 millions. L'écart considérable entre ces deux chiffres s'explique en partie par ce fait que les draps ont commencé à remplacer de plus en plus les tissus de soie dans l'habillement des hommes. La quantité de soie brute qui manquait était importée d'Italie, du Levant, en partie même d'Extrême-Orient. Conformément au témoignage de l'inspecteur du commerce Tolozan, se rapportant à l'année 1788, on employait en France annuellement pour 83.400.000 francs de soie brute dont 27.040.000 francs représentaient l'importation étrangère ; cette matière première donnait pour 70 millions de francs de tissus de tout genre ; pour 25 millions de coiffures ; enfin pour 30 millions de rubans, de dentelles, de gazes et

1. « Arch. Nat. », F[12], p. 555.

de passementerie. L'importation atteignit cette année le chiffre de 26.224.000 francs, d'où il résulte qu'il restait dans le pays pour 100 millions de francs à peu près de marchandises (1).

Passons maintenant à l'industrie du drap.

Les fabriques de tissus de laine avaient, au XVIIIe siècle, pour centres les villes suivantes : Louviers, Elbeuf, Abbeville et Sedan (2).

Voici quelques indications sur les conditions dans lesquelles se trouvaient les fabriques de Sedan dans la seconde moitié du XVIIIe siècle. Nous les puisons dans le rapport de l'inspecteur local des manufactures, pour l'année 1785, ainsi que dans celui fait à l'Assemblée provinciale des Trois Evêchés et du Clermontois dans l'hiver de l'année 1787.

Par la finesse de ses tissus, la manufacture de Sedan occupe, dit l'inspecteur Tricou, la première place dans le royaume. Sa recette annuelle atteint 10 millions, dont la moitié est employée à acheter des matières premières à l'étranger : la laine fine vient d'Espagne et en partie d'Allemagne, d'où arrivent également les « poils » nécessaires pour la fabrication d'une sorte particulière de drap, du drap calmouc ; les huiles végétales arrivent non seulement de Provence mais aussi d'Italie ; la colle vient de Hollande ; les matières colorantes, la cochenille, l'indigo, etc., des Indes et du Brésil.

Ceci constitue, d'après l'inspecteur des manufactures de Sedan, une dépense de cinq millions de livres par an ; il faut encore y ajouter un million servant à l'achat du savon à Marseille, de l'huile en Provence, des laines dans le Roussillon, etc. La recette générale, les frais d'achat de matières premières une fois déduits, atteint ainsi au maximum quatre millions par an. Cette somme non plus,

1. V. Moreau de Jonnès. « Statistique de l'Industrie de la France », pp. 149 et 150.
2. Des Cilleuls, p. 44.

d'ailleurs, ne reste pas intégralement entre les mains des Français. Le manque d'ouvriers oblige de s'adresser à la population allemande des localités voisines de la frontière ; ces ouvriers gagnent environ 400.000 francs par an, dans la fabrication des « chaînes ».

Autrefois on faisait à Sedan de préférence des draps unis noirs, bleus, verts et blancs, mais surtout noirs. Maintenant, suivant le goût du public, les fabricants y font des draps de toutes nuances. Bien que dans les localités allemandes voisines l'industrie de la laine soit très développée et qu'à Louisbourg on compte jusqu'à 10.000 métiers, tandis qu'à Sedan il n'y en a que 1000, la fabrique travaille sans interruption et parvient à peine à satisfaire toutes les demandes. Ce fait s'explique, d'abord, par la qualité supérieure de la marchandise, et, ensuite, par cette circonstance que, grâce à des privilèges particuliers, les manufactures de Sedan jouissent du droit de faire entrer leurs produits en toute liberté dans toutes les provinces de la France, avantage que n'ont pas les fabriques de Lorraine et d'Alsace. Situées au delà du cordon douanier général, et considérées comme « provinces étrangères », ces deux régions sont en quelque sorte placées dans la situation d'Etats étrangers ; leurs produits sont grevés d'un droit d'entrée, mais elles peuvent, en revanche, acquérir les matières brutes qui leur sont nécessaires en Allemagne sans rien payer au Trésor ou en payant des taxes moins élevées que celles des autres parties du royaume. La principauté de Sedan ne possède pas cet avantage ; aussi ses fabriques ne peuvent-elles faire face à la concurrence des autres manufactures du royaume qu'à condition de ne produire que des tissus fins, n'ayant point leurs pareils en France.

Dans le cas où les fabricants du Languedoc abandonneraient la fabrication des draps de Levant, appelés londrins et mahons, dont la vente avait considérablement diminué depuis que leur qualité n'était plus aussi bonne qu'auparavant et que la concurrence anglaise était devenue plus forte (1), il y aurait lieu de craindre pour l'avenir de l'industrie de Sedan : car, dit l'inspecteur que nous citons, la manufacture de Languedoc devrait alors fatalement revenir à la fabrication de draps fins, pour l'exercice de laquelle elle est placée dans des conditions beaucoup plus favorables que celles de Sedan : les manufacturiers de cette dernière localité sont obligés de faire venir leurs matières premières de très loin et ils souffrent aussi du manque d'ouvriers, tandis que ceux du Languedoc se trouvent plus près de la Provence, du Roussillon et de l'Espagne, d'où leur viennent l'huile, les laines et le savon, de même que les matières colorantes apportées des pays d'outre-mer ; en même temps, les salaires sont, dans le Languedoc, beaucoup plus bas qu'à Sedan, et la différence atteint pour certains travaux 50 o/o ; ainsi, les tondeurs de Sedan et de la province des Trois Evêchés, dans laquelle cette ville est située, touchent 40 à 50 livres par mois, tandis que dans le Languedoc ils se contentent d'un salaire de 20 à 27 livres. Ainsi, l'industrie de la laine de Sedan est, malgré les privilèges qui lui ont été conférés, loin de se trouver dans des conditions normales ; et si l'on tient compte, d'autre part, de la concurrence des petits industriels ruraux qui ne fabriquaient autrefois que des serges et qui se sont mis à présent à faire des draps de différentes qualités, entre autres, des draps de laine d'Espagne, droit, dont conformément au règlement de 1743 seuls les drapiers avaient joui, on comprend contre quels obstacles eurent à lutter les industriels de Sedan, même dans les années qui avaient précédé la conclusion du traité de commerce avec l'Angleterre et l'entrée en masse des draps anglais. Leur situation était devenue d'autant plus critique que les laines d'Espagne montaient de prix tous les ans, et que c'était précisé-

1. Comp. des Cilleuls « L'Histoire de la Grande Industrie en France aux XVIIe et XVIIIe siècles », p. 93.

ment ce genre de matière première qui servait à la fabrication des draps de Sedan. En 1785, raconte l'inspecteur Tricou, les dépôts de cette laine établis à Bayonne, à Orléans et à Rouen se sont trouvés vides, de sorte que les fabricants de Sedan n'ont pas pu exécuter leurs commandes. La prospérité de l'industrie du drap, particulièrement en tout ce qui touche la fabrication des tissus fins, devenait de plus en plus étroitement liée aux progrès de l'élevage de bêtes à laine en France, mais ce dernier se heurtait à des obstacles insurmontables : la pauvreté des paysans et l'impossibilité, pour cette raison, de faire venir de l'étranger une quantité suffisante de producteurs de race. Le gouvernement, de même que les entrepreneurs particuliers, sont cependant intervenus, et ont obtenu quelques succès : depuis que Daubanton s'est préoccupé d'introduire la race d'Espagne dans le Berry, les draps de cette dernière province sont devenus bien meilleurs. Vers la fin du siècle, une tentative analogue a été faite à Bethel-Mazarin par l'économiste bien connu, Cliquot Blairvache (1). Le comité d'agriculture au contrôle général des finances était de même constamment préoccupé de l'introduction dans le pays de races perfectionnées ; quelques-uns des membres du comité, et, parmi eux, le futur révolutionnaire Lazovski et l'illustre chimiste Lavoisier, ont souvent démontré que l'un des avantages de l'Angleterre était la possibilité de fabriquer le drap avec des laines du pays, tandis que la France dépensait des millions pour se les procurer à l'étranger. En 1782 par exemple 25 millions ont été employés à l'achat de cette matière en dehors des limites de la France, sans compter les dépenses faites par l'Alsace, la Lorraine et les Trois Evêchés, c'est-à-dire les provinces séparées par le cordon douanier des autres parties du pays (2). Malgré les

1. V. « L'administration de l'agriculture au contrôle général des finances », p. 397.
2. Ibid., p. 328.

efforts des intendants, qui poursuivaient le même but : l'amélioration de la race de bêtes à laine en France, il n'a été fait que très peu de choses dans cette direction. D'après Lavoisier, membre de l'administration de l'agriculture, l'obstacle le plus important était la pénurie du Trésor et l'impossibilité de créer un fonds spécial pour l'acquisition de producteurs de race étrangers (1).

Néanmoins, dans quelques provinces, telles que le Berry, le Roussillon, le Languedoc, la Sologne, la qualité de la laine fut sensiblement améliorée. Tricou, l'inspecteur des manufactures de Sedan, raconte que dans le Languedoc on rencontre souvent dans les champs deux troupeaux de brebis, celui de race commune, appartenant aux paysans, et celui du seigneur, avec un producteur d'Espagne. La différence de prix entre la laine fournie par ce dernier troupeau et la laine commune peut être exprimée par l'addition de 30 o/o au prix ordinaire. Ce qui était également un obstacle considérable aux progrès de l'élevage de bêtes à laine, c'était l'impôt qui empêchait d'en donner aux troupeaux en quantité nécessaire pour les préserver des maladies et améliorer la race même. Malgré toutes ces difficultés, la laine est devenue, surtout dans les provinces du sud de la France, d'une qualité si supérieure qu'un nouveau danger a surgi au dire du même inspecteur : on s'est mis à exporter les laines françaises et des quantités considérables en passent par Sedan. L'inspecteur réclame des mesures prohibitives contre cette exportation (2).

Pour se faire une idée de l'influence exercée sur l'industrie de la laine par le traité de commerce conclu avec l'Angleterre en 1786, traité qui a abaissé et en partie complètement supprimé les droits d'entrée sur les lainages anglais, il faut s'adresser au rapport présenté en 1787 à l'Assemblée provinciale des Trois-Evêchés. Après

1. Ibid., p. 405.
2. F[12] 644.

avoir dit que l'on fabriquait du drap à Sedan pour la somme de 10.780.000 livres par an (chiffre se rapportant évidemment à l'année précédente), le rapporteur de la province déclare que la draperie de Sedan est menacée, depuis 1786, par la concurrence des fabricants anglais ; dans l'espace des quelques mois qui se sont écoulés depuis la conclusion du traité, l'importation en France des marchandises anglaises a atteint le chiffre de 30 millions de livres ; 14.000 ouvriers de Sedan ne trouvent plus d'occupation. Les Anglais jouissent de conditions plus favorables que les producteurs nationaux, car ces derniers ont à souffrir du manque de capitaux, du taux élevé de l'intérêt, des prix excessifs de la laine fine et des objets de première nécessité, de l'insuffisance des voies de communication qui élève les frais de transport, des douanes intérieures, des impôts indirects sur les objets de consommation ainsi que sur les huiles et le savon, impôts dont leurs concurrents sont exempts ; la qualité même de la laine dont ils se servent est meilleure ; de plus, le gouvernement anglais encourage l'exportation, en établissant des primes sur les marchandises expédiées à l'étranger. Pour toutes ces raisons et malgré la qualité supérieure des produits français, les drapiers de Sedan s'avouent impuissants à soutenir la concurrence des Anglais, lesquels, disent-ils, peuvent vendre leur marchandise 20 o/o moins cher (1).

Après Sedan, c'est Louviers qui fournit le plus de draps fins : 4.400 pièces par an en moyenne ; tandis que la fabrication des tissus de laine plus grossiers est localisée à Elbeuf. Le rapporteur à l'assemblée provinciale de Rouen évalue à 13.000 le nombre de pièces livrées annuellement par les fabriques de cette dernière ville ; la totalité de la production en Normandie, dont les Andelys sont un

1. « Rapport sur les draperies de Sedan », fait à l'Assemblée provinciale des Trois-Evêchés en 1787 et publié dans ses procès-verbaux, p. 301 et 304.

des centres principaux, peut être évaluée pour 1787 à 34.000 pièces par an, d'une valeur totale de 20 millions de livres. Malgré leur qualité inférieure, les lainages d'Angleterre font, depuis la conclusion du traité, une concurrence heureuse à ceux de France, grâce à leur bon marché. Bien des fabricants de Normandie se contentent de les façonner à la mode française et cela leur permet de diminuer le nombre d'ouvriers, au grand préjudice de toute la population (1).

La chambre de commerce de Rouen, préoccupée de rechercher les causes qui rendent l'industrie française de la laine impuissante à lutter avec l'industrie anglaise, avait envoyé deux experts pour étudier cette question au delà de la Manche ; les renseignements fournis par eux lui servirent à rédiger un mémoire et c'est ce mémoire que le rapporteur prit pour base de sa communication. Nous avons ainsi sous nos yeux le résultat de toute une enquête et nous pouvons par conséquent nous fier aux données qu'elle contient. Nous apprenons que en plus des villes énumérées, Darnetal, Rouen et Aumale s'occupaient en Normandie de l'industrie de la laine. Dans la première de ces villes on apprêtait près de 11.000 pièces de marchandises différentes, depuis les draps jusqu'aux flanelles et couvertures ; dans la seconde, on fabriquait de préférence des draps légers : de la serge, des finettes, des londrins et des demi-londrins, portés à Londres et, à son exemple, à Paris. Comme industrie secondaire, nous trouvons la fabrication de lainages dans deux autres généralités de la Normandie : celles de Caen et d'Alençon. Le tricotage de bas de laine, par exemple, était autrefois très répandu à Caen. On fabriquait des draps à Vire et des serges à Saint-Lô. A Nogent et dans les villages de Condé et de Rémalart, 2.500 personnes étaient occupées en 1787 encore, à la fabrication d' « étamines » en laine du pays :

1. V. Procès-verbaux de l'assemblée provinciale de Rouen, insérés par Hippeau dans le 5e volume de son recueil, p. 244 et 248.

tissu léger de nuance ordinairement noire fait entièrement de laine ; elles étaient très demandées en Italie, en Espagne et au Portugal. A Falaise, l'ancienne fabrication des serges avait presque disparu, tandis qu'à Lisieux et dans les villages circonvoisins on continuait à fabriquer des draps grossiers et des flanelles qui étaient très répandus en Bretagne, dans l'Anjou et dans le Maine. Enfin, dans le Béarn cette industrie qui livrait autrefois jusqu'à 3.500 pièces par an, toutes vendues dans un seul arrondissement du Maine, à Laval, dépérissait également (1).

Dans la partie maritime de la Normandie. l'industrie de la laine était, comme nous l'apprend un mémoire rédigé en 1773 (2), répandue à Cherbourg qui comptait beaucoup de fouleurs ; à l'hôpital local une centaine de personnes des deux sexes étaient occupées à filer de la laine (3). Les rapporteurs des assemblées provinciales de Rouen, de Caen et d'Alençon, reconnaissent aussi bien que les auteurs des cahiers, que la latitude d'importer des lainages presque sans frais donnée aux Anglais en 1786 va avoir des conséquences désastreuses pour l'industrie française. Seuls, les tissus fins pourront encore soutenir la concurrence parce qu'ils surpassent au point de vue de la qualité les produits étrangers. Les draps de Louviers, affirment d'abord la chambre de commerce de Rouen et ensuite le rapporteur de l'Assemblée provinciale, n'ont point d'égaux ; les Anglais ne peuvent leur faire aucun tort par leur concurrence mais ils ne feront pas non plus augmenter leur vente, car ils préfèrent leurs propres draps, de teinte plus foncée. Il n'en est pas de même pour l'industrie de la laine d'Elbeuf :

1. V. « Procès-verbaux de l'assemblée provinciale de Caen du 20 août 1787 ». (Hippeau, vol. V, pp. 336 et 337), ainsi que « Procès-verbaux de la généralité d'Alençon » de la même année (Ibid., p. 408 à 410).

2. Ce mémoire avait pour auteur un certain Gourdon de Législière, directeur des fortifications de la Normandie ; son intention était de pousser le gouvernement à fortifier les ports de la Haute et de la Basse Normandie.

3. Hippeau, t. IX, p. 85.

celle-ci ne peut pas lutter contre les draps moins chers de Leeds, vendus sous le nom de draps de Bristol ; étant de même largeur que les draps d'Elbeuf qui coûtent 15 à 16 livres l'aune, ils se vendent néanmoins au prix de 11 livres seulement. On peut en dire autant des produits des manufactures de Darnetal et de Rouen, qui le cèdent, au point de vue du bon marché, à ceux du Yorkshire (1). En somme, celles de nos fabriques, ajoute le rapporteur, qui sont occupées à la production des tissus légers, doivent disparaître et céder la place à celles d'Angleterre, car à Norwich, à Halifax, à Bradford, à Exeter, à Wakefield et à Salisbury, on fabrique mieux et à meilleur marché. La cause de cette supériorité des produits anglais réside dans la bonne qualité, l'abondance et le bas prix de leurs laines. En France, les meilleures viennent du Berry, puis de la Sologne, mais ni les unes ni les autres ne sont assez bonnes pour permettre de fabriquer des tissus de qualité supérieure, pour lesquels on se sert de la laine apportée d'Espagne. Non moins préjudiciable pour l'industrie française est la cherté du combustible ; le charbon de terre coûte en Normandie quatre fois plus cher qu'en Angleterre (2).

La mode, enfin favorable aux modèles anglais, tourne également au désavantage de l'industrie française ; c'est là la raison pour laquelle les bas fabriqués à Caen ne peuvent pas soutenir la concurrence de ceux d'Angleterre (3).

Il n'y a donc rien d'étonnant à ce que non seulement à Elbeuf ou à Rouen, mais même dans les centres moins importants de l'industrie de la laine, tels que le bailliage de Caux et la province de Perche, le tiers état élève sa voix contre le maintien du traité de commerce avec l'Angleterre (4).

1. Hippeau, vol. V, p. 248.
2. Ibid., pp. 249, 290 et 291.
3. Rapport à l'assemblée provinciale de Caen (Hippeau, vol. V, p. 336 : « La bonneterie en laine doit sa chute à la préférence qu'on donne aux bonneteries anglaises »).
4. Hippeau, vol. III, pp. 106, 244, 278.

Si nous passons maintenant à l'état de l'industrie lainière dans le quatrième des grands centres que nous avons indiqués plus haut, à Abbeville, nous n'aurons qu'à répéter la plus grande partie de ce qui vient d'être dit, avec cette différence cependant qu'ici le gouvernement était lui-même directement responsable de la crise que l'industrie de la laine dut subir à la fin du XVIIIe siècle. Bien avant que l'influence du traité de 1786 pût se faire sentir, le gouvernement provoqua, par la création de monopoles, la disparition d'entreprises qui s'étaient développées spontanément et cela au profit de manufactures protégées par lui, telles les manufactures de Van Robais et de Leclerc.

L'épanouissement de l'industrie du drap à Abbeville remonte au moyen âge, à l'époque de la grande extension de la manufacture lainière dans la Flandre française et de la prospérité du commerce hanséatique. Dans le premier quart du XVIe siècle, autant que l'on peut en juger par les rôles de la taille, les tisserands et les drapiers prédominaient parmi les artisans de la ville (1). Cette prépondérance, l'industrie de la laine d'Abbeville la garda pendant tout le XVIe et la première moitié du XVIIe siècle, époque à laquelle la révocation de l'édit de Nantes provoqua, ici comme partout, une émigration considérable d'artisans protestants et contraignit le gouvernement lui même à se départir de sa rigueur et à attirer à Abbeville des originaires de la Hollande, entre autres Joya, Van Robais et Philippe Leclerc en leur promettant la liberté d'exercer leur culte protestant à domicile. En même temps, par l'interdiction de fabriquer les mêmes marchandises à dix lieues à la ronde, le gouvernement, d'un côté, garantit la prospérité de cette fabrication étrangère et, de l'autre,

1. La population industrielle de la ville se composait, en 1524, de 125 drapiers, 32 fileurs de laine, 21 tisseurs de toile, 51 savetiers, 34 cordonniers, 22 serruriers, 15 orfèvres, 13 armuriers et 13 bonnetiers. « Histoire d'Abbeville et du comté de Pont jusqu'en 1789 », par F.-C. Louandre. Paris, 1875, p. 361.

condamna à mort l'industrie locale. Or, cette dernière, malgré la perte d'un grand nombre de clients en Artois et dans le Boulonnais, continuait toujours à attirer les acheteurs par les qualités du teint de ses produits, surtout le bleu ciel et le rouge ; on y faisait teindre non seulement les tissus fabriqués sur place, mais aussi ceux d'Amiens et de Paris. La finesse des draps d'Abbeville, surpassée seulement par ceux de Louviers, leur assurait à son tour un écoulement considérable (1).

Dès les premières années du XVIIIe siècle, dit l'historiographe d'Abbeville, Louandre, les anciennes fabriques occupées à cette industrie furent obligées de réduire leur fabrication. Depuis la fondation de la manufacture de Van Robais il leur avait été défendu de se servir de grands fuseaux et cette circonstance les ruina définitivement. Comme conséquence, on vit l'émigration des tisseurs prendre des proportions telles que les pouvoirs municipaux, en face de la diminution du nombre d'habitants (2), s'adressèrent plus d'une fois au gouvernement, en lui demandant de mettre fin au monopole créé en faveur de Van Robais. Il est inutile d'ajouter que ces désirs ne reçurent jamais de satisfaction et qu'en 1767 les auteurs des mémoires locaux parlaient encore des émigrants hollandais, comme des fauteurs responsables de la dépopulation de la ville. Placés dans une situation où ils n'avaient pas de concurrents, les Van Robais continuaient, durant tout le XVIIIe siècle, à faire fonctionner une centaine de métiers et à occuper un grand nombre de fileuses.

Non moins florissante était la manufacture des Leclerc,

1. On peut trouver des renseignements à ce sujet dans le mémoire rédigé en 1698 par l'intendant Bignon et faisant partie de cette série de travaux statistiques descriptifs qui avait été entreprise dans le but de mettre l'héritier du trône au courant de l'état réel du royaume. (Cette série se trouve à la Bibliothèque Nationale de Paris, de même que dans celles de Genève et d'Aix-en-Provence. Les endroits concernant l'industrie d'Abbeville sont cités par Louandre.)

2. En 1727, il ne restait à Abbeville que 17.982 habitants (ibid., p. 384).

autres originaires de la Hollande, car le privilège de la fabrication exclusive des « moquettes » et des « mocades », qui leur avait été conféré pour le terme de vingt ans, fut successivement prolongé jusqu'en 1770. On peut juger l'importance prise par les manufactures des Van Robais et des Leclerc par ce fait qu'en 1794, des 3.000 fileurs et fileuses les Van Robais en occupaient 700 et les Leclerc 500 à 600 ; les autres fileurs travaillaient, pour la plupart, dans la fabrication des toiles (1). Bien que la bonne qualité des marchandises fabriquées à Abbeville leur donnât la possibilité de résister à la concurrence de celles d'Angleterre, le bon marché de ces dernières était une menace pour leur avenir. Il n'est donc que très naturel que, dans ses pérégrinations à travers la France pendant l'année qui suivit la signature du traité de commerce, Arthur Young trouvât à Abbeville, en visitant les fabriques de Van Robais, beaucoup d'adversaires acharnés du traité qui venait d'être signé (2). Il constata la même indignation parmi des fabricants de lainages à Amiens. Cette ville, écrit-il, en possède une grande quantité. Parmi les maîtres ceux avec qui j'ai eu l'occasion de causer étaient d'accord avec les fabricants d'Abbeville pour attaquer le traité de commerce avec l'Angleterre (3). Ce mécontentement ne se limita pas à des plaintes proférées par des particuliers : il prit une forme plus définie et s'exprima dans un mémoire spécial, rédigé par les commerçants d'Abbeville (4). Quant à la ville d'Amiens, nous trouvons dans son cahier la même demande de rompre le traité, demande que l'on

1. Ibid., p. 376.
2. « Voyages en France », nouvelle édition de la traduction française, faite par Lesage, v. I, p. 11 : « Dans mes conversations avec les manufacturiers, je les ai trouvés grands faiseurs de politique et très violents contre le nouveau traité de commerce avec l'Angleterre. »
3. Ibid., p. 13.
4. « Mémoire des commerçants de la ville d'Abbeville sur le traité de commerce avec l'Angleterre », par Hecquet d'Orval. Abbeville, 1789, in-4°.

rencontre également dans les déclarations des centres industriels de la Flandre française.

A côté des centres que nous venons de passer en revue, l'industrie de la laine s'était développée dans plusieurs autres provinces, ainsi dans la généralité de Lille, en Touraine, dans l'Anjou, le Maine, la Champagne, le Dauphiné et surtout dans le Languedoc. A Lille, d'après Jules Flammermont, l'historiographe de ses manufactures, la fabrication des lainages était, en 1789 encore, la branche la plus importante de son industrie ; la fabrication de draps légers et de velours de laine, mélangée de lin et de soie, y était fort développée (1).

Les deux industries avaient une organisation corporative. En 1778, on comptait dans leurs métiers, en tout 470 maîtres et 9.700 ouvriers. La production annuelle était évaluée à trois millions deux cent mille livres. Cependant, l'industrie de la laine de Lille était à cette époque loin de son apogée, et cela pour les deux raisons suivantes : d'abord, sous l'influence des économistes et du principe de la liberté industrielle proclamé par eux, la loi abolit, en 1762, les anciennes interdictions qui ne permettaient l'exercice de l'industrie qu'à condition d'être reçu dans une des corporations de la ville. A partir de cette époque, l'industrie de la laine s'étendit de Lille aux villages environnants et y prit définitivement racine. C'est Roubaix et Tourcoing, devenues rivales heureuses de Lille, qui profitèrent de ces mesures (2). Le seconde cause qui lésa les intérêts de l'industrie du drap dans toutes les trois villes, comme d'ailleurs dans toute l'étendue de la France, fut le traité de commerce avec l'Angleterre : il permit aux Anglais d'importer des produits à meilleur marché et en

1. C'était ce que l'on appelait la « sagetterie » et la « bourgueterie » (d'après la définition donnée à ces deux termes par Rolland de la Platière, intendant des manufactures d'alors et futur chef du ministère Girondin). (« Histoire de l'Industrie à Lille », par Jules Flammermont, p. 9.)

2. *Ibid.*, p. 11 et 59.

même temps d'acheter de la laine en France, ce qui dut fatalement entraîner une diminution du tissage de la laine dans les campagnes de Lille.

Voici les chiffres donnés par Flammermont pour illustrer l'influence qu'avait exercée ce traité sur la diminution du nombre des draps légers ou sayettes, dont la production était surtout répandue à Roubaix et à Turcoing. Tandis qu'un siècle auparavant, en 1680, on comptait, à Lille seul, 2.000 métiers, en 1788 leur nombre, dans toutes les trois villes, Lille, Roubaix et Tourcoing, atteignait à peine 830 (1). Il n'y a rien d'étonnant par conséquent si Arthur Young a pu constater l'existence à Lille de sentiments hostiles à l'égard de sa patrie, sentiments qui allaient parfois jusqu'au désir de voir engager une guerre avec elle, toujours à cause du traité, considéré comme le coup le plus cruel qui fût jamais porté à l'industrie française (2).

Quant à l'industrie de la laine dans les trois provinces limitrophes (la Touraine, l'Anjou et le Maine), on peut juger de l'importance qu'elle avait trente-trois ans avant la Révolution et vingt ans avant la signature du traité de commerce d'après un tableau conservé à la bibliothèque municipale de Tours. En 1766, la recette fournie par les draps de la Touraine atteignait le chiffre de 2.460.000 livres, elle n'était que de 400.000 livres en Anjou et de 280.000 dans le Maine. La fabrication des tissus de laine devint si considérable dans ces provinces, dans la seconde moitié du XVIIIe siècle, par suite de la mode qui se porta sur ces étoffes, que les fabricants, après deux épizooties qui avaient frappé cette localité, se virent obligés plusieurs fois d'acheter leurs laines en Angleterre et en Allemagne, où leur qualité était supérieure et le prix d'un quart plus bas qu'en France ; on essaya même d'importer des laines du Levant et des pays Barbaresques.

1. Voyages en France, v. I, p. 131.
2. Ibid., pp. 58 et 59.

Le centre de cette industrie en Touraine était Amboise, où on comptait, dans la seconde moitié du siècle, jusqu'à 110 métiers avec 5.000 ouvriers. Depuis que, par les lettres patentes du roi, les paysans non organisés en corporations reçurent le droit d'exercer l'industrie du drap, on ne fit plus à Tours que marquer les étoffes. Des documents conservés aux archives départementales nous renseignent sur l'importance de la production annuelle dans toute la province ; en 1781, on a marqué 11.506 pièces de drap, en 1782 — 10.542 pièces, en 1783 — 12.826 pièces ; ce dernier chiffre représentait 838.664 aunes d'une valeur de 2.270.646 livres (1).

La Champagne était également, au XVIIIe siècle, un centre important d'industrie lainière. Dans la ville de Reims seule, comme il résulte des rapports de l'inspecteur des manufactures, on comptait, selon les années, de deux mille à deux mille cinq cents métiers et la production annuelle atteignait le chiffre de quatre-vingts et de quatre-vingt-dix mille pièces (2). Comme on le voit par le rapprochement du nombre des métiers et de celui des fabricants, c'est la petite industrie qui prédominait à Reims. Loin de se concentrer dans la ville même, elle se répandait dans les villages environnants. Ainsi, en 1723, le nombre de métiers dépassait à peine d'un cinquième le nombre de fabricants; nous trouvons le même rapport en 1724, 1727, 1730 et 1731 (3).

1. Dumas. « La généralité de Tours au XVIIIe siècle », p. 157 à 161.

2. Nous avons des renseignements sur les années suivantes : 1721 (les six derniers mois), 2.158 métiers en marche et 77.964 pièces de drap ; 1722 (les six premiers mois), 2.161 métiers et 77.687 pièces ; 1723 (les six derniers mois), 2.572 métiers et 90.936 pièces ; 1724 (les six premiers mois), 2.474 métiers et 87.824 pièces ; la même année (les six derniers mois), 2.454 métiers et 87.057 pièces ; 1727 (la première moitié), 1.249 métiers et 75.760 pièces ; 1730 (la première moitié), 2.696 métiers et 93.363 pièces ; la même année (la seconde moitié), 2.622 métiers et 91.846 pièces ; 1731, 2.355 métiers et 90.047 pièces ; en 1732, chute considérable du nombre de pièces de tissus, 76.608 pièces seulement. (Arch. Nat. F[12] 555.)

3. En 1723, 2.572 métiers et 2.080 fabricants ; en 1724, 2.474 métiers et 2.056 fabricants ; en 1727, 2.149 métiers et 1.766 fabricants ; en

La fabrication domestique du drap était pratiquée dans toute la province, entre autres aux environs de Troyes où prédominait surtout celle de gros draps. On se servait pour les faire de la laine du pays, ainsi que de celle de la Brie et de l'Auxerrois. Dans les communautés d'Arcis-sur-Aube, de Levroux et autres, le battage et le filage de la laine étaient effectués par les paysans d'une manière toute primitive à l'aide de baguettes en bois et de quenouilles. D'après les calculs de l'inspecteur des manufactures de Troyes, un ouvrier pouvait battre par jour 50 ou 60 livres de laine ; on le payait 7 sous par livre. Déjà avant la signature du traité de commerce avec l'Angleterre, la fabrication du gros drap diminua considérablement. Il n'était plus demandé que par la population paysanne, surtout celle de la Picardie, de la Champagne, de la Bourgogne, du pays de Brie, du Hainaut et du Cambrésis ; il ne fallait plus songer à l'exportation de ces draps à l'étranger. L'introduction des tissus de coton, moins chers que ceux de laine, ainsi que la diminution du bien-être des paysans, firent qu'en 1785 on ne comptait plus à Troyes que 120 métiers, appartenant à 13 ou 14 fabricants. Le nombre d'ouvriers occupés à ce genre d'industrie dans les villages, diminua de même considérablement. Le fabricant qui avait occupé jadis 1.200 tisseurs, n'en occupait plus que 600. L'inspecteur des manufactures se réjouit de ce que l'industrie du coton pourra fournir aux tisserands villageois la possibilité de combler la lacune que menace de faire dans leur budget la décadence de l'industrie de la laine. Il constate avec satisfaction que les métiers de campagne fonctionnent comme par le passé. Les paysans préfèrent, il est vrai, tisser de la laine, mais, faute de pouvoir trouver du travail dans cette industrie, ils consentent à la remplacer par le coton ; ainsi, l'habileté qu'ils ont

1730, 2.646 métiers et 1.795 fabricants; en 1731, 2.355 métiers et 1.746 fabricants. (Arch. Nat. F[12] 555.)

pu acquérir ne se perd pas et leur assure les moyens nécessaires d'existence (1).

En Bretagne la fabrication du drap porte le même caractère que l'industrie rurale; témoin ce fait que le nombre de fabricants indiqué dans les rapports des inspecteurs, pour les années 1731 et 1732, n'est pas de beaucoup inférieur à celui des métiers (2). Le tissage de la laine était surtout répandu dans les localités suivantes : à Rennes, à Dijon, à Lamballe, à Saint-Bris, aux Fougerets, à Vitray, à Châteaubriant, à Ancenis, à Nantes, et non seulement dans l'enceinte des villes, mais à plusieurs lieues d'alentour. Dès le deuxième quart du siècle cette industrie montre déjà des symptômes de décadence. En 1731, par exemple, pour 258 métiers fonctionnant, il y en a 200 qui n'ont pas de travail ; nous trouvons le même rapport l'année suivante, quand le nombre de métiers fonctionnant s'est élevé à 287, et le nombre de ceux qui chômaient de besogne est tombé à 195 (3).

Tout cela doit être pris en considération lorsque nous voulons juger le rôle joué par le traité avec l'Angleterre dans les destinées de l'industrie française. Souvent, il eut affaire non plus à un organisme vivant, mais à un organisme déjà à moitié mort. La décadence de l'industrie avait des causes plus profondes : l'appauvrissement des paysans qui les forçait d'employer des tissus de lin et de coton, à la place des tissus de laine et de diminuer la quantité de leurs brebis à mesure que les communaux étaient utilisés pour les champs, que les terrains incultes étaient défrichés, les servitudes de pâturage réduites. De ces causes, l'une avait une grande influence en Bretagne. D'après le témoignage de l'inspecteur des ma-

1. Rapport de l'inspecteur des manufactures de Troyes du 12 mars 1783.
2. Aussi comptait-on, en 1731, 264 fabricants avec 278 métiers et en 1732, 268 fabricants avec 287 métiers.
3. Rapport du 29 décembre 1785. Arch. Nat. F[12] 555.

nufactures de Rennes, le peuple ne s'y habillait, de la tête aux pieds, que de toiles grossières, servant ordinairement à la fabrication des sacs (1). Une autre cause est également indiquée dans les rapports des assemblées provinciales et les cahiers de 1789. Ainsi, par exemple à l'assemblée provinciale d'Alençon, on attribuait la triste situation de l'industrie de fabrique à la mauvaise récolte de 1785 qui a forcé les paysans à se séparer d'une partie de leur bétail, ainsi qu'à l'épizootie de 1787 qui a provoqué le même phènomène dans des proportions plus grandes encore (2). Quant aux cahiers, surtout ceux des paroisses, les plaintes relatives à la diminution de la quantité du bétail s'y rattachent constamment aux drainages et aux clôtures, aux usurpations des seigneurs et à l'appauvrissement général, résultant très souvent des récoltes insuffisantes et des épizooties (3).

Nous avons retracé l'état de l'industrie de la laine dans ses centres principaux qui étaient, comme nous l'avons vu, la province des Trois Evêchés, la Flandre, la Normandie et la Picardie. Mais en dehors de ces localités mêmes l'industrie des draps était, en général, une industrie nationale, prenant tantôt la forme de la petite industrie rurale, tantôt celle de l'industrie de fabrique. Nous avons déjà eu l'occasion de parler, dans notre aperçu général des destinées de l'industrie française, des causes qui ont provoqué la chute de la draperie du Languedoc, si florissante jadis, surtout à l'époque de Colbert ; nous ne ferons maintenant qu'indiquer la situation dans laquelle cette industrie s'est trouvée presque à la veille de la Révolution. Nous nous servirons à cet effet des déclarations faites, d'après les

1. Rapport du 29 décembre 1785. Arch. Nat. F[12]555.
2. Hippeau, v. V, p. 383.
3. V. par exemple les cahiers du département de la Somme dans les « Documents pour servir à l'Histoire de la Révolution dans ce département », v. I, p. 68, 73 et 74. Cahiers d'Artois et de Flandre (Loriquet, v. I, pp. 38, 79 et 86; v. II, pp. 189, 292, 294, 248, etc.)

témoignages des fabricants de Carcassonne, par l'intendant de commerce Tolozan aux membres du conseil de commerce, à la séance du 9 août 1787. Les drapiers de Carcassonne voient la cause de la décadence de leur industrie, d'abord dans l'impossibilité de vendre leurs marchandises directement et dans la nécessité de s'adresser, pour l'exportation de leurs produits, aux commerçants de Marseille ; en second lieu, dans l'impossibilité de vendre à des prix aussi bas que ceux que leur offrent les marchands, sans diminuer la bonne qualité des produits ; ensuite, dans les vexations dont leur industrie est l'objet, du fait des règlements industriels et de l'existence des bureaux spéciaux pour la visite et l'apposition des marques ; enfin dans le défaut d'achats de la part de la Compagnie des Indes qui venait d'être reconstituée. L'ancienne Compagnie, qui avait le privilège de vendre en toute liberté le drap du Languedoc, en achetait annuellement jusqu'à 900 ballots. A toutes ces causes de la décadence, il faut encore ajouter les prix exorbitants sur les laines d'Espagne et les droits d'entrée élevés qu'elle devait payer, de même que la perte annuelle de 200.000 moutons, exportés de France à Barcelone et dans d'autres localités de l'Espagne et destinés aux abattoirs. Les fabricants de Carcassonne ne voient d'issue à leur situation que dans la liberté absolue de fabriquer leurs tissus comme bon leur semble et de les vendre à qui bon leur semble. C'est à cette seule condition qu'ils pourront faire face à la concurrence sur les marchés extérieurs comme sur les intérieurs (1).

En dehors des règlements qui empêchent de diminuer les frais et de se conformer au goût des consommateurs, l'industrie du drap dans le Languedoc souffre aussi de la diminution survenue dans l'élevage des brebis. Les deux tiers de la laine employée à la fabrication sont ache-

1. F^{12} 106, p. 669.

tés en dehors de la province, et il n'y a là aucune amélioration à espérer, puisque les propriétaires, au moins dans le bas Languedoc, sont forcés, faute de pâturages, de diminuer leurs troupeaux (1). La draperie du Languedoc souffre également du manque de capitaux ; cela l'empêche de se servir de presses et d'autres machines à travailler la laine, déjà employées en Angleterre. Dès 1779, le directeur général des finances exprimait la certitude que, s'ils emploient ces machines perfectionnées, les drapiers du Languedoc parviendront à vaincre la concurrence anglaise dans l'exportation du drap en Espagne. Le gouvernement voudrait faire participer les Etats provinciaux du Languedoc aux frais des perfectionnements techniques ; il promet, dans ce but, de leur venir en aide et de prendre sur lui une partie des dépenses (2). Mais les difficultés financières, aggravées surtout depuis la guerre contre l'Angleterre pour les colonies américaines, n'ont permis ni aux représentants des états, ni au ministère, de prendre des mesures sérieuses pour réaliser ces bonnes intentions.

A l'exception des provinces que nous venons de nommer nous trouvons partout l'industrie de la laine exclusivement entre les mains des industriels ruraux, ou bien des entrepreneurs capitalistes qui leur font des commandes et dont la fonction industrielle se borne à donner le dernier apprêt à la marchandise fabriquée dans les ateliers de famille. La concurrence de l'industrie rurale sous ses deux formes — industrie domestique proprement dite et industrie domestique subordonnée, comme organe, à la grande industrie — est si sensible pour les fabricants, que le Conseil de commerce est obligé plus d'une fois de s'occuper des pétitions des représentants de l'industrie textile de différentes villes, de Troyes, par exemple, péti-

1. F^{12} 127. Lettre de de Montaran, intendant de commerce, à l'intendant du Languedoc, le 19 novembre 1779, p. 269.
2. F^{12} 127. Le Directeur général des Finances à l'intendant du Languedoc, le 11 décembre 1779, p. 290.

tions dans lesquelles ils se plaignent au gouvernement du préjudice que leur cause la multitude d'ouvriers ayant leurs métiers de tisserands dans les villages et fabriquant des tissus imparfaits et façonnés d'une façon arbitraire, couverts qu'ils sont par la loi de 1779, qui a dispensé ce genre de fabrication de tout contrôle (1).

Ce n'est qu'en tenant compte de ces petits industriels ruraux que l'intendant de commerce de Montaran a pu dire qu'il n'y a pas de province en France où il n'y ait quelque genre d'industrie textile, et que le commerce de ces produits est parfois si faible, si restreint, qu'il n'est pas nécessaire de le soumettre à la réglementation (2).

L'industrie rurale du drap, en particulier, que nous avons déjà rencontrée en Champagne, en Bretagne, en Normandie, en Picardie et en Flandre, était répandue dans de nombreuses localités de la France. Ce fait nous est confirmé, d'une part, par les rapports faits aux assemblées provinciales, d'autre part, par les plaintes que font entendre les auteurs des cahiers de 1789 au sujet de sa décroissance.

Voici ce que nous apprend sur la draperie rurale du Gévaudan le rapporteur du Comité du bien public à l'assemblée provinciale de Clermont-Ferrand, en 1787 : les laines d'Auvergne, de la Haute-Guyenne, et même des localités plus éloignées sont apportées dans les villages du Gévaudan ; ici, chaque maison a son métier ; il n'y a pas de membre de famille qui n'y trouve quelque occupation. Le temps qui n'est pas occupé par l'agriculture est entiè-

1. Séance du 27 octobre 1789. F[12] 107, p. 904.

2. Voici ce qu'écrit de Montaran à l'inspecteur Couturier : « Il n'en est point où il ne se fabrique quelques étoffes qui même sont dans le cas d'être transportées d'une province dans une autre. » F[12] 129, lettre du 11 février 1781, p. 29. — « Il existe un certain nombre de provinces pour lesquelles il n'a point été fait de règlements de fabrication, attendu que leur commerce est si faible et si minutieux qu'il n'a pas paru mériter l'attention de l'administration. Le Bourbonnais est dans ce cas. » (Lettre de de Montaran à l'inspecteur Jubée du 9 juin 1781. Ibid., p. 137.)

rement consacré au foulage et au tissage ; on fabrique principalement de la serge dont l'écoulement est assuré ; les habitants des villages voisins de Chaudesaigues et de Saint-Urcisse suivent l'exemple des habitants du Gévaudan et, trouvant de l'occupation chez eux, ne quittent plus leurs foyers (1).

A Orléans, on se sert, pour la fabrication, de la laine locale qui vient de la Sologne et ne le cède en qualité qu'à celle du Berry ; 3.000 à 4.000 personnes sont occupées à Romorantin à la fabrication du drap de soldats (2). Dans la Haute-Guyenne, d'après le témoignage du rapport fait en 1786 à l'assemblée provinciale de Villefranche, un « nombre prodigieux » de manufactures domestiques se consacrent à l'industrie de la laine, particulièrement de « petites étoffes de laine » (3).

Dans la sénéchaussée de Castres, en Languedoc, les petits industriels occupés dans différentes paroisses, par exemple, à Mont-le-Dieu et à Pont-de-Larue, de la fabrication des mêmes tissus, élèvent, en 1789, leur voix contre le traité de commerce avec l'Angleterre, disant que, grâce à ce traité, les gens sans fortune qui trouvaient jusqu'alors à gagner dans cette occupation supplémentaire, en sont privés maintenant (4).

Les mêmes protestations viennent des points les plus éloignés du pays. Les paysans de la Champagne (de Bétheneville en particulier) déclarent que la moitié d'entre eux complétaient jadis leur budget en fabriquant du drap pour la manufacture de Reims et se montrent préoccupés de sa décadence, provoquée, disent-ils, par le

1. Procès-verbal des séances de l'assemblée provinciale d'Auvergne tenues à Clermont-Ferrand en novembre 1787, p. 289.
2. Procès-verbaux des séances de l'assemblée provinciale de l'Orléanais, tenue à Orléans en 1787, p. 237 et 247.
3. Procès-verbal des séances de l'assemblée provinciale de la Haute-Guyenne, tenues à Villefranche en novembre et décembre 1786, p. 266.
4. Les cahiers de 1789, dans la sénéchaussée de Castres en Languedoc, publiés par le marquis de la Jonquière, p. 25.

traité de commerce avec les étrangers, qui a mis fin à toute demande de produits nationaux (1).

Du Nord-Est de la France, des départements actuels de la Somme et du Pas-de-Calais, on voit venir les mêmes expressions de mécontentement contre le traité qui, disent les auteurs des cahiers des paroisses, permet aux Anglais d'acheter de la laine pour l'emporter dans leur pays, en la rendant ainsi plus rare et plus chère, au détriment des habitants à qui cela enlève la possibilité d'avoir un gain supplémentaire (2). Les paysans d'Authie citent l'exemple suivant : 200 tisseuses de leur paroisse gagnaient autrefois quarante sous par semaine et, toutes ensemble, 400 livres ; or, depuis la conclusion du traité elles n'ont plus de commandes (3).

Les cahiers d'Artois, de Picardie et du Boulonnais s'accordent pour demander qu'on mette fin au traité avec l'Angleterre ou bien qu'au moins on le modifie dans un sens favorable à l'encouragement des manufactures françaises (4).

Dans leur souci de ranimer l'industrie domestique les habitants de la paroisse de Capelle vont jusqu'à exiger qu'on cesse, dans l'intérêt de toute la province, tout échange de produits avec l'Angleterre (5).

L'industrie rurale s'occupant de la fabrication des tissus de laine n'excluait d'ailleurs pas les grandes manufactures en dehors des quatre principales que nous avons nommées plus haut : celles de Sedan, d'Abbeville, d'Elbeuf

1. Henri Paris « Les cahiers du Bailliage de Reims aux Etats généraux de 1789 », p. 54 (cahiers de Béthéneville).

2. Cahier de Cardonnette dans les « Documents pour servir à l'histoire de la Révolution française dans le département de la Somme », v. I, p. 93. V. aussi « Cahiers de Bertaucour-les-Dames », p. 77.

3. « Cahiers d'Authie », ibid., p. 27.

4. Cahiers du tiers-état du bailliage de Saint-Omer (Loriquet, v. I, p. 117); cahiers du tiers-état du bailliage d'Arras, ibid., p. 53; cahiers de la Billy-Berclau, ibid., p. 216; cahiers de Saint-Pol, p. 553.

5. Ibid., p. 245.

et de Louviers. Les plus remarquables étaient, dans la seconde moitié du siècle, certaines fabriques fondées à Neuville et à Vienne, dans le Dauphiné. Pour la qualité de ses tissus, cette dernière était réputée, quelques dizaines d'années avant la Révolution, comme étant sans égale et capable de soutenir toute concurrence étrangère. Fondée par un particulier, un originaire de Lyon nommé Claude, drapier de son état, elle acquit bientôt le droit de s'appeler manufacture royale, droit qui ne supposait pas que la fabrique fût directement gérée par le Trésor, mais qui signifiait que le gouvernement reconnaissait la haute qualité de ses produits et lui conférait certains privilèges ou, du moins, le titre honorifique de manufacture royale (1).

Bien que cette fois l'avantage assuré à l'entreprise eût pris la forme palpable de subsides annuels de 2.000 livres payés pendant dix ans, à partir de 1754, le manque de fonds et le crédit trop cher forcèrent d'abord de chercher à former une compagnie avec les frères Boyer, comme originaires de Lyon, puis, malgré leur appui, d'arrêter en 1760 la fabrication pour six mois ; les ouvriers furent congédiés et réduits à la mendicité. Néanmoins la fabrique se ranima sous la direction des fils et héritiers de Charvez, mort en 1761. La fabrication elle-même reçut de tels perfectionnements que des commandes affluèrent et l'une des maisons principales de Lyon, celle de Campredon, faisant le commerce d'exportation, s'adressa en 1763 aux frères Charvez et leur proposa d'agrandir leur entreprise. Mais pour réaliser ce changement, les manufacturiers sollicitèrent encore une fois des privilèges et des secours du gouvernement. Prenant parti pour eux, l'inspecteur des manufactures envoie, en 1764, au contrôleur général un mémoire spécial sur la situation de la fabrique de Vienne, mémoire dont nous extrayons les données

1. « La grande industrie en France sous Louis XIV ». Martin. Introduction, p. 9.

suivantes. Le nombre de métiers en activité est de 85, avec 2216 ouvriers ; 30 métiers sont occupés à la fabrication du drap hollandais et de « ratines », 15 font des peluches et du « tois », étoffe de laine épaisse et poilue dont les échantillons accompagnent le mémoire. Chacun de ces 45 métiers occupe 28 ouvriers, les autres 40 métiers, adaptés à la fabrication de tissus plus légers, sont dirigés par 16 personnes chacun. L'inspecteur fait remarquer que, puisque six ouvriers reçoivent un salaire suffisant pour nourrir un septième, le nombre de personnes qui vivent de la fabrique dépasse de 316 personnes le nombre d'ouvriers et atteint le chiffre de 2216. Les matières premières se trouvent dans le Dauphiné en abondance sur place ; la main-d'œuvre est également facile à trouver et les salaires sont bas, plus bas que n'importe où dans le pays. Les commandes sont si nombreuses que même en augmentant 10 fois le chiffre des affaires, on ne saurait les satisfaire toutes. Mais à côté de ces conditions avantageuses pour l'entreprise il y en a d'autres défavorables. Leur examen nous montre très bien les obstacles qu'avait à surmonter l'industrie française sous l'ancien régime et les formes que revêtait sa réglementation. Cette fabrique, dont les produits n'ont d'égaux ni en France ni à l'étranger, est proche de la ruine, non seulement faute de capitaux et de crédit, mais aussi parce que les savons et les matières colorantes qu'elle fait venir de Marseille sont grevés de droits d'entrée à Valence et à Lyon, en plus de la taxe particulière nommée « foraine », payée à l'entrée du Dauphiné qui, se trouvant au delà du cordon douanier général, est considéré comme une « province étrangère » et paie, pour cette raison, des droits deux fois plus élevés sur les marchandises qui viennent de la France. Pour la même raison, les tissus fabriqués dans le Dauphiné payent un droit en quittant le pays et en entrant à Valence et à Lyon. Les draps teints sont imposés en plus, bien que les matières colorantes qui ont servi à la teinture aient déjà payé le droit d'entrée. En demandant la suppression de ces frais ou au moins d'une partie d'entre eux, les fabricants expriment en même temps des exigences qui seraient impossibles de nos jours et qui témoignent fort bien de cette guerre constante que se faisaient sous l'ancien régime les entreprises occupées à la même industrie ou à des industries analogues.

Malgré l'abondance de la main-d'œuvre, les fabricants désireraient la suppression de la concurrence dans l'embauchage d'ouvriers, aussi bien de la part de la manufacture de Neuville que de la part des tissages de coton, établis dans les environs de Vienne.

De l'avis non seulement des fabricants, mais aussi de l'inspecteur des manufactures, l'industrie de Neuville aurait pu se contenter d'embaucher des ouvriers dans le Lyonnais, le Forez, le Beaujolais, la Bresse et la principauté de Dombes ; elle ne devrait pas enlever à la manufacture de Vienne des tisseurs dressés par cette dernière. Comment lutter avec la hausse inévitable des salaires que cause une telle concurrence, contre des manufactures qui travaillent avec des matières premières moins coûteuses, comme celle de Neuville, qui se contente de la laine de Provence, ne la soumet pas à un lavage suffisant et ne demande aux fileurs qu'un travail grossier? Peut-on permettre aussi dans l'embauchage d'ouvriers une concurrence de la part des entrepreneurs des manufactures de coton lorsque toute fileuse abandonnera volontiers la laine pour le coton, qui est une matière plus facile et plus propre à travailler ? Voilà pourquoi l'inspecteur des manufactures est prêt à donner sa voix pour que les habitants des villages situés aux environs de Vienne soient occupés exclusivement à la filature de la laine, dans les intérêts de la seule manufacture de la maison Charvez (1).

1. Arch. Nat. F^{12} 555.

Outre les centres que nous venons d'énumérer, l'industrie de la laine existait encore dans toute une série de villes du Languedoc, entre autres à Carcassonne, à Castres et à Albi, qui fabriquaient une espèce particulière de draps destinée à l'exportation dans le Levant et qui portaient le nom de « londrins ». Au total, l'industrie de la laine en France, à la veille de la Révolution, donnait un revenu brut de 225 millions ; c'est le chiffre cité par l'intendant de commerce Tolozan dans son ouvrage, publié en 1789, mais renfermant des données pour 1788. D'après cet auteur elle est répartie de la façon suivante entre le drap, les autres tissus en laine et les coiffures : les deux premières fabrications fournissaient chacune 100 millions, la dernière 25 millions. La laine du pays ne suffisait pas aux besoins ; aux 10 millions et demi que coûtait cette dernière, on ajoutait encore 7 millions pour celle apportée de l'étranger (1).

Ce que Lyon, Nîmes et Tours, Sedan, Elbeuf et Abbeville étaient au XVIIIe siècle pour l'industrie de la soie et de la laine, la ville de Troyes l'était, quoique dans des proportions un peu moindres, pour l'industrie de la toile. Le rapport fait par ses syndics à l'assemblée provinciale de Champagne nous apprend que Troyes livrait annuellement 48.500 pièces de toile faite avec du lin et du chanvre, légèrement mélangés de coton. Des établissements spéciaux y étaient installés pour le blanchiment (2).

1. V. Boiteau. « Etat de la France en 1789 », p. 545.

2. Nous trouvons dans la correspondance administrative de la fin du XVIIIe siècle des renseignements assez exacts qui nous expliquent pourquoi Troyes est devenu le centre des blanchisseries. Dans le mémoire rédigé par l'inspecteur local des manufactures et daté du 12 mars 1785, nous lisons que les blanchisseries doivent leur existence aux innombrables canaux dans lesquels se trouve l'eau limpide de la Seine. Les toiles de Laval et de Mayenne, de Château-Gontier et des autres localités, sont expédiées pour le blanchiment à Troyes. (V. Mémoire sur les différentes fabriques de la ville de Troyes, fait à Troyes le 12 mars 1785. Arch. nat. F[12] 555.)

Il a été fabriqué en 1786 4.320 pièces de seules toiles peintes. pour la somme d'à peu près 134.000 livres.

La même année, on a fabriqué pour la somme de 566.000 livres de la serge et d'autres tissus légers, connus sous le nom de « ratines » et d' « espagnolettes »; 1.200 personnes ont trouvé là leur gagne-pain. Cette industrie est également menacée par la crise, à cause de la concurrence anglaise. Les trois quarts des métiers chôment déjà, dit le rapporteur de l'Assemblée provinciale de Champagne, et il est à craindre qu'il ne se produise bientôt une émigration considérable d'ouvriers (1).

Ce résultat n'était pas dû exclusivement au traité de commerce.

Pendant tout un demi-siècle, l'industrie du lin de Troyes baissait peu à peu, faute d'abord de capitaux libres et de la possibilité d'avoir à crédit le lin cultivé en province, ensuite grâce à ce que des tissus de qualités inférieures, provenant des villages de la Bretagne, étaient venues remplacer ses produits ; cette circonstance a arrêté la culture du lin et a fait que les cultivateurs donnaient maintenant la préférence à la culture du froment et du chanvre. L'inspecteur des manufactures de Troyes dit dans son rapport à la date du 15 août 1756 que, le lin de Bretagne étant de qualité inférieure, la fabrication de la toile tomba dans la ville et passa en Suisse, d'où cependant les toiles arrivent pour le blanchiment à Troyes, après quoi elles se répandent dans tout le royaume et une partie se trouve exportée à l'étranger. Pour rétablir l'industrie de la toile dans Troyes même, ajoute l'inspecteur, il faut propager la culture du lin, ce qui a été fait ces temps derniers par la maison Aviat et Cie.

Du reste, Troyes ne joue pas dans l'industrie du lin le même rôle exclusif que celui de Lyon dans l'industrie de

1. Procès-verbaux des assemblées provinciales de Champagne, 1787 (p. 58 et 145.)

la soie ; cela tient à ce que la fabrication du fil et de la filasse est répandue dans tous les villages du nord de la France, surtout dans la Flandre, la Picardie, la Normandie et la Bretagne. Depuis 1762, c'est-à-dire depuis qu'on a aboli les anciennes règles interdisant aux habitants des campagnes de prendre part à l'industrie manufacturière, et que les sociétés agricoles, certains grands propriétaires les états provinciaux et les assemblées provinciales se sont mis non seulement à encourager de toutes façons la culture du lin et du chanvre, en faisant venir les semences de Riga et de Libau (1), mais encore à propager dans les villages des quenouilles et des métiers de tisserand (2), la fabrication du fil, des cordes, des câbles, des toiles de toutes espèces, avec des branches d'industrie supplémentaires, comme par exemple la fabrication des bas et des chaussures en fil, sont devenus une occupation auxiliaire pour les familles d'agriculteurs. Dans quelques provinces, surtout dans celles du Nord, il en est résulté une diminution de l'agriculture ; en même temps cela donnait la possibilité, aux femmes surtout, d'employer avantageusement les loisirs forcés auxquels le laboureur et sa famille sont astreints pendant l'hiver (3).

1. C'est ce qu'a fait l'association agricole de Rennes. (Baudrillart. « Les populations agricoles de la France », Bretagne, p. 412.)

2. V. Calonne. « La vie agricole en Picardie et Artois », p. 111.

3. Dans un mémoire, intitulé « Réflexions sur l'utilité de faire la récolte avec des faux », rédigé en 1788 par Calonne, et trouvé dans les archives du département de la Somme, on dit que ce sont les manufactures de Saint-Quentin qui causent le manque de faucheurs et d'ouvriers agricoles dont pâtit la province. Les fabriques assurent aux ouvriers une rémunération plus considérable que celle qu'ils trouvent dans l'industrie agricole ; voilà pourquoi ils y affluent. (Ibid., p. 113.)

Calonne cite également l'exemple d'agriculteurs de Sainte-Ferre et de paysans riches des environs de Péronne qui n'ont pas pu trouver, en 1774, un nombre suffisant de manœuvres pour les travaux de récolte. Il emprunte ces données au mémoire de Gilbert sur l'Artois (p. 108).

A quel point était générale cette affluence du peuple des cam-

D'ailleurs, bien avant que le gouvernement jugeât utile d'encourager la petite industrie rurale, l'industrie du lin et du chanvre constituait l'occupation ordinaire dans beaucoup de localités de la Bretagne et de la Normandie, de même que des Flandres et de la Picardie. On peut juger de l'état de l'industrie de la toile en Bretagne dans le troisième quart du XVIIe siècle et au commencement du siècle suivant, d'après les données communiquées en 1699 dans un mémoire sur cette province rédigé par son intendant. A deux lieues de Rennes, dans un village nommé Noyal, on fabriquait annuellement, pour la somme de 300 et 400.000 livres, de la toile à voiles ; ce n'est que pendant les vingt dernières années que cette industrie est tombé à 80.000.

Aux environs de Bécherel et de Dinan, où il y avait des plantations de lin, on faisait pour la somme de 300.000 livres de fil seul, et cette industrie semblait se trouver à la même hauteur que jadis. De la toile grossière servant à faire des sacs et en partie même des voiles était fabriquée à Vitré et exportée en quantité considérable en Angleterre et dans les colonies d'Amérique (1).

Nous trouvons dans les rapports annuels des inspecteurs des manufactures de Bretagne les détails suivants sur l'industrie de la toile de cette province dans la seconde moitié du XVIIe siècle. La fabrication des toiles était localisée dans les villages, mais l'apposition des marques avait lieu dans les villes ; et comme cette opération était suivie d'un certain prélèvement pour le Trésor, on comptait les pièces marquées et il était facile d'évaluer en chiffres la production annuelle. Nous avons des renseigne-

pagnes vers les fabriques, cela nous est prouvé par ce fait que Louis XIV a cru devoir prendre des mesures spéciales en promettant une récompense de 27 sous et le remboursement des frais de voyage (en comptant trois sous la lieue) à ceux des paysans qui voudront revenir dans leurs villages et reprendre leurs travaux agricoles. (Ibid., p. 114.)

1. V. Baudrillart, p. 449.

ments pour les quatre années suivantes : 1766, 1767, 1768 et 1769. La somme totale de la fabrication est représentée par deux sortes de chiffres : par le nombre de pièces de toiles larges, et par le nombre de balles de toiles fines et étroites, connues sous le nom de « bretagnes étroites », en balles (1). En 1766, on a apposé des marques à 114.769 pièces et 5.503 balles, de la valeur totale de 12.800.342 livres ; l'année suivante, le nombre de pièces et de balles s'est élevé à 118.957 pour les premières et à 6.036 pour les secondes, pour la somme totale de 13.997.647 livres ; l'année d'après, le nombre des pièces est tombé à 111.654, et celui des balles à 5.928, la valeur totale est indiquée comme étant de 14.210.018 livres ; la baisse a continué jusqu'en 1769, année pendant laquelle il n'a été marqué que 105.000 pièces et 5.514 balles, pour la somme de 11.983.32 . L'inspecteur des manufactures explique cette décadence d'abord par l'appauvrissement, causé à la campagne par l'augmentation des prix du pain ; puis par quelques circonstances temporaires, telles que la demande moins considérable sur les toiles de Bretagne en Espagne, à cause des mauvaises récoltes et du manque de fonds à Cadix. A ces causes particulières viennent se joindre des causes plus générales : la concurrence que les industriels de campagne éprouvent de la part des fabricants d'Agen qui livrent leur marchandise à Bordeaux. A Agen on fabrique surtout de la toile à voiles qu'auparavant Bordeaux recevait de la Bretagne ; il est donc naturel que

1. Des échantillons des tissus et les chiffres indiquant leur valeur moyenne sont joints aux rapports des inspecteurs. Nous apprenons ainsi qu'on distinguait dans la production locale trois sortes de toiles : « bretagnes », « crées » et « enveloppes » ; dans chacune des deux premières, on distinguait des toiles étroites, moyennes et larges. Le prix d'une pièce de « bretagne » était de 90 à 110 livres, celui d'une pièce de « crée » 55 à 95 francs tandis qu'une pièce d' « enveloppe » contenant plus de 51 aunes parisiennes ne coûtait que 40 livres. Les « crées » et les « bretagnes » étaient exportées à l'étranger, surtout en Espagne, en Portugal et dans les colonies ; les autres toiles restaient dans le pays.

son écoulement, et par conséquent sa fabrication, ait de beaucoup diminué dans cette province.

Une autre sorte de toile dont la production s'est trouvée également diminuée est la toile à sacs. Tant que les prix du blé ne baisseront pas et qu'il n'en sera pas exporté de la province, on ne pourra pas compter sur une augmentation dans la vente de cette toile. A côté de ces causes qui paralysent l'industrie rurale des tissus de lin, il faut encore en indiquer une autre. En 1785, l'inspecteur des manufactures a prélevé un impôt même pour l'apposition de marques à des tissus qui, par leur qualité inférieure, ne dépassaient pas le marché local. Le maire de Saint-Quentin se plaint de ce que la grosse toile qui servait à l'emballage de toiles fines ou à l'habillement des paysans est imposée maintenant à raison de deux sous par pièce ; l'impôt n'est pas élevé, mais il est gênant : d'abord parce que les marchands de ces toiles disposent rarement d'une somme dépassant 25 à 30 pistoles par semaine, ensuite parce que le bureau où la marchandise est marquée ne leur est accessible que quatre fois par semaine, car les jours de marché, où il est ouvert, ils sont occupés à la vente.

Nous apprenons ainsi ce détail intéressant que le paysan breton était habillé de la tête aux pieds de toile grossière, la toile d'emballage, parce qu'elle coûtait moins cher que le tissu de laine, même le plus ordinaire. Les mesures dirigées contre les commerçants qui vendent ces toiles grossières touchent ainsi directement toute la population des campagnes.

Le gouvernement prit ces déclarations en considération et le 18 janvier 1786 le prélèvement de ce droit fut aboli (1). Mais le traité de commerce survint alors et les grosses toiles de la Bretagne éprouvèrent l'effet fatal de la concurrence des marchandises étrangères. Le 10 février

1. « Arch. Nat. », F^{12} 555.

1789, plusieurs fabricants jugèrent bon de faire part au gouvernement du préjudice causé à l'industrie de la toile française par l'accès libre donné aux toiles de Silésie que les Anglais apportaient aux colonies du Nouveau Monde et dans les diverses provinces de la France. Ce mémoire, signé « Danse et fils », nous indique d'une façon plus précise la façon dont la liberté du commerce établie par le récent traité avec l'Angleterre pouvait nuire au succès de l'industrie de la toile française. Cette dernière souffrait non pas de la concurrence des fabriques anglaises, mais à cause de l'importation par l'Angleterre de toiles de qualité égale ou supérieure à celles de France (1).

Quant à la Normandie, les rapports présentés aux assemblées provinciales de Rennes, de Caen et d'Alençon parlent constamment de manufactures de lin et de chanvre, répandues dans les villes et villages. Ainsi, le rapport fait à l'Assemblée provinciale de Rennes dit que la toile est fabriquée par les habitants des environs de Caen, de Fécamp et de Rouen. Les cretonnes s'apprêtent à Lisieux et les « gingas » ou toiles à carreaux aux environs de Rouen et dans cette ville même.

Les tissus mi-lin et mi-coton se fabriquent à Rouen et à Caen, sous le nom de toiles de Siam, tandis que le mélange de soie et de lin est la spécialité de Darnetal. Les tissus qui portent le nom de « blancards » sont produits à Lieuvin pour l'exportation dans les colonies espagnoles(2). On fabrique des toiles pour la somme totale de 45 millions de livres, tandis que cette même généralité de Rennes ne fabrique de lainages que pour 20 millions seulement (3).

Quant aux deux autres généralités de la Normandie, dans celle de Caen la fabrication de bas et de coiffes en

1. Ibid., F[12] 107, p. 715 et suivantes.
2. Procès-verbaux de l'assemblée provinciale de Rennes, p. 249.
3. Ibid., p. 286.

toile jouait un rôle secondaire, à côté de la fabrication des mêmes objets en drap et en coton. Le manque de plantations de lin et de chanvre constituait, d'après le rapporteur des états provinciaux, un obstacle à l'extension de cette industrie (1). La généralité d'Alençon était beaucoup mieux partagée à cet égard, car là, dans une petite ville nommée Mortagne, 500 maîtres et 800 à 900 ouvriers travaillaient à la fabrication de la toile, sans compter les femmes et les enfants, ainsi que les personnes qui étaient occupées aux travaux préparatoires. Le nombre de pièces fabriquées atteignait le chiffre de 25.000 à 26.000 par an, pour la somme de plus de 2 millions de livres (2). Une partie de ces toiles était fabriquée en dehors de la ville, dans les villages voisins. Le rapporteur de l'assemblée provinciale constate en 1787 une baisse considérable, sinon dans le chiffre des affaires de cette industrie, au moins dans la qualité de la marchandise. La concurrence des villages et l'observation moins rigoureuse des règlements ont eu pour conséquence que les fabricants ont commencé à faire des économies dans le nombre et dans la qualité des fils du tissu. A Domfront, plutôt d'ailleurs dans l' « élection » dont il était le centre que dans la ville même, on fabriquait du fil et de la toile, surtout avec de la matière première venant de Flandre (3).

A Alençon, tout en occupant une position secondaire dans la fabrication des dentelles, l'industrie de la toile jouissait cependant d'une réputation bien méritée par la solidité de ses produits ; ils trouvaient un écoulement non seulement à Paris, à Caen et au Mans, mais aussi dans les trois ports qui avaient des relations commerciales avec l'Amérique : Nantes, la Rochelle et Bordeaux. De là, ces toiles étaient expédiées dans les îles du Nouveau Monde (4).

1. Procès-verbaux des assemblées provinciales de la généralité de Caen, p. 336.
2. Procès-verbaux de la généralité d'Alençon, 1787, p. 404.
3. Ibid., p. 409.
4. Ibid., p. 415.

Vers le milieu du siècle, une place importante revenait à la fabrication de tissus grossiers en filasse, teints en couleurs diverses, et connus sous le nom de « bougrans ». On en produisait pour la somme de 250.000 livres; mais pendant les dernières quarante années cette industrie était tombée et le nombre de marchands de « bougran » se trouvait réduit d'un quart. Le filage du lin et du chanvre et la fabrication de la toile étaient également répandus dans les villes de Conches, de Bernay et de Laigle. Dans toutes, le rapporteur de l'assemblée provinciale signale pendant les dix dernières années une diminution dans le chiffre des affaires (1).

Les cahiers des paroisses de la Normandie parlent plus d'une fois du mal causé à cette branche de l'industrie rurale par le traité de commerce avec l'Angleterre. D'après leurs auteurs l'industrie manufacturière des villages est complètement tombée, beaucoup de familles sont restées sans travail et celles qui trouvaient jadis leur gagne-pain principalement dans la fabrication du fil et de la toile ont été acculées à la plus affreuse misère. La cause de tout le mal, déclare par exemple le tiers état d'Aunay, dans le bailliage d'Orbois, réside dans la concurrence des Anglais qui ont sur les Français l'avantage de pouvoir librement exporter de la France les matières brutes nécessaires et de vendre ensuite leurs produits à des prix inférieurs à ceux de France (2). Les vexations causées à l'industrie de la toile par les règlements qui assuraient l'uniformité dans la fabrication et ne permettaient pas aux fabricants de se conformer au goût variable du public, sont signalées à juste titre dans le cahier du tiers état de Rouen, comme un des obstacles à la libre concurrence avec l'étranger ; le cahier voudrait voir remplacer tous ces règlements par une seule exigence : celle de marquer aux deux bouts

1. Ibid., p. 426.
2. Hippeau, v. VII, « Cahiers de 1789 », p. 485.

de chaque pièce de toile le nom du fabricant et le lieu de fabrication (1).

Si nous passons maintenant à la province voisine, à la Picardie, nous nous trouverons, encore une fois, en face, d'une part, du développement considérable du tissage de campagne et, de l'autre, de l'influence néfaste exercée par la concurrence anglaise qui avait pour suite une réduction de cette industrie. En résumant le mémoire qu'un de ses intendants a consacré à cette province à la fin du xvIIIe siècle, Boulainvilliers dit dans son « Etat de la France » : « On file beaucoup et bien en Picardie, la filature approche de celle tant vantée de Tourcoing près Lille. »

D'après le témoignage des curés des paroisses, les mesures prises au xvIIIe siècle pour la propagation des métiers à tisser dans les villages fournirent du travail à un grand nombre de familles, jusqu'alors obligées de mendier, et contribuèrent beaucoup à la disparition de domaines abandonnés (2).

La fabrication des « bouracans » c'est-à-dire des tissus grossiers en chanvre, ainsi que des camelotes, des toiles fines et des toiles d'emballage, était, en même temps que la fabrication des cordes et des câbles, très répandue dans les élections d'Amiens, de Montdidier, de Péronne, d'Abbeville et de Saint-Quentin. L'industrie manufacturière enlevait beaucoup de bras à l'agriculture. Les membres du bureau de commerce d'Amiens signalaient ce fait en 1762 en disant que le paysan peut difficilement se consacrer à l'agriculture, lorsque dans l'industrie il peut gagner 15, 20 et 25 sous par jour, au lieu des 12 et 15 sous que lui donnent les travaux des champs (3). A Montdidier, comme nous le montre le mémoire rédigé en 1785 par

1. Ibid., p. 327.
2. Calonne. « La vie agricole en Picardie et Artois », p. 111.
3. Ibid., pp. 109, 110 et 112.

l'inspecteur des manufactures Villard, deux cents ateliers fabriquaient des bas en fil ; de plus, les fabricants occupaient à ce travail les habitants des villages environnants, en leur louant des métiers à raison de dix sous par semaine, ou bien en leur achetant leur marchandise toute faite.

Les villages de Méharicourt et de Rosières se distinguaient particulièrement par la quantité de bas de fil fabriqués ; ces bas étaient en partie livrés sur place aux marchands d'Amiens, de Paris, de Lyon et surtout de la Normandie (1).

En Flandre, où l'industrie de la toile remonte à l'époque des Gaulois, la culture du lin était, au XVIIe siècle, à ce point avantageuse que, selon l'intendant Dugué de Bagnols, vers la fin du siècle, dans les années où la récolte était bonne, sa valeur totale égalait celle des produits agricoles. Quant à la filature, elle était très répandue dans les environs d'Armentières, de Bailleul, de Cassel et d'Hazebrouck, mais le fil, conformément au décret du magistrat de la ville, publié en 1427, n'était vendu que sur le marché de Lille. Cette mesure, qui visait à établir entre ces localités une égalité dans les conditions d'écoulement de leurs marchandises, fut maintenue en vigueur au XVIIIe siècle, comme le montrent les dispositions prises à cet égard en 1714 et en 1722, dispositions qui défendaient de venir au devant des vendeurs ou d'acheter du fil dans les campagnes. C'est en 1782 seulement que ces achats dans les campagnes par les intermédiaires furent autorisés (2).

La fabrication du fil se trouvait à Lille, depuis 1691, entre les mains de la corporation des « filetiers-merciers » qui, au XVIIe siècle, écartaient soigneusement la concurrence des habitants de la campagne. Mais au siècle suivant, les intendants parvinrent à obtenir pour les campagnards le droit

1. « Histoire de la ville de Montdidier » par Victor de Beauvillé, v. II, p. 298.
2. Flammermont. « Histoire de l'industrie de Lille », pp. 23 et 24.

de filer, à la condition toutefois que le nombre d'établissements existants n'augmentât pas à l'avenir. La fabrication du fil était cependant encore à la veille de la Révolution, l'industrie la plus prospère de Lille. Les artisans occupés dans cette industrie exprimaient malgré cela leur mécontentement au sujet de l'établissement de tarifs pour encourager la culture locale du lin; ses produits, disaient-ils, ne suffisent pas à satisfaire la demande, le nouveau tarif ne pourra qu'encourager les toiles autrichiennes et allemandes au détriment des nationales (1). Lorsque le traité avec l'Angleterre fut signé, les filetiers de Lille renouvelèrent leur demande, la motivant cette fois par l'impossibilité de soutenir la concurrence étrangère. Dans le mémoire qu'ils présentèrent à Necker le 8 mai 1789, ils insistent également sur l'interdiction d'importer en France des « fils retors » : c'est le seul produit de leur industrie, — affirment-ils, — qui n'ait pas souffert du traité de 1786 (2). L'industrie de la toile, organisée à Lille dès le xve siècle, sur des bases corporatives, comptait, en 1780, 523 ateliers, tous en pleine activité ; la fabrication de la toile n'était pas exclusivement installée dans la ville. Armentières et Merville y prenaient également part. Pour le blanchiment, il existait dans divers faubourgs de Lille 16 établissements. Le linge de table était fabriqué principalement non dans la ville, mais dans trois villages voisins.

Quant aux toiles peintes, l'autorisation de les fabriquer fut donnée en France la première fois en 1759. Après Rouen et Versailles, Lille établit, en 1765, une fabrique spéciale de toiles peintes sous la direction de Jean Felpi, un émigré venu de Bohême. A la veille de la Révolution,

1. En 1773, l'abbé Terray établit pour la première fois un droit sur le fil importé en France. En 1782, ce droit atteignit 14 livres par quintal (Flammermont, p. 28).

2. « Ibid. », p. 33.

le nombre des fabriques s'élevait à trois et le chiffre de leurs affaires annuelles était de 2 millions de livres. Souvent on se contentait d'imprimer des dessins sur des toiles venant à Lille du dehors, ordinairement des villages voisins (1).

Répandue, comme nous venons de le voir, dans tout le Nord de la France, l'industrie de la toile occupait également les habitants d'autres provinces. Il en était ainsi par exemple dans l'Orléanais, où l'assemblée provinciale constatait ce fait que la fabrication de la serge et d'autres tissus légers servant à la confection de coiffes, encourageait la culture du lin et du chanvre ; l'assemblée exprimait en même temps le vœu de voir cette culture prendre de l'extension, parce que le filage à domicile donne du travail aux paysannes pendant les mois de décembre, janvier et, une partie de février (2). Le filage était de même très répandu dans les villages d'Auvergne, comme nous le prouve, entre autres, le témoignage suivant de Legrand d'Aussy, qui a visité cette province pendant deux années de suite, en 1787 et 1788. Dans les villes comme dans les villages, écrit-il, les femmes sont occupées à la filature, mais comme elles se servent du fuseau et que leur travail est grossier, le fil qu'elles fabriquent ne coûte que 5 à 8 sous la livre. L'administration locale fit une tentative de répandre dans les villages les machines à filer ; en 1758, sur l'initiative de l'intendant, elle en distribua dans ce but un certain nombre gratuitement, et abaissa le prix de ceux qu'elle vendait jusqu'à 3 livres 10 sous ; malgré cela, les paysans s'abstinrent cependant de se les procurer (3).

La fabrication de toiles de lin et de chanvre était, pour le Maine, une source très importante de revenu. On produisait, en moyenne, 40.000 pièces par an. Cette industrie

1. « Ibid. », pp. 32 à 40.
2. Procès-verbaux des séances de l'Assemblée provinciale de l'Orléanais, 1787, p. 276.
3. Legrand d'Aussy « Voyage fait en 1787 et 1788 dans la ci-devant haute et basse Auvergne », v. III, p. 210.

était répandue surtout dans les bourgs et les villages, ainsi à Château-Gontier, Mamers, Freney, La Ferté, Beaufort, Château-du-Loir. La pauvreté croissante de la population agricole, loin de diminuer l'extension de cette industrie, l'étendait encore, car beaucoup de paysans trouvaient dans ce travail additionnel un moyen de couvrir leur déficit. La correspondance administrative signale ce fait tant dans le Maine qu'en Bretagne. Les intendants et leurs aides ou « subdélégués » expliquent le développement pris en 1772 dans le Maine par la fabrication de la toile par l'appauvrissement des paysans. A leur dire, elle forçait les familles à travailler jour et nuit (1). De même, un an avant la Révolution, le subdélégué de Fougères en Bretagne écrivait que le fermier n'est pas en état de payer les rentes avec le seul produit de son travail agricole et qu'il est obligé d'y ajouter le gain que lui procure la filature (2). A côté du Maine, l'Anjou occupait une place importante dans l'industrie de la toile ; la fabrication de toiles peintes ou indiennes et de mouchoirs y était particulièrement répandue. A Angers, on fabriquait 14.000 pièces d'indiennes par an ; à Cholet, 20.000 ; le nombre total de mouchoirs que livrait annuellement cette dernière localité était de 160.000 (3). En 1766, les toiles peintes figurent dans la recette totale de la province pour le chiffre de un million de livres, tandis que les toiles simples atteignaient à peine celui de 883.000. Les mouchoirs et le fil donnèrent cette année 1.540.000 livres de revenu. Dans son ensemble, l'industrie de la toile dans l'Anjou ne livrait de marchandises que pour la moitié de la somme à laquelle s'élevait le produit de cette même industrie dans la province du Maine, où on fabriquait pour 5 millions de

1. A Dumas. « La généralité de Tours au XVIIIe siècle », p. 162.
2. Lettre du 22 août 1788. Reproduit chez Poquet : « Les origines de la Révolution en Bretagne », v. II, p. 15.
3. Ibid., p. 166.

livres de tissus de lin et pour 1.315.000 de tissus de chanvre par an (1).

Dans le midi de la France, Lyon est le marché principal pour les toiles fabriquées en quantité un peu considérable, à côté des tissus en coton et des mousselines produits à Neuville, à Tarare, à Amplepuis et à Thizy (2).

Deux ans avant la Révolution, le goût des batistes et des linons se répandit en France. Pour le satisfaire, on ouvrit des fabriques spéciales à Saint-Quentin, à Cambrai, à Péronne, à Valenciennes et à Douai. En 1789, elles livrèrent 170.000 pièces d'une valeur moyenne de 40 fr. chacune. Tolozan estime le revenu brut de l'industrie de la toile à 200 millions de livres ; elle n'était donc dépassée par celle de la laine que de 25 millions, et était par conséquent aussi la deuxième industrie en France par le chiffre de ses affaires. Si nous y ajoutons les 26 millions fournis par la fabrication des bas, du fil à coudre, des rubans, des filets, des cordes (le tout pour 16 millions) et les 10 millions produits par la fabrication des dentelles, nous verrons que les deux industries, celle de la laine et celle du lin et du chanvre, se trouvaient au même niveau (3).

Une branche à part de l'industrie du lin, pendant longtemps très prospère en France, c'était la fabrication de la dentelle que nous avons déjà mentionnée plus haut. La fondation des fabriques célèbres d'Alençon et d'Aurillac, qui disputaient la priorité à celles de Bruxelles et de Venise (4), remonte à Colbert. Au XVIIIe siècle, cette industrie se développe à Valenciennes et à Lille ; la dernière de ces villes fournit une marchandise de qualité inférieure, mais pour la somme importante de 4 millions

1. Ibid., p. 157.
2. Wahl. « Les premières années de la Révolution à Lyon », p. 6.
3. Moreau de Jonnès, p. 165 et Boiteau, p. 546.
4. V. Germain Martin. « La grande industrie sous le règne de Louis XIV », pp. 79 et 189.

de francs par an. Quatorze mille ouvrières et deux mille apprenties prennent part, en 1789, à cette industrie; la plupart d'entre elles sont dispersées dans des villages.

Ce n'est pas, à proprement parler, une industrie rurale, car les ouvrières travaillaient non à leurs risques et périls, mais sur la commande des commerçants en gros qui leur fournissaient, en même temps que les avances, la matière première et les dessins. A Lille, le nombre de ces commerçants ne dépassait pas 45 (1). A Alençon, d'après le rapport fait à l'assemblée provinciale, le « point de France » rapporta encore, en 1774, une somme de 1.200.000 livres; à Argentan où on travaillait des dentelles plus fines, la valeur totale du produit atteignit, la même année, le chiffre de 600.000 livres. A partir de cette année, à Alençon, comme dans les villages environnants, la dentellerie commence à tomber par suite de l'influence de cette simplification générale des mœurs, qui à la fin du XVIIIe siècle eut une influence si néfaste sur le sort des manufactures ne satisfaisant que les besoins de luxe (2). Elle provoqua aussi la décadence de la dentellerie à Aurillac, qui, à l'époque de Colbert, produisait encore pour une somme de 60 et même de 80.000 livres par an.

Le mémoire rédigé en 1697 par l'intendant de l'Auvergne constate déjà une diminution dans le chiffre des affaires; il tombe à 30.000 livres. Les dentelles moins chères, connues sous le nom de dentelles françaises et anglaises, continuent à être fabriquées à Murat, à La Chaise-Dieu, à Valence et à Viverolles; elles ont moins souffert de la diminution générale des dépenses sous l'influence de la

1. Flammermont. « Histoire de l'industrie à Lille », p. 27.

2. Procès-verbaux de l'assemblée provinciale de la généralité d'Alençon, 1787, p. 416, 417 et 419. Boiteau donne les chiffres suivants pour le nombre de dentellières à Alençon et à Lille : pour la première 8 à 9.000, pour la seconde 6.000. Nous ignorons les sources de ces renseignements, car l'auteur n'a pas cru devoir nous faire connaître les détails de ses calculs. (Boiteau. « L'Etat de la France en 1889 », p. 547.)

littérature moralisante du XVIIIe siècle et du changement survenu dans les modes sous cette influence (1).

Aucune branche de l'industrie textile ne ressentit davantage l'influence paralysante de la concurrence anglaise que celle du coton. La cause en était surtout que dans aucune industrie l'effet des perfectionnements techniques et le triomphe de l'industrie de fabrique sur celle de la campagne, tant au point de vue de la qualité qu'à celui du bon marché des marchandises ne se fit sentir d'une façon plus marquée. Ces deux phénomènes étaient déjà un fait accompli en Angleterre au moment de la conclusion du traité de commerce de 1786 ; mais il n'en était pas de même en France, où des établissements industriels, tels que la fabrique fondée à Neuville par un originaire de Manchester, nommé Mélue, pour la production de toiles en coton et de velours, ou la grande filature de coton établie à Cuire-la-Croix-Rousse, aux environs de Lyon, par François Perret (2), ne faisaient qu'une exception rare à la règle, qui voulait que le filage fût fait par les gens de la campagne et chez eux.

Afin de confirmer par un exemple ce qui vient d'être dit, nous dirons quelle fut la situation de l'industrie de coton dans la généralité de Soissons, et en particulier dans les environs de Noyon. L'auteur d'un mémoire sur l'état des manufactures de cette localité, rédigé le 22 février 1787, dit que cette industrie est presque entièrement localisée dans les villages, et qu'il est rare de ne pas y rencontrer un plus ou moins grand nombre de fileurs qui se monte quelquefois à 100 et 200 personnes (3). Dans d'autres localités, ainsi dans le Poitou, des fabriques d'une certaine importance, par exemple celle de Zezile, qui pour-

1. V. Legrand d'Aussy. « Voyages faits en 1787 et 1788 dans la ci-devant Haute et Basse-Auvergne », vol. III, p. 214.
2. Voir le rapport fait sur eux par l'inspecteur local des manufactures au comte de Vergennes, en 1784. Arch. Nat. F[21] 516.
3. Arch. Nat. F[12] 649.

tant n'occupait que 200 ouvriers, furent fondées trois ans seulement avant la signature du traité avec l'Angleterre ; c'étaient ordinairement les enfants des mendiantes hospitalisées à Poitiers que l'on employait à fabriquer des cotonnades (1).

Les capitalistes français évitaient de faire les dépenses considérables que demandait l'installation de machines à filer ; elles coûtaient en France, quatre fois plus cher que les jenny's anglaises et on ne les installa que dans les trois fabriques les plus importantes du pays : celle de Louviers, d'Arpajon et d'Orléans (2).

Le traité de commerce, qui ne frappait les tissus de coton importés de l'étranger que d'un droit de 12 o/o, au lieu de les prohiber totalement, comme c'était le cas dans le passé, dut fatalement amener cette conséquence que la France se trouva inondée par les percales et la bonneterie anglaises ; mais ceux qui avaient signé le traité nourrissaient, comme il suit des paroles de l'un d'entr'eux, Gérard de Rayneval, l'espoir optimiste que la concurrence étrangère ne ferait qu'exciter les manufacturiers français à s'élever le plus tôt possible au niveau de ceux d'Angleterre par la qualité de leurs produits (3).

Il est à croire cependant que personne de ceux qui

1. Rapport de l'inspecteur des manufactures Vaugelade du 23 août 1787. Arch. Nat., F^{12} 644

2. Un membre du conseil de commerce, Leturc, écrit le 17 février 1789 : « Je conviens que l'établissement de Louviers est fait d'après le principe d'Arckwright. Il en est de même de ceux d'Arpajon et d'Orléans et malgré cela non seulement ces trois établissements ne se ressemblent point entre eux, mais aucun d'eux ne ressemble à celui d'Arckwight. Ils n'ont de commun que les cylindres, encore les copies sont-elles vicieuses ». Arch. Nat. F^{13} 617.

3. Voici ce que dit Gérard de Rayneval à la séance du Conseil d'État du 21 février 1786. « La Grande-Bretagne ne nous ravira jamais les produits de notre sol et peut-être lui enlèverons-nous la supériorité de ses produits d'industrie. La concurrence détermine la perfection et le succès de nos manufactures. » (Butenval. « Précis du traité de commerce de 1786 », p. 57). — Dupont de Nemours avait la même idée lorsqu'il disait : « S'il n'y avait jamais eu de barrières entre la France et l'Angleterre, le progrès eût été le même dans les deux pays. La nécessité pour nos artistes et nos industriels d'être aussi habiles que leurs concurrents les aurait rendus tels ». (Ibid., p. 105.)

directement ou indirectement, avaient pris part à la conclusion du traité, n'avait prévu les proportions que prendrait dès le début l'importation des tissus de coton. Les Anglais en inondèrent le pays, dans l'espoir, comme le disent les déclarations faites en 1802 par la Chambre de commerce de Bordeaux, de tuer l'industrie française. Le résultat fut, que l'industrie française se hâta d'égaler l'anglaise sous le rapport des perfectionnements techniques et nulle part ses progrès ne furent plus visibles que dans l'industrie du coton, dans laquelle, au début, les Anglais eurent une prépondérance incontestable et absolue (1).

Mais si l'industrie française finit par remporter un triomphe dans une concurrence imprévue par elle et fort difficile avec les cotonnades anglaises, dans les années qui suivirent la conclusion du traité sa situation fut vraiment critique. Les Chambres de commerce, celle d'Amiens en tête, parlèrent d'une façon très catégorique, des malheurs qui se sont abattus sur les fabricants depuis la signature du traité (2). Plus d'un industriel s'adressa au gouvernement, et lui demanda de les dédommager des pertes causées par le traité (3). Les fileurs restés sans travail ne se

1. « En définitive, le traité de 1786 avait effrayé quelques personnes, surtout pour les marchandises de coton, pour lesquelles l'Angleterre avait une grande supériorité sur la nôtre, elles craignaient que cette concurrence n'anéantît nos fabriques et que ce genre d'industrie ne fût totalement perdu pour nous. Qu'est-il arrivé ? Il est arrivé que ces fabriques sont précisément celles dont les progrès sont les plus remarquables. Elles se sont industrialisées, il a été établi des mécaniques ; les ouvriers se sont appliqués davantage ; tous les outils ont été perfectionnés et ces sortes de marchandises sont celles pour lesquelles, depuis le traité, la France a obtenu la plus grande amélioration. » (Ibid., p. 110).

2. 24 avril 1788. Représentation de la Chambre de commerce d'Amiens sur l'état de souffrance où se trouvent les fabricants en tous genres de la province de Picardie par suite du traité de commerce entre la France et l'Angleterre. Arch. Nat. F[12] 107, p. 169 et 170.

3. 3 juin 1788. Mémoire du sieur Fabriquette-Valette, fabricant de vestes de tricot en coton à Lodève, par lequel il demande une gratification pour le dédommager des pertes qu'il éprouve depuis le traité de commerce. (Ibid., p. 246.)

bornèrent pas à demander qu'on améliorât leur situation matérielle compromise par l'importation libre des tissus anglais (1). Ils eurent recours à des actes de violence, et arrêtèrent des transports anglais (2).

Si l'industrie française du coton eut surtout à souffrir de la concurrence anglaise, il faut en chercher les raisons dans les conditions mêmes de son existence au moment de la signature du traité. Le désir d'encourager la fabrication nationale des tissus de laine et de soie poussa le gouvernement de Louis XV à empêcher la vente non seulement des indiennes étrangères, mais même de celles fabriquées dans le pays. Gournay, le physiocrate bien connu, insista vainement sur l'utilité d'autoriser les industriels français à fabriquer des indiennes. Ce n'est que sous les ministères de Trudaine et de Turgot, lorsque le principe de la liberté industrielle remporta une victoire momentanée, que le gouvernement se montra prêt non seulement à autoriser, mais même à encourager par des privilèges la fondation

1. V. observations sur le tort que fait à la filature de coton dans la province de Normandie l'importation en France des cotons filés d'Angleterre moyennant un droit de 6 sols par livre pesant, 23 octobre 1688. Arch. Nat. F¹² 107, p. 491 et 492.

2. Un incident semblable eut lieu par exemple à Abbeville en 1790. Des marchandises d'origine française s'étant trouvées au nombre d'objets pris et détruits, leurs propriétaires sollicitèrent des dommages-intérêts pour leur perte et présentèrent dans ce but un mémoire spécial, dans lequel nous puisons les détails suivants. Les manufacturiers d'Abbeville, disent-ils, sont peut-être ceux qui ont le plus souffert du traité de commerce avec l'Angleterre. A partir de cette époque, la fabrication de toute espèce de tissus n'a pas cessé de tomber. Les ateliers se sont vidés peu à peu faute de commandes, et les ouvriers sont restés sans pain. C'est sur Abbeville que se dirigent les marchandises anglaises allant de Paris à Calais, d'où à leur tour elles se répandent dans tout le royaume. Le 20 mai, un fourgon venant de Boulogne et chargé, croyait-on, de marchandises anglaises, s'est approché de la porte de la ville ; il fut aperçu par les sans-travail qui se trouvaient à cet endroit ; c'étaient les sans-travail assistés par l' « atelier de charité » local qui leur venait un peu en aide en faisant construire une nouvelle chaussée. Poussés peut-être par le désespoir et, peut-être, par les conseils coupables venus du dehors, les ouvriers ont attaqué le fourgon et, voyant que les caisses et les tonneaux qui s'y trouvaient portaient la marque anglaise, les ont brûlé sans avoir rien pris, ce qui n'a pas été dévoré par les flammes a été à la rivière. Arch. Nat. F¹², 576.

de fabriques d'indiennes, comme celle par exemple qui fut établie par François Perret aux environs de Lyon, pour la production des toiles et des velours de coton. Perret donnait à son entreprise un caractère philanthropique : elle était censée fournir de l'ouvrage aux enfants et aux vieillards. Il la considérait comme ayant un intérêt national, parce qu'elle supprimait la nécessité de dépenser de l'argent pour l'achat des cotonnades anglaises et des velours de soie venant de Gênes. En basant sa demande sur ce fait, que sa fabrique était destinée à la production de tissus inconnus jusqu'alors, il sollicita du gouvernement certains privilèges. Les autorités firent droit à sa demande et dispensèrent ses tissus de tous les droits payés jusque-là, à leur entrée à Lyon et dans les autres villes et provinces du royaume, de même qu'à leur sortie de Lyon. Dans sa séance de mars 1780, le conseil du commerce décida de permettre au sieur Perret de tenir chez lui un teinturier auquel les règlements corporatifs ne seraient pas applicables, ce qui signifiait en d'autres termes la liberté dans les procédés de teinture (1).

Ayant obtenu en même temps la promesse de subsides en argent et le droit de donner à sa manufacture le nom de royale, François Perret engagea en Angleterre un certain Mielne qui se trouvait à la tête d'une entreprise semblable à Manchester.

C'est ainsi que fut créée cette fabrique, connue sous le

1. A quel point cet avantage était apprécié par les personnes occupées dans cette industrie, on peut le voir par l'exemple suivant : en 1773 un certain teinturier à Lyon, qui avait inventé un nouveau procédé pour teindre les tissus en noir, ce qui, comme le dit le document, mit les produits de sa manufacture au-dessus de ceux de Gênes, s'empressa de demander au gouvernement d'être exempt du contrôle de la corporation des teinturiers et de pouvoir embaucher autant d'apprentis qu'il voudra. Il reçut satisfaction, mais cela n'empêcha pas les jurés de la corporation qui craignaient l'heureuse concurrence des teinturiers formés par lui d'essayer de limiter leur nombre, exigeant qu'il ne puisse recevoir plus d'un apprenti tous les cinq ans, circonstance qui provoqua en 1686 une nouvelle pétition de sa part au département des manufactures et du commerce. (Arch. Nat. F[12] 516.)

nom de Manufacture royale de Neuville l'Archevêque. Ses affaires prirent bientôt une telle extension que, dépassant les limites des provinces voisines du Lyonnais, du Beaujolais, de la Bresse, elle occupa au travail du filage les paysans du Dauphiné, faisant ainsi une concurrence considérable au filage de la laine d'une autre manufacture royale, celle de Vienne.

A l'exemple de la manufacture royale de Perret, d'autres fabriques furent fondées à Tarare, à Amplepuis et à Thizy; elles expédiaient leurs produits à Lyon, d'où ils se répandaient dans tout le royaume. Mais ces essais d'organiser l'industrie du coton sur les principes de la production capitaliste étaient relativement rares et, ayant commencé tard, ne purent guère trouver un nombre considérable d'imitateurs.

Comme il suit du rapport présenté, en mars 1785, par l'inspecteur des manufactures de Troyes, l'industrie du coton, très répandue aux environs de cette ville, avait un caractère purement domestique. Le coton venant de Saint-Domingue, de Saint-Marc et de la Guadeloupe, ainsi que du Levant (celui-ci de qualité inférieure), était directement acheté chez les marchands en gros par les familles paysannes. Les femmes étaient occupées à le carder et à le filer, en se servant d'un fuseau en fer (1). Les fileuses vendaient leur fil aux tisserands qui, avec le concours de leurs femmes et de leurs enfants, en faisaient des tissus (2). Ces derniers passaient ensuite aux blanchisseurs, lesquels, sans recourir à aucun procédé chimique,

1. Le mémoire que nous citons dit : « Ce sont les femmes et les filles qui achètent les cotons des marchands, qui les cardent et les vendent aux tisserands tout filés. Le coton ainsi formé en bourgeon, on le file au tour à corde ouverte à la broche de fer sur un tuyau. » Arch. Nat. F[12] 555.

2. « Le tisserand monte sur le métier, il appuie du pied droit sur la marche à laquelle est attaché le foulet, en sorte qu'un des foulets se baisse et l'autre se lève tour à tour, ce qui fait fouler et baisser avec égalité les fils de la chaîne entre lesquels il lance la navette garnie de trame. » (Ibid.)

se bornaient à les laver plusieurs fois et à les exposer au soleil. Trois mois — et encore les mois d'été — suffisaient à peine pour blanchir dans ces conditions.

Toute cette industrie se trouvait ainsi entre les mains de familles paysannes ; seule la fabrication de bas, très répandue également aux environs de Troyes et qui y occupait au moins 300 métiers, présentait déjà les caractères d'une grande industrie domestique, les machines à filer étant très répandues dans les campagnes.

L'inspecteur des manufactures déclare, dans son rapport de 1785, que le filage se fait naturellement beaucoup plus vite dans ces conditions, mais que le fil est de qualité inférieure ; il ne peut guère servir à la fabrication de tissus, mais seulement à celle de bas. Il parle des progrès rapides accomplis par la manufacture des bas pendant les six dernières années, grâce aux machines à filer. Ce sont les entrepreneurs qui les ont introduites dans les villages, où elles ruinent, dit-il, les paysannes, en les privant de leur gagne-pain habituel (1). Le même caractère, c'est-à-dire plutôt celui de forme domestique de la grande industrie que d'une véritable industrie rurale, était propre à l'industrie du coton en Normandie, où, selon Arthur Young, le nombre des métiers était le plus considérable (2).

On peut juger des proportions prises par la filature du coton en Normandie au moment de la conclusion du traité de commerce avec l'Angleterre, par ce fait qu'en 1786 la ville de Rouen et les villages voisins, y compris le district

1. Les mécaniques à filer ruinent les fileuses et leur ôtent les moyens de gagner leur vie. On ne se sert plus que de ces machines dans les campagnes ; la plus grande partie des cotons ainsi filés s'emploient dans la bonneterie. Ils sont d'une très mauvaise qualité, parce que les opérations de la main-d'œuvre fatiguent trop cette matière qui est sèche par elle-même. (Ibid.)

2. Les plus grandes fabrications en France sont le coton et la laine en Normandie. (« Voyages en France », v. II de la nouvelle édition de Guillaumin, de 1882, p. 383.)

de Caux, livrèrent à peu près 500.000 pièces pour la somme de 45 à 50 millions de livres, chiffre donné dans le rapport fait à l'assemblée provinciale de cette généralité, en automne 1785 (1). Cette industrie n'a d'ailleurs reçu une telle extension que dans le courant des dernières années, car, en 1782 et en 1783, l'inspecteur des manufactures de Rouen rapportait encore qu'on n'avait fabriqué de cotonnades dans la province, que pour 208.000 livres ; la différence dans la production annuelle était d'une quinzaine de mille livres par an, tandis que la recette générale était représentée par un chiffre qui atteignait à peine la moitié de celui indiqué dans le rapport fait à l'assemblée provinciale en 1787 (2).

Indépendamment des tissus de coton les districts de Rouen et de Caux livrèrent au marché, en 1787, 36.000 douzaines de bas pour la somme de 1.800.000 livres (3). Après la conclusion du traité de commerce de 1786, dans l'espace de quelques mois écoulés entre le moment de sa ratification et l'ouverture d'une nouvelle session de l'assemblée provinciale en août 1787, on importa de l'Angleterre 30.000 paires de bas, c'est-à-dire les cinq sixièmes de leur production annuelle à Rouen. Il n'est pas étonnant si, dans ces conditions, les fabricants crurent nécessaire de restreindre le nombre de leurs ouvriers et si plu-

1. Procès-verbaux de l'assemblée provinciale tenue à Rouen en 1787, reproduit chez Hippeau : « Les gouvernements de la Normandie aux XVIIe et XVIIIe siècles », t. V, p. 246.

2. Arch. Nat. Rapport de l'inspecteur des manufactures de Rouen pour le premier semestre 1783 : le nombre de pièces est 193.618, de 14.757 pièces moindre que celui du dernier semestre de 1782. (F^{12} 555.)

3. L'industrie du coton existait également, bien que dans des proportions moindres, dans d'autres provinces de la France, par exemple dans l'Orléanais. Ainsi dans le rapport fait à l'assemblée provinciale tenue à Orléans en 1787, nous lisons : « La fabrique de cotonnades de Mesle près Vendôme tire de ses environs une partie des cotons filés qu'elle emploie, et une plus grande partie de Rouen. La fabrique de couvertures de Saint-Dié est à peu près dans le même cas. Enfin les manufactures de serge, de tirtaine et autres petites étoffes de bonneterie entretiennent une main-d'œuvre de filature dans plusieurs points de la généralité », p. 217.

sieurs ateliers furent suspendus : des 1.200 qui existaient à Rouen, il ne resta qu'environ 1.100. Dans la fabrication des mousselines, les manufactures de Manchester surpassaient celle de la France par la qualité et le bas prix de leurs produits. En expliquant les raisons pour lesquelles les industriels de Rouen ont de la peine à soutenir la concurrence anglaise, la Chambre de commerce de Normandie et, à son exemple, le rapporteur de l'assemblée provinciale, parlent de deux sortes d'avantages que possèdent leurs concurrents.

Ils ont, d'abord, la possibilité de faire des économies sur le combustible ; le bois est devenu si cher en France qu'il faut chercher à le remplacer ; or, le charbon de terre qui pourrait lui venir en aide, coûte à Rouen par tonneau 45 à 50 livres, tandis qu'à Manchester la même quantité revient à 9 shillings ou 11 livres et 10 sols. En second lieu la France dépense beaucoup pour la rétribution du travail fait à la main, tandis qu'en Angleterre ce travail est remplacé par les machines à filer, les « jenny's » qui ont pris la succession des rouets de campagne.

Une seule circonstance est favorable à l'industrie française, c'est que les colonies lui fournissent tous les ans pour trois millions de livres de matière première. Il suffit d'encourager l'introduction des perfectionnements techniques et de s'occuper de l'exploitation des mines de charbon, prétend le rapporteur de l'Assemblée provinciale de Rouen, — pour mettre les manufacturiers français dans des conditions égales à celles des étrangers. Les machines à filer anglaises ne sont plus un secret pour les industriels français ; s'opposer à leur introduction dans un intérêt de protection de l'industrie rurale, serait le comble de la folie, car les classes laborieuses ont tout intérêt à ce que les cotonnades soient produites dans les fabriques (1).

1. « Procès-verbaux de l'Assemblée provinciale de Rouen », 1787.

Telle est la façon de voir des classes qui profitent directement des avantages de la grande industrie ou qui en attendent un renouveau pour toute la France ; mais elle est loin d'être la même que celle des paysans, lésés par la décadence de la petite industrie rurale. Le cahier du bailliage de Caux, tout en reconnaissant l'utilité d'encourager ceux qui introduisent en France des machines perfectionnées pour l'industrie du coton, montre en même temps la nécessité de se préoccuper du sort des ouvriers qui restent sans travail grâce aux progrès de la technique (1).

Parmi les cahiers des bailliages, certains poussent leur hostilité pour la concurrence anglaise et les machines jusqu'à proposer de cesser tout échange commercial avec les étrangers et d'interdire les « mécaniques à coton » (2).

reproduits par Hippeau dans le sixième volume de son recueil, intitulé : « Les gouvernements de la Normandie ancienne et moderne », pp. 246, 247, 253, 287 et 289 à 291. Il ressort du rapport fait au conseil du commerce le 21 juillet 1788 par l'intendant de province, Tolozan, que le gouvernement était préoccupé de perfectionner les procédés techniques du filage. Il ordonna dans ce but de faire une enquête dans les filatures existantes et on trouva que dans les trois plus importantes à Louviers, à Argentan et à Orléans, fonctionnaient les machines des fabricants anglais Mielne. Leur établissement était situé à Mente et jouissait d'un subside gouvernemental. D'après Tolozan les machines qu'ils construisaient faisaient vingt-quatre fois plus de fil qu'une fileuse qui travaille au rouet et six fois plus que la jenny anglaise. Mais d'un autre côté elles avaient le défaut d'être très compliquées et de ne pouvoir fonctionner que dans le voisinage des eaux courantes. De plus, elles coûtaient très cher, de sorte que leur assortiment complet revenait à 12.000 livres, tandis que celui d'une jenny ne coûtait que 3.000 seulement. Très peu de capitalistes, se plaint Tolozan, sont prêts à faire les frais nécessaires pour procurer à leurs fabriques des machines aussi coûteuses ; il est donc nécessaire de simplifier les machines à filer et de les rendre moins chères. C'est à quoi pense en même temps un certain Leclerc qui a établi des fabriques à Brive, dans le Limousin, et de Barneville, inventeur d'un nouveau procédé qui cependant est reconnu pour être très imparfait (F^{12} 107, p. 578, séance du 21 juillet 1788). Leclerc se prononce le 17 février 1789, contre le projet d'accorder à de Barneville le droit de construire aux frais du gouvernement un modèle de sa machine imparfaite, puisqu'il est sûr, dit-il, qu'aussitôt que l'on connaîtra en France les machines construites à Glasgow par Arckwright, et déjà employées dans 143 fabriques anglaises, on se persuadera qu'elles sont dix fois plus avantageuses que celle imaginée par de Barneville, F^{12} 657.

1. « Cahier du Tiers du bailliage de Caux ». Hippeau, v. VII, p. 280.

2. V. « Cahier du Tiers du bailliage d'Andelys » ; « qu'il soit pris en

A côté de Rouen, Montpellier commençait à jouer un rôle important dans l'industrie du coton, surtout dans la fabrication des mouchoirs. Ainsi que Rouen, cette ville en produisait pour la somme de 15 millions de livres. L'art de teindre le fil, apporté de Smyrne et d'Andrinople, permettait d'en exporter une quantité considérable à l'étranger ; le fil de couleur pourpre était surtout apprécié.

Le nombre des métiers occupés à la fabrication de cotonnades est évalué par Boiteau, d'après quelques données fournies par les Archives, à 15.000 ; en plus, 8.000 métiers faisaient du fil de coton, de ce nombre 3.000 fonctionnaient dans le Dauphiné et occupaient 14.000 ouvriers (1). Mais combien insignifiante était néanmoins l'industrie cotonnière en France à la veille de la Révolution, la comparaison avec celle d'Angleterre nous le montre on ne peut mieux. Dans ce dernier pays, elle occupait, en 1787, 360.000 ouvriers et employait en 1791, 12.781.000 kilos de coton (2).

A côté de l'industrie textile, celle des cuirs peut être considérée comme une des plus répandues en France à la veille de 1789 et, en même temps, comme une de celles qui se sont le plus ressenties de la décadence survenue avant le commencement de la Révolution. Les centres principaux de cette industrie étaient, d'une part, Paris où en 1759 on avait tanné 45.000 peaux et, de l'autre, différentes villes de la Touraine, de l'Auvergne et de l'Orléanais. En Touraine seule, on comptait, au XVIIe siècle, 400 maîtres tanneurs, mais, en 1698 déjà, il n'en restait plus que 54. L'intendant Hué de Miromesnil explique cette décadence par l'appauvrissement général qui a diminué la consommation de la

considération aux Etats généraux si le traité de commerce fait avec l'Angleterre est ou non préjudiciable au commerce de la nation et si l'usage des mécaniques à coton doit être autorisé ou défendu dans le royaume ». Ibid., p. 337.

1. Boiteau, p. 246.

2. Moreau de Jonnès. « Statistique de l'Industrie de la France », p. 70.

viande et restreint, par là la quantité des bêtes à cornes. Et lorsqu'à cette cause vint se joindre, depuis 1759, l'impôt sur les cuirs et, depuis le ministère de l'abbé Terray, leur importation du dehors, la décadence de la manufacture des cuirs marcha si rapidement qu'à Angers, par exemple, le nombre des maîtres, de 42 qu'il avait été en 1759, tomba en 1788 à 7, à Amboise — de 10 à 4, à Château-Renault — de 28 à un seul (1).

Les cahiers de 1789 se montrent préoccupés de cette décadence rapide d'une industrie jadis florissante et l'attribuent unanimement à l'influence de la politique fiscale (2).

En Auvergne, on se trouve en présence de phénomènes analogues. Autrefois, écrit en 1759 Legrand d'Aussy, la province était renommée pour ses tanneries, à présent cette branche de l'industrie a disparu entièrement, comme à Bilon, ou bien il ne reste de son ancienne prospérité que six établissements à peine ; c'est le cas de Thiers (3).

L'intendant d'Ormesson déclare, à la fin du XVIIe siècle, qu'il n'existe pas de ville en Auvergne où il n'y ait pas de tannerie. La veille de la Révolution cette industrie ne continuait à se maintenir, en dehors de Thiers, qu'à Clermont-Ferrand et à Saint-Flour.

Cette décadence alla si loin qu'on finit par exporter les cuirs de l'Auvergne à l'étranger, au lieu de les tanner sur place, circonstance qui attira l'attention des auteurs des cahiers et les poussa à demander qu'une interdiction gouvernementale mît fin à cette pratique (4). Voulant

1. F. Dumas. « La généralité de Tours », p. 165.

2. Ainsi, par exemple, nous lisons dans le cahier de Caux : « Suppression du droit sur les cuirs, dont l'exercice a fait tomber la majeure partie des tanneries de la province. » (« Cahier du Gr. baillage du Caux » Hippeau, v. VII, p. 219) et dans le cahier de la ville de Rouen : « Le droit de marque sur les cuirs qui désole les tanneries et qui a ruiné cette branche de fabrication autrefois florissante. » Cahier du tiers de la ville de Rouen, ibid., p. 327.

3. T. I, p. 250 et 450 ; t. III, p. 218.

4. Ainsi par exemple, nous lisons dans un cahier : « demander que l'exportation des cuirs verts nationaux et des écorces soit

expliquer les causes de cette décadence de l'industrie des cuirs en Auvergne, Legrand d'Aussy mentionne ce fait que les mesures prises en 1759, 1771 et 1781, ont grevé chaque quintal de cuirs d'un droit de quinze livres. Lorsque le traité de commerce avec l'Angleterre eut admis la concurrence des cuirs étrangers, l'industrie française se trouva dans l'impossibilité de la supporter. Les Anglais, dit Legrand d'Aussy, n'ont à payer à l'entrée en France que 2 livres et 19 sols par trente livres de cuirs; tout le tannage n'entraîne chez eux aucune espèce de frais; quant à l'industrie française, elle paie au trésor pour la même quantité de cuirs 6 livres 7 sols et 3 deniers. Il n'y a pas de province où l'on ne puisse constater la même décadence de la tannerie qu'en Auvergne. Prenons, par exemple, la Picardie et la ville de Montdidier. En 1650, le nombre de tanneries y était de neuf; immédiatement avant le commencement de la Révolution il n'en restait plus que deux (1). Une des conséquences de l'imposition des cuirs, dit le rapporteur du bureau de commerce à l'assemblée provinciale de l'Orléanais, fut l'abandon de cette industrie par les entrepreneurs un peu aisés. Elle continue à tomber tous les jours et dans tout le pays; nulle part pourtant à un tel degré que dans l'Orléanais. Le traité de commerce avec l'Angleterre, qui a autorisé l'importation des selles à raison d'un droit de 12 o/o sur leur prix, droit réduit en fait à 6 o/o, menace de tuer définitivement l'industrie nationale (2). En effet, nos cuirs sont-ils à même de faire face à la concurrence des cuirs anglais, alors qu'ils portent des frais beaucoup plus consi-

défendue. (« Les cahiers du bailliage de Reims aux Etats généraux de 1789 », Henri. Paris, 1869, p. 220.)

1. « Histoire de Montdidier », par Victor de Beauville, v. II, p. 301 et 302.

2. Procès-verbal de l'assemblée provinciale de l'Orléanais de 1787, p. 362. De toutes les branches de l'industrie des cuirs, la fabrication des gants a, paraît-il, le moins souffert de la concurrence étrangère. A la veille de la Révolution, Vendôme continuait à en livrer jusqu'à 600 mille paires par an. (Ibid., p. 285.)

dérables et n'ont pas la même qualité, surtout depuis que les droits prélevés sur eux ont effrayé les mégissiers les plus riches et que l'industrie est tombée entre les mains des moins aisés ? En somme les vicissitudes de l'industrie des cuirs, depuis 1759, époque de l'introduction des droits fiscaux, d'après Roubigny, lui-même tanneur de son métier et rapporteur à l'assemblée des notables, ont frappé quarante villes qui, au moment de la mise en vigueur de l'impôt, c'est-à-dire en 1759, comptaient 622 tanneries, et l'année de l'assemblée des notables, c'est-à-dire deux ans avant la Révolution, n'en ont conservé que 198 (1).

Nous ne nous arrêterons pas aussi longuement aux destinées des autres branches de l'industrie manufacturière, d'abord parce que notre tâche n'est pas d'exposer des données statistiques, mais d'indiquer les tendances qui se sont manifestées dans la crise économique traversée par la France à la veille de la Révolution ; en second lieu, parce que, de toutes les branches d'industrie, celles que nous venons d'examiner étaient les plus répandues et que c'est par conséquent dans leur milieu qu'a pu d'une façon beaucoup plus marquée qu'ailleurs se manifester l'influence de cette accumulation de capitaux qui de nos jours conduit à la concentration de l'industrie entre les mains d'un nombre relativement restreint d'entrepreneurs individuels ou de syndicats. Les faits que, dans le domaine choisi par nous, une telle concentration n'eut pas lieu, que, non seulement dans les villages mais même dans les villes, la petite industrie continuait à jouer un rôle prépondérant, bien que subordonné aux fabriques, que ces dernières, à quelques exceptions près, comme les entreprises de Van Robais et de Leclerc à Abbeville, n'étaient que des réunions d'une dizaine d'ateliers tout au plus ; ces faits pris dans leur ensemble nous autorisent à conclure que la France à la veille de la Révolution répondait beaucoup

1. Legrand d'Aussy, p. 217.

plus à l'idée d'un pays de petites fortunes si l'on envisage la répartition de sa propriété mobilière qu'en se plaçant au point de vue de sa propriété immobilière. Le peu qu'il nous reste à dire sur les autres formes de l'industrie manufacturière, celle du papier, du fer, des faïences, du verre, etc., ne fera que confirmer la thèse que nous soutenons. Nous passons, à dessein, sous silence les entreprises gouvernementales qui n'étaient appelées à satisfaire qu'une demande très restreinte, et devaient plutôt, comme la fabrique des Gobelins (1), fournir des modèles aux producteurs que servir de placement aux capitaux du Trésor. Leur examen ne peut évidemment pas trouver place dans une étude qui se propose d'indiquer la répartition des revenus provenant de l'industrie française entre les différentes classes de la société.

Nous allons nous arrêter d'abord à l'industrie du fer, car c'est là qu'il serait le plus naturel de trouver cette concentration de capitaux qui caractérise l'industrie moderne. A l'exception de quelques fonderies de fer, comme celle établie, en 1772, au Ripault aux environs de Tours, en vue de la fabrication du fer rond et carré pour la marine (2), et les grandes forges, situées en Nor-

1. A quel point cette dernière eut à souffrir de la crise provoquée moins par la concurrence anglaise consécutive à la conclusion du traité que par la révolution survenue bientôt et la rupture qui a suivi des relations commerciales avec plusieurs Etats du continent, nous le prouve le mémoire suivant, présenté par un certain Tisserand, qui habitait au n° 17 de la rue des Deux-Ponts : « La manufacture des Gobelins, la plus belle en Europe, est tombée depuis l'an II dans une nullité absolue par la faiblesse de son administration. Le gouvernement a toujours fourni à sa dépense 180.000 livres par an tant en payement, ouvriers, frais d'administration, achats de matières premières, teinture, réparation des métiers et des bâtiments. Il est employé dans cette manufacture 87 ouvriers, lesquels ont fait jadis de 70 à 80 aulnes de tapisserie par année (ce produit existait encore en 1780), mais aujourd'hui depuis quatre années à peine 50 aulnes d'ouvrage. Sur 87 ouvriers 30 n'ont pas travaillé habituellement. Il est des ateliers dans lesquels on n'a pas travaillé depuis six mois et des ouvriers qui ne se sont pas présentés depuis un an. » F[12] 644.

2. Cette usine occupait annuellement 70 ouvriers. Malgré la haute qualité des marchandises qui surpassaient les marchandises allemandes, les entrepreneurs avaient de la peine à joindre les deux

mandie à Breteuil, Vauguins, Bonneville et dans le comté d'Evreux, en dehors enfin de la grande fonderie de cuivre de Romilly, dans la même généralité de Rouen (1), nous ne trouvons point en France au XVIIIe siècle de grandes usines métallurgiques. Les forges, dispersées en Guyenne, dans le Languedoc, le pays de Foix et le Berry, en Auvergne et en Lorraine, étaient ordinairement installées sur le modèle décrit par Legrand d'Aussy dans son voyage en Auvergne. A Thiers, écrit-il, 10.000 personnes sur les 15.000 qui constituent sa population, sont occupées à la fabrication de couteaux, cuillers, fourchettes, ciseaux et rasoirs. A trois lieues à la ronde les paysans se consacrent à la même industrie, de sorte que, dans tout le district, en comptant aussi bien la population de la ville que des villages circonvoisins, 20.000 personnes sont occupées à la coutellerie. Malgré l'extrême bon marché des marchandises, une grosse de couteaux se vendant à 4 francs et une grosse de ciseaux à 6 francs, la production générale de la coutellerie à Thiers était de 16 à 17.000 livres par an (2). Cette petite industrie rurale présentait cependant tous les indices d'une subordination au capital commercial, sinon industriel. Les produits de la coutellerie de Thiers, qui allaient à des marchés aussi éloignés que l'Espagne, le Mexique, le Pérou, La Plata, le Levant, les Indes, étaient achetés en gros par un nombre restreint de négociants (3).

La fabrication de l'acier se trouvait à cette époque en France à l'état d'enfance. Il a existé et il existe encore chez nous, se plaint l'intendant Tolozan en 1788, un pré-

bouts et furent obligés, en 1786, de cesser définitivement la fabrication. (V. Dumas. « La généralité de Tours au XVIIIe siècle », p. 16, et 169.)

1. Procès-verbaux de l'assemblée provinciale de Rouen, 1787, p. 251.

2. Legrand d'Aussy. « Voyages en Auvergne », v. I, pp. 452 à 457.

3. Tout ce commerce, écrit Legrand d'Aussy, se fait en gros par les négociants ou entrepreneurs particuliers (ibid.), p. 457.

jugé en vertu duquel la France ne serait pas en état de fabriquer de l'acier pareil non seulement à l'acier anglais, mais même à celui d'Allemagne. Il faut avouer, en effet, que nous ne savons pas fabriquer l'acier souple, ce qui nous oblige à rester à cet égard les tributaires de l'Angleterre. C'est seulement dans ces derniers temps qu'un établissement pour la fonderie de l'acier a été fondé à Amboise par une compagnie de capitalistes recevant un subside gouvernemental annuel de 20.000 livres ; on y produit des marchandises qui ne cèdent en rien à celles d'Allemagne, sinon à celles d'Angleterre (1).

Quant à l'exploitation du minerai et du charbon de terre, les années qui ont directement précédé la Révolution virent mettre fin à un usage établi depuis longtemps, et en vertu duquel le droit de donner, ou plutôt de vendre la concession de l'exploitation d'une mine appartenait au « grand maître des mines », poste occupé ordinairement par quelque membre de la noblesse de cour (2).

Contrairement aux législations qui reconnaissent aux propriétaires fonciers le droit au sous-sol, celle de la France a adopté le principe du droit romain, d'après lequel l'Etat est son unique propriétaire. Personne en France ne pouvait par conséquent se passer d'une autorisation gouvernementale, mais on la recevait assez aisément, au moins pendant les cinquante dernières années qui

1. Séance du conseil de commerce tenue le 20 juillet 1788. F[12] 107, p. 587.

2. Ainsi, Louis XIV par exemple avait conféré au duc de Montausier le droit d'exploiter pendant quarante ans les mines de houille dans toute la France, à l'exception du Nivernais et des mines déjà découvertes, privilège qui passa ensuite à sa fille d'Uzès. De même, le régent Philippe d'Orléans conféra à la compagnie organisée par Jean Galobin, sieur du Joncquier, le droit d'utiliser les mines durant trente années dans toute l'étendue du pays, droit qui, de fait, fut limité aux localités appartenant à la juridiction de Pau. Plus tard, le duc de Bourgogne, en sa qualité de grand maître des mines, crut avoir le droit de céder un monopole semblable sur l'exploitation des mines en Bretagne et ce droit lui fut reconnu par le gouvernement en 1730 et 1731. (V. « Histoire et Régime de la grande Industrie en France aux XVIIe et XVIIIe siècles », par Alfred des Cilleuls, p. 59.)

précèdent la Révolution. Les propriétaires particuliers s'empressèrent de profiter de ce changement de politique. D'après le témoignage de Legrand d'Aussy, chacun désirait maintenant découvrir un gisement en Auvergne : les prêtres, les bourgeois, les paysans, les seigneurs, tous aspiraient à recevoir une autorisation. Grâce au manque de capitaux et de toute instruction technique, la plupart des mines se trouvaient, en 1787 et 1788, au moment où les a visitées l'auteur que nous citons, dans un état pitoyable. Notre voyageur ne trouve en tout que trois mines, où les travaux s'effectuaient sans interruption.

Quant aux gisements de houille, il n'en signale qu'un seul, celui de Tanpe, qui soit exploité régulièrement. Les mines les plus riches, au moins en Auvergne, étaient celles de Brassac. Elles ne livraient cependant que 15 à 16.000 « vois », poids de 3.300 à 3.500 livres chaque. Sur ces 16.000, 5 à 6 étaient consommés sur place ; le reste était expédié à Orléans, Nantes et Paris. Mais, grâce aux douanes intérieures et à l'impôt prélevé sur la Loire et le canal de Briare, le charbon, avant d'arriver à Paris, était obéré de trente paiements divers (1). Dans les autres provinces, en Touraine, par exemple, nous ne trouvons point de grandes mines qui centraliseraient toute l'industrie du fer. La production annuelle de 1.000, de 2 ou 3.000 quintaux de fonte et d'une quantité analogue de fer était de règle.

Une seule mine, située dans le Maine, à Chaliers, et appartenant à la duchesse de Mazarin, se distinguait des autres par son importance. Elle produisait en effet 10.000 quintaux de fonte et 6.000 quintaux de fer, trois autres livraient également chacune plus de 10.000 quintaux entre fonte et fer. A côté de ces chiffres signalons le suivant : la production annuelle de treize autres mines ne s'élevait en bloc qu'à

1. Ibid., p. 385.

58.600 quintaux de fonte et 36.050 quintaux de fer (1).

Il est à remarquer que les économistes du XVIIIe siècle ne voyaient aucun avantage dans le développement de l'industrie du fer ; ils affirmaient que ses produits ne pouvaient guère permettre à la France de soutenir avantageusement la concurrence avec la Suède quant au bon marché du fer et considéraient cette circonstance comme un phénomène plutôt favorable. La raison en était que par suite du manque de charbon de terre, et grâce aux dévastations des forêts par des défrichements exagérés et peu rationnels, la France n'avait pas suffisamment de combustible ; or sans cela l'exploitation des mines de fer et de cuivre était impossible.

C'est à ce même point de vue que se placent les auteurs de certains cahiers, lorsqu'ils proposent de protéger les forêts contre la destruction, en supprimant les grandes forges (2).

On peut juger du préjudice qu'une exploitation insuffisante des forêts et des richesses du sous-sol causait à l'industrie du fer ; grâce à elle les couteliers de Thiers étaient obligés de prendre leur matière première non aux mines voisines, mais à celles du Nivernais et du Berry (3).

Une autre cause qui paralysait les progrès de l'industrie du fer était le droit prélevé sur lui par l'Etat, droit qui portait le nom du « droit de la marque du fer » (4).

Selon Le Trosne, grâce à cet impôt, les Suédois sont à

1. V. le tableau emprunté aux actes conservés aux archives départementales d'Indre-et-Loire et reproduit par Dumas. (« La généralité de Tours au XVIIIe siècle », p. 168.)

2. Ainsi par exemple Le Trosne dit dans son ouvrage « De l'intérêt social » : Quoique nous possédions beaucoup de mines, nous ne devons avoir aucun regret d'acheter cette matière première de l'étranger. Le bas prix des fers suppose la non-valeur des bois. A mesure que les bois acquerront plus de valeur, la fabrication des fers deviendra moins lucrative. (V. Collection des principaux économistes, v. I, consacré aux physiocrates, p. 1003.)

3. V. Legrand d'Aussy, v. II, p. 222.

4. En 1786, l'inspecteur des manufactures Blondel dit en parlant

même de vendre en France leurs fers à meilleur marché que les producteurs indigènes (1). La concurrence étrangère était ainsi dans cette industrie aussi dangereuse que dans l'industrie textile.

Il n'est pas étonnant si la France produisant pour 31.360.000 livres de fers de toute espèce, en importait encore pour 11 ou 12 millions ; en y ajoutant tous les autres métaux, on arrive au chiffre global de 36 millions de livres de métal importé annuellement en France. Le nombre de hauts-fourneaux dans le pays ne dépassait pas en même temps 243 (2).

L'impôt qui entravait le développement de l'industrie du fer, paralysait également celui de la papeterie. Le même Le Trosne signale ce fait : au lieu, dit-il, d'opposer à la concurrence étrangère des tarifs élevés, ne vaudrait-il pas mieux libérer la production nationale des charges qui pèsent sur elle et qui sont d'autant plus déplorables que le papier appartient au nombre d'objets de première nécessité, que de la quantité de sa consommation dépendent les progrès de l'instruction et que l'impôt qui le

de la situation de l'industrie du fer en Lorraine et dans les Trois Evêchés : « Il paraît évident que les droits dont se plaignent les maîtres des forges sont tels qu'ils les mettent hors d'état de soutenir la concurrence avec leurs voisins pour le versement des produits de leurs fabriques dans l'intérieur du Royaume. » F[12] 132, lettre du 21 mars 1786.

1. « Les droits de la marque de fer, dit Le Trosne, qui sont augmentés depuis quelques années, sont tels que la Suède, malgré les frais si considérables du transport, trouve moyen de verser en France des fers qui, par le bon marché, obtiennent la préférence sur les fers nationaux », p. 1102.

2. V. Boiteau « Etat de la France en 1789 », éd. de 1876, p. 512 et Moreau de Jonnès « Statistique de l'industrie de la France », 1856, p. 191. Ce dernier indique, d'après le témoignage de l'inspecteur du commerce Tolozan, datant de 1788, les chiffres suivants pour l'industrie du fer en France à la veille de la Révolution : le chiffre total est de 69.530.000 francs ; l'acier n'y figure que pour la somme de 2.983.000, ce qui ne s'explique que par ce fait que ce n'est qu'en 1786 que les recherches de Monge, de Berthollet ont résolu la question théorique de la préparation de l'acier. (Le Trosne. « De l'intérêt social » dans l'édition des principaux économistes, édition de Guillaumin. Physiocrates, p. 1102.)

frappe augmente en lourdeur grâce à la façon dont il est prélevé. Il n'est pas étonnant que dans ces conditions la France soit obligée de faire venir de l'étranger la plupart de son papier. Durant deux siècles, dit Moreau de Jonnès, elle reçut de Hollande son meilleur papier, et y envoya les chiffons nécessaires à leur fabrication ; seules les qualités inférieures du papier étaient produites dans le pays et encore revenaient-elles fort cher. La valeur totale de la production atteignait à peine 8 millions de francs, c'est-à-dire le quart de la somme que, d'après Chaptal, l'industrie du papier rendit en 1812 (1).

La qualité inférieure de la marchandise indique qu'au XVIIIe siècle la grande industrie ne s'était pas encore emparée de cette branche de la production nationale. Les données que nous possédons sur l'industrie du papier en Auvergne confirment entièrement cette supposition ; elles indiquent également dans quelle mesure l'impôt sur le papier précipite la chute de cette industrie.

En 1738, à Thiers, par exemple, on comptait 157 roues et 114 cuves ; le produit annuel était de 811.600 livres de papier brut ; deux ans plus tard, il n'y avait plus que 129 roues et 91 cuves et la recette était tombée à 645.000 livres. Legrand d'Aussy attribue cette diminution à l'action de l'impôt sur le papier. Pour la même raison, la décadence de l'industrie du papier continua les années suivantes, de sorte qu'en 1769 la recette générale ne dépassa pas 413.000. A la veille de la Révolution, on comptait à Thiers en tout 20 fabriques qui occupaient 500 ouvriers y compris femmes et enfants.

Les mêmes infortunes avaient été subies par l'industrie du papier d'Ambert, son autre centre en Auvergne. A la veille de la Révolution, la recette générale de ses fabriques de papier était de 538.000 livres ; somme toute,

1. V. « Statistique de l'industrie de la France », p. 277.

l'Auvergne produisait le sixième de tout le papier fabriqué en France. Dans les autres provinces, par exemple dans la généralité de Tours, la fabrication du papier se trouvait également entre les mains de petits fabricants, lesquels, dit Dumas, manquaient de moyens pour leur production. Dans un mémoire présenté par l'intendant Du Clusel en 1776, nous lisons que seule la formation de compagnies pourrait assurer le succès de grands établissements industriels ; mais, précisément ces syndicats de capitalistes manquaient et sans eux il était impossible de réaliser de grandes entreprises (1).

En Dauphiné, l'industrie du papier présentait le même caractère de petite industrie rurale ; nous trouvons des renseignements sur ce sujet dans le mémoire présenté, en 1769, au contrôleur général Trudaine. En réponse à une série de questions posées par ses supérieurs, l'inspecteur des manufactures dresse un tableau statistique indiquant les endroits où sont situées les fabriques, le nom de leurs propriétaires et fermiers, le nombre des maîtres, des contremaîtres et des ouvriers ; il donne en même temps un exposé minutieux des causes qui empêchent le développement de l'industrie du papier. Sur les 18 établissements consacrés à cette fin, la plupart avait à peine quatre maîtres et autant de contre-maîtres. Dans quelques-uns, le travail était dirigé par l'entrepreneur et sa famille ; encore ne travaillait-on que certains mois de l'année. Quelques fabriques, celle par exemple qui se trouvait à Blacons, portaient un caractère patrimonial : le seigneur du lieu en était le propriétaire. D'autres étaient prises en location ou affermées par des personnes qui, auparavant, ne s'étaient jamais occupées de cette industrie. A quelques exceptions près, les fabricants papetiers du Dauphiné ne disposaient ni de connaissances, ni de fonds, ni de crédits nécessaires. L'un d'en-

1. F. Dumas. « La généralité de Tours au XVIIIe siècle », p. 171.

treux par exemple est décrit dans un rapport comme un misérable qui est à la journée, travaillant lui-même avec son fils et sa servante. Seuls, les célèbres frères Montgolfier qui avaient loué, à Bives, la fabrique d'un nommé Marchal, propriétaire de forges, jouissaient d'une certaine aisance. Leur père leur avait laissé un capital suffisant ; eux-mêmes avaient eu soin d'acquérir des connaissances techniques ; aussi ont-ils pu rendre très prospère une entreprise jusqu'alors en mauvais état. Quant aux autres fabricants, ce sont, dit l'inspecteur, de simples ouvriers auxquels ces établissements industriels ont été apportés en dot par les filles d'anciens maîtres, ou qui les ont pris en ferme, souvent sans avoir un sou, ou bien qui les ont fondés eux-mêmes, sans avoir acquis au préalable les connaissances nécessaires à l'exercice de cette industrie. Aussi la papeterie du Dauphiné se trouva-t-elle dans un état de complète décadence. L'incurie et la cupidité furent causes de ce que personne ne se soucia ni de conserver aux produits les dimensions et le poids exigés par le règlement, ni de leur donner une bonne qualité ; « il semble qu'ils fassent à qui pis pis ». L'industrie du papier est réduite à un état d'anarchie et de stagnation, dont elle aura de la peine à sortir. Sans doute, on trouve des exceptions et l'inspecteur en cite trois outre la fabrique des frères Montgolfier. Leurs propriétaires jouissent d'une certaine aisance, ont de l'expérience, se préoccupent de la bonne qualité de la marchandise ; mais le manque de subordination parmi leurs ouvriers et leurs exigences démesurées feront tôt ou tard que ces fabricants tâcheront également de se défaire de la direction personnelle de leurs entreprises et donneront leurs établissements en ferme.

Ce caractère de petite industrie que présente la fabrication du papier dans le Dauphiné, nous est démontré encore par ce fait qu'on trouve rarement une fabrique ayant plus d'une cuve, et rarement elle fonctionne toute l'année sans interruption, tantôt à cause de l'excès de l'eau, tantôt à cause de son manque, ou encore, parce que les ouvriers se trouvent occupés aux champs et abandonnent temporairement la fabrique.

L'inspecteur des manufactures, auquel nous empruntons ces renseignements, attribue la décadence de la papeterie à la liberté laissée à chacun d'ouvrir un établissement, sans posséder aucune connaissance technique et sans avoir assuré le succès de l'entreprise par un certain capital. Loin de partager l'opinion qui, dit-il, a triomphé ces temps derniers quant aux avantages de la liberté de l'industrie, il ne serait pas trop fâché de voir étendre à celle du papier en Dauphiné l'organisation corporative ; il n'insiste cependant pas sur cette idée, de peur, comme il le dit lui-même, d'être soupçonné d'attachement aux anciens préjugés. Ces derniers percent cependant dans les mesures par lesquelles il voudrait voir assurer aux fabricants la possibilité d'acquérir les matières premières à bon marché ainsi que dans ses projets d'intervention gouvernementale dans les rapports des entrepreneurs avec les ouvriers. Ce qui entrave les progrès de la manufacture du papier c'est, en partie, la rareté et, par conséquent, la cherté des chiffons. Celle-ci provient à son tour de ce que les chiffons sont demandés par le Lyonnais, le Vivarais et le Comtat-Venaissin, de sorte que les fabricants locaux ont été obligés d'adresser une pétition à l'intendant de la province afin de faire interdire l'exportation de cette matière première ; cette demande n'a d'ailleurs pas reçu de satisfaction.

L'inspecteur des manufactures désirerait également voir le gouvernement défendre les opérations des accapareurs, qui, assure-t-il, envoient leurs émissaires partout et empêchent les fabricants d'acheter des chiffons directement sans intermédiaires. De tous les détails communiqués dans le rapport que nous venons d'analyser, nous arrivons à cette conclusion que l'industrie du papier établie au sein des campagnes dépendait du capital non industriel, mais commercial ; or c'est là un signe caractéristique de la première période de production capitaliste qu'on appelle la forme domestique de la grande industrie. Ne recevant pas de commandes directes de la part des intermédiaires, les propriétaires des papeteries les payaient, pour la matière première, avec les produits de leur manufacture. N'ayant ni capitaux, ni crédit, ils auraient été réduits, autrement, à la nécessité d'arrêter leurs fabriques pour un temps plus ou moins long.

Cette dépendance étroite du capital commercial a pour suite, au dire de l'inspecteur, que les fabricants consentent à toutes les conditions que les ouvriers leur font. La difficulté d'en trouver un nombre suffisant, alors que leur existence n'était pas pleinement assurée par leurs salaires, et qu'ils devaient pour cette raison consacrer une partie de leur temps à l'agriculture, força les manufacturiers d'avoir recours à des travaux supplémentaires exécutés en dehors des heures qui forment la journée ouvrière. La qualité du papier souffrait, pour cette raison, de la mauvaise réputation des papeteries de la province.

L'inspecteur demande l'interdiction de ces contrats supplémentaires, et, les ouvriers menaçant dans ce cas d'entrer en grève, il recommande des poursuites judiciaires contre les coupables. Un obstacle à l'embauchage régulier des ouvriers ce sont, selon lui, les compagnonnages qui interdisent au maître de prendre plus de deux ouvriers, — interdiction que dans les statuts ils ont évidemment empruntée aux règlements des corporations. A toutes ces raisons, réelles ou imaginaires, de l'état de stagnation ou plutôt de décadence de la manufacture du papier, l'inspecteur ajoute, avec raison, les droits de douane payés par les chiffons, particulièrement ceux prélevés à Valence. Leur abolition diminuerait les frais de production et augmenterait le revenu net.

Si nous nous sommes arrêté si longtemps à l'état dans lequel se trouvaient les papeteries du Dauphiné en 1769, c'est qu'il jette une certaine lumière sur la situation précaire de certaines branches de l'industrie française bien avant l'époque où la liberté du commerce et la concurrence anglaise lui portèrent un coup qu'on crut mortel. On ne peut par conséquent rendre le traité de commerce de 1786 responsable des faits qui se sont produits beaucoup plus tôt et accuser le libre-échange de ce qui a été uniquement le résultat du manque de capitaux, de perfectionnements techniques et d'une classe ouvrière fortement constituée, c'est-à-dire ayant rompu tout lien avec l'agriculture ; c'était aussi le résultat de la politique fiscale qui voyait dans toutes les branches de l'industrie nationale une source de revenus pour le Trésor, sous forme d'imposition sur les matières premières et les produits manufacturés (1).

Disons quelques mots encore de l'industrie de la faïence et de la porcelaine. L'existence seule de la manufacture de Sèvres écarte, semblerait-il, toute idée d'appliquer à cette fabrication notre thèse générale quant à la prépondérance de la petite industrie. Mais si nous considérons que cette manufacture produisait non tant pour la vente (2), que pour les besoins de la Cour, nous n'avons plus lieu de nous étonner de ce que le chiffre total des recettes de l'industrie de la faïence et de la porcelaine, donné par Tolozan, n'était que de 4 millions de francs ; nous comprendrons de même pourquoi les intendants du XVIIIe siècle, en désignant l'industrie en général du nom de petite industrie, étendaient cette appréciation également à l'industrie de la faïence. Le caractère rural que présente cette industrie était un empêchement à la réussite des nouvelles fabriques, y compris celle fondée par le

1. Rapport adressé à Trudaine par l'inspecteur des manufactures du Dauphiné, daté de 1769 et intitulé : « Réponse au mémoire par lequel on demande divers éclaircissements sur les papeteries du Dauphiné. » Arch. nat., F[12]. 644.

2. « La grande manufacture de Sèvres », dit Boiteau, qui datait du XVIIIe siècle, ne vendait rien au public. (« Etat de la France en 1789 », par P. Boiteau, p. 543.)

duc d'Artois. Son fermier adresse en janvier 1788 un rapport au conseil de commerce, où il dit que l'une des causes qui entravent le succès de son entreprise, n'est autre que l'existence d'une multitude d'ouvriers en chambre qui appliquent la dorure et l'ornementation aux déchets des grandes fabriques du royaume (1).

La cherté du combustible en général et de la houille en particulier devint également un empêchement au développement des grandes entreprises comme celle de Sturgène à Rouen, qui exigea une première mise de fonds de 4.000 livres, 1.000 pour chacun des quatre fourneaux installés. Le fabricant se plaint de l'impossibilité où il est de soutenir la concurrence de la marchandise étrangère, le charbon venant d'Angleterre, n'étant pas dispensé en France des droits d'entrée (2). Le gouvernement est obligé d'abaisser ces derniers de moitié, pour le charbon commandé à Rouen, mais cette mesure donne lieu à des plaintes de la part de ceux qui font le commerce du charbon anglais à Paris. Aux dires de ces derniers commerçants, le charbon apporté à Rouen était expédié par fraude à Paris, en plusieurs envois, et ruinait ainsi les personnes qui le recevaient directement d'Angleterre (3). A Rouen l'industrie de la faïence commençait à prendre des proportions assez considérables à en juger par le rapport fait en 1787 à l'assemblée provinciale et qui parle du grand nombre d'ouvriers occupés à cette industrie. Les marchandises livrées par les fabriques de Rouen se répandaient dans tout le royaume, une partie était même exportée aux colonies.

Cette industrie eut, elle aussi, à souffrir de la concurrence anglaise. D'après le même rapporteur à l'assemblée provinciale de Normandie, les bas prix sur les charbons de terre de l'autre côté de la Manche permettent aux

1. F[12] 106, p. 792, séance du 31 janvier 1788.
2. F[12] 107. Séance du 8 avril 1788, p. 106.
3. F[12] 107, 819. Séance du 13 juin 1789.

Anglais de vendre leurs faïences 20 o/o et 25 o/o moins cher. Les fabriques de Rouen « sont dans un état d'anéantissement » et ont besoin de l'appui gouvernemental ; sinon on peut s'attendre à une émigration d'ouvriers à l'étranger (1).

La fabrication des faïences et des porcelaines était répandue dans toute la France. Nous trouvons de ces usines aussi bien dans le Limousin (2), où elles étaient réduites à la plus complète ruine par la concurrence anglaise, que dans différents villages des Trois-Evêchés, où elles étaient surtout nombreuses, comme il résulte du rapport rédigé par l'inspecteur des manufactures de cette région fait en 1785.

C'est ainsi que dans le district de Vic il existait deux petites faïenceries ; Toul n'en possédait qu'une seule. A Nidreville, village qui dépendait de la sous-intendance de Sarrebourg, l'industrie de la faïence était réunie à celle de la porcelaine; les produits de cette fabrique jouissaient d'une grande réputation. Les faïences fabriquées dans le village d'Engrande, dans le district de Thionville, étaient non moins connues (3). Comme la Lorraine et la province des Trois-Evêchés étaient séparées du reste de la France par le cordon douanier, il n'est pas étonnant si leur industrie parvenait à peine à combattre celle de l'étranger et si les fabricants étaient plus d'une fois obligés de solliciter une baisse des droits d'entrée (4).

Le traité de commerce avec l'Angleterre, disait le rapporteur à l'Assemblée provinciale de Rouen, a fait du

1. « Procès-verbaux de l'assemblée provinciale de Rouen », 1787 p. 251 et 291.

2. A la séance du Conseil de commerce tenue le 29 novembre 1788, lecture est donnée du mémoire d'un nommé Dambly, fabricant de faïences à Saint-Yrieix dans le Limousin : Dambly demande « qu'on l'indemnise des pertes qu'il éprouve dans son commerce à cause du traité de commerce avec l'Angleterre ou qu'on oblige les Anglais à n'apporter leurs faïences que jusque dans les ports sans pouvoir les répandre dans l'intérieur du royaume. Délibéré qu'il n'y avait rien à faire. »

3. V. Tricou. « Tableau de la situation des manufactures des Trois-Evêchés », 1785. F[12] 644.

4. Lettre de Blondel du 21 mars 1786. F[12] 132, p. 97 et 98.

tort à l'industrie des faïences, toujours à cause du bas prix du combustible anglais (1). Et comme en même temps, de nombreuses usines menaçaient d'exterminer les bois, il n'est pas étonnant de trouver dans les cahiers de 1789 des demandes, plus d'une fois réitérées, de transporter les fabriques dans des localités riches en combustibles (2).

Dans une situation analogue à celle des faïenceries se trouvaient les verreries; d'après les renseignements fournis par Tolozan en 1788, elles produisaient à ce moment des marchandises pour la somme de 6 millions de livres, c'est-à-dire six fois moins qu'un siècle plus tôt (3).

L'usine la plus importante fut fondée au XVIIe siècle: J'entends parler de l'industrie des glaces de Saint-Gobain. Le fameux Creusot, près de Montcenis, ne paraît qu'en 1784. A ces deux exceptions près, toutes les autres usines appartenaient au nombre des petites entreprises manufacturières. Depuis la Régence, leur chiffre s'était accru dans des proportions telles qu'en l'absence d'autre combustible que le bois, on pouvait appréhender une destruction rapide des forêts au fur et à mesure de l'augmentation du nombre des hauts fourneaux. Voilà pourquoi le gouvernement interdit en 1723 l'établissement de nouvelles verreries, à moins que leurs fondateurs n'eussent reçu des lettres patentes du roi et que leurs usines ne fussent mentionnées dans les procès-verbaux des Parlements et des Cours supérieures. Mais cette règle ne semble pas avoir été observée rigoureusement; aussi, vingt-neuf ans plus tard, l'intendant du commerce se plaignait-il dans sa correspondance administrative de la multiplication des

1. « Voir « Procès-vbaux de l'Assemblée provinciale de Rouen », p. 291.

2. Ainsi, par exemple, dans le cahier du tiers état de Caux nous lisons : « que les états généraux s'occuperont de la translation des verreries dans les provinces qui abondent en bois ». Hippeau, v. VII, p. 283.

De toutes les branches de l'industrie manufacturière, la savonnerie seule était montée en grand; elle se concentrait entièrement à Marseille.

3. « Statistique de l'Industrie », par Moreau de Jonnès, p. 250.

verreries, surtout dans le Nivernais, et prévoyait-il leur déclin imminent par suite de la concurrence qu'elles se feraient entre elles (1). Ce qui se passait dans le Nivernais, avait lieu également dans d'autres provinces, par exemple dans la Guyenne où, en 1743, l'intendant de Bordeaux avait reçu l'ordre de fermer une verrerie fondée sans autorisation.

La même question de la destruction des forêts par les verreries fut de nouveau soulevée en 1785, lorsque après la fin de la guerre avec l'Angleterre à la suite du soulèvement de ses colonies américaines, l'exportation des vins de Bordeaux se fût accrue, et avec elle, la demande de bouteilles. Un certain nombre de personnes, parmi lesquelles nous trouvons le président de la Cour des Aides de Bordeaux, s'adressèrent au gouvernement pour demander l'autorisation de fonder de nouvelles fabriques. Les solliciteurs faisaient remarquer que le manque de bouteilles constitue un obstacle à l'exportation des vins à l'étranger. Il y a à Bordeaux, écrivaient-ils, beaucoup de négociants anglais qui exportent annuellement 400.000 bouteilles de vin. Or, ils sont maintenant obligés d'interrompre leur commerce faute d'une quantité suffisante de récipients en verre. Deux vaisseaux, à destination des Indes, attendent depuis deux mois la livraison de la commande. Dans toute la province, les vins des années précédentes se vendent à prix réduits, vu l'impossibilité de les mettre en bouteilles. Cent bouteilles coûtent maintenant, à Bordeaux, de 32 à 35 livres, tandis qu'auparavant la même quantité n'était payée que 18 livres. Un grand nombre de particuliers se joignent à cette demande et certifient, par leurs signatures, que le manque de récipients en verre se fait en effet sentir et que les prix sur ces objets se sont élevés de 20 et 25 livres le cent à 30 et 32 livres. A leur tour, les propriétaires des verreries de Bordeaux, de

1. Des Cilleuls, p. 65 et 306.

Bourg et de Libourne, s'efforcent d'empêcher le roi de donner l'autorisation nécessaire, et présentent dans ce but au Conseil des manufactures et du commerce deux mémoires datés du 12 décembre 1784 et du 12 septembre 1785. Ces mémoires jettent une lumière inattendue sur les conditions générales de l'industrie du verre et expliquent très bien les causes qui entravaient son développement. Bordeaux, écrivent-ils, ne possède pas les matériaux nécessaires à la fabrication du verre. La majeure partie du charbon de terre, qui sert à chauffer les fourneaux des verreries, vient d'Angleterre ; au prix du combustible s'ajoutent les frais de transport et les impositions dont le charbon est grevé en France comme en Angleterre. Pour cette raison son prix à Bordeaux est de 400 livres la tonne, c'est-à-dire quatre fois plus élevé que dans les lieux de son extraction. Les pétitionnaires démontrent que, grâce à l'accroissement ininterrompu des droits, le gouvernement prélève maintenant 150 livres par tonne, c'est-à-dire à peu près une fois et demi le prix de la marchandise. Ce droit si élevé a été imposé au charbon sur les instances des propriétaires des mines de houille pour encourager l'exploitation française, qui cependant n'y a rien gagné.

Le charbon de terre exploité dans le Quercy, comme celui qui vient à Bordeaux de l'arrondissement d'Albi, coûte relativement plus cher que celui d'Angleterre, bien qu'il soit exempt de tous frais. Le fait est que, grâce à sa qualité inférieure, ce charbon doit être employé en quantité double ; comme il coûte 250 livres la tonne, prix qui s'explique par la cherté du transport, grâce aux mauvaises routes, il n'est pas étonnant que les dépenses des fabricants ne diminuent point lorsqu'ils remplacent le charbon étranger par celui de France. Quant à la soude qui sert à la fabrication du verre, les fabricants de Bordeaux n'en ont pas sous la main et sont obligés de la faire venir de Bretagne et de Normandie. L'argile qui sert à la construction des fourneaux, vient des Flandres, de la Normandie, et en partie seulement du Quercy, de sorte qu'on ne peut considérer comme matières obtenues sur les lieux que les cendres et le verre cassé ; mais les cendres sont loin d'être en abondance, car, presque toujours, elles vont tout d'abord aux blanchisseries, et c'est seulement après avoir perdu la moitié de leurs sels qu'elles arrivent aux verreries. Cela explique pourquoi le prix des cendres qui, jadis, ne dépassait pas 10 à 12 sols la charrette, s'est élevé, depuis la fondation des nouvelles usines à Libourne, à Paladat, à Saint-Macaire, à 25 et 30 sols, et, tout récemment même, à 45 et 55 sols, à cause de la demande plus considérable de bouteilles. Depuis deux ans les cendres sont devenues deux fois plus chères ; la même augmentation peut être constatée quant au prix du verre cassé. Le document que nous analysons laisse entendre, tout en se prononçant contre l'autorisation de nouvelles usines, que les anciennes ont pu être fondées et se sont développées grâce aux privilèges qui leur ont été accordés par le gouvernement et en ont fait un genre de monopole. Ainsi, la verrerie de Sèvres avait le privilège de pouvoir, la première, acheter des cendres à Paris et dans ses environs, de même qu'à vingt lieues à la ronde. Cette verrerie put ainsi installer plusieurs fourneaux et livrer annuellement plus de bouteilles que ne pourraient le faire la moitié de toutes les verreries établies à Bordeaux.

De même une autre, parmi les fabriques les plus importantes de ce genre, celle de La Rochelle, reçut le privilège d'acheter des cendres dans cette ville et à deux lieues à la ronde, y compris l'île de Ré. Un certain Mitchel, qui fonda la première verrerie à Bordeaux en 1723, reçut au bout de quinze ans le monopole d'acquérir toutes les cendres à dix lieues à la ronde.

Une table, accompagnant la pétition, nous apprend que le nombre des verreries à Bordeaux ne dépassait pas huit ; les bouteilles qu'elles produisaient ne suffisaient pas à satisfaire toutes les commandes ; une partie devait être achetée dans six établissements situés hors de la province de Guyenne.

Cette circonstance paraît avoir exercé une influence décisive et le gouvernement octroya une concession pour la fondation de nouvelles usines. A la date du 12 septembre 1785, les personnes qui ont signé la pétition dirigée contre cette autorisation, caractérisent de la façon suivante la situation que leur a créée cette concurrence inattendue :

« Les nouveaux fabricants cherchent de toutes les façons à enlever aux anciens les cendres et les débris de verre qui sont mis en vente et dont les prix ont augmenté au delà de toute mesure. Ils débauchent aussi les ouvriers, dont l'apprentissage a coûté si cher aux premiers fondateurs de la manufacture, qui ont attiré dans le pays des maîtres étrangers. On peut juger des pertes qu'ils vont subir de ce fait en considérant que dix ans suffisent à peine pour former un bon ouvrier verrier. »

Cette fois non plus le gouvernement ne tint aucun compte des réclamations. La liberté de l'industrie remporta une victoire complète sur l'intervention gouvernementale et, par l'organe de l'un des directeurs de la politique commerciale, le ministère se prononça contre la protection, à l'aide de mesures artificielles, des entreprises industrielles ayant perdu toute vitalité (1). Néanmoins, l'année même de la Révolution, il donna encore à un nommé Henri Barrot l'autorisation de fonder une verrerie à Bacalan, aux environs de Bordeaux (2).

1. Gérard de Rayneval, le plénipotentiaire français à la conclusion du traité de commerce avec l'Angleterre exprimait ce point de vue dans son rapport au Conseil d'État où il déclarait que les manufactures dont les produits coûtent 5 ou 10 o/o plus cher que ceux de contrebande, ne méritent pas l'appui du gouvernement, parce qu'elles demanderaient de grands sacrifices et augmenteraient en même temps les dépenses des consommateurs. (V. Butenval, p. 56.)

2. Arrêt du conseil du 29 novembre 1789. Son texte, comme celui

Aux dires des autorités elles-mêmes, entre autres de l'intendant de commerce Blondel, la fabrication du verre en France ne suffisait pas à satisfaire la demande. L'absence d'un autre combustible que le bois faisait que le gouvernement prenait son parti de ce fait, craignant de provoquer dans le cas contraire le déboisement du pays (1).

En Lorraine, l'existence des douanes intérieures empêchait à son tour un développement plus considérable de l'industrie du verre, car cette province devait faire venir les chiffons de la Franche-Comté, faute d'avoir des matières premières sur les lieux, et souffrait ainsi des droits d'entrée et de sortie ; on présentait en vain pétition sur pétition en vue de leur abolition ou, au moins, de leur abaissement. Les droits d'entrée étaient si élevés qu'ils arrivaient à la moitié du prix. Cette seule circonstance suffit pour restreindre la fabrication des verres au strict nécessaire pour la consommation locale (2).

Parmi les autres branches de l'industrie manufacturière, l'orfèvrerie, avec une recette annuelle de 10 millions de livres, chiffre donné par l'inspecteur des manufactures, Roland de la Platière (3), et la fabrication des tentures en soie avec une recette de 2 millions, dont la majeure partie était fournie par la manufacture des Gobelins (4), étaient concentrées dans la capitale et ses environs, en y comprenant Versailles, où déjà, en 1718, Sully avait établi une horlogerie modèle, et où Louis XVI

des pétitions analysées plus haut, se trouve aux Archives Nationales dans le paquet désigné : F[12] 576 qui contient les pétitions des manufacturiers français du XVIIIe siècle.

1. « Il me semble, écrivait Blondel en 1786, que si les verres étrangers étaient absolument prohibés, les fabriques nationales ne suffiraient pas à la consommation du royaume et aux expéditions pour les colonies, à moins que le nombre de ces établissements ne s'accrût beaucoup. Ce qui précipiterait nécessairement l'époque d'une disette totale des vins et occasionnerait une cherté excessive des matières premières » F[12] 132.

2. Lettre de l'intendant de commerce Blondel du 21 mars 1786. F[12] 132.

3. Moreau de Jonnès, p. 242.

4. Boiteau, p. 547.

réussit à encourager la fabrication d'instruments nécessaires à la flotte et destinés à reconnaître les longitudes.

Nous terminons ici notre revue des différentes branches de l'industrie française. Cet aperçu nous semble avoir pleinement démontré la thèse exprimée dans la première partie de ce chapitre, à savoir que le manque de capitaux et l'imperfection des procédés techniques, ainsi que la politique fiscale et les inconvénients de la réglementation gouvernementale, ont placé l'industrie française à la fin du XVIIIe siècle, dans des conditions qui l'empêchèrent de soutenir la concurrence des manufactures anglaises, plus riches en capitaux, possédant des machines et des procédés de fabrication perfectionnés, et plus libres de toute tutelle gouvernementale et de vexations fiscales. Le préjudice causé au pays par le traité de commerce de 1786 provint ainsi non de la fausseté du système du libre-échange, mais de causes ayant une tout autre origine, notamment la nature du régime économique et financier de la France sous l'ancienne monarchie.

APPENDICE (1)

I

Peu après la clôture de la Première Douma, j'eus l'occasion d'assister à l'entretien d'un homme politique français et d'un critique scandinave, tous deux personnages connus.

Ce dernier, séduit par les analogies, tentait d'établir une comparaison entre les récents événements de la Russie et ceux que vécut la France révolutionnaire. Il affirmait qu'en 1789 les paysans en France n'étaient pas mieux préparés aux réformes politiques, qu'en 1905 la même classe en Russie. Les premiers étaient aussi pauvres, aussi ignorants, aussi écrasés d'impôts que les sujets du tsar.

Mais est-il bien possible de faire un parallèle entre les paysans russes et les laboureurs français du temps où furent rédigés les cahiers de doléances et où s'assemblèrent les Etats Généraux? répliqua l'homme politique français.

Sans doute, ils étaient peu assurés dans leur existence, souffraient d'impôts disproportionnés, de privilèges; toutefois ces gens savaient juger les événements, poursuivaient des fins bien déterminées, et agissaient selon un programme arrêté.

Je descends moi-même, ajouta-t-il, d'une famille de paysans et me souviens bien des récits de mon père qui, le jour de son départ pour Cayenne, me légua la cause à laquelle il était resté non moins fidèle que ses ancêtres. Je connais

1. Cet appendice a été traduit par M. Pierre Combret de Lanux, membre de la Société de Sociologie de Paris.

de près le paysan du Centre et du Nord et je mets ma tête en gage que, en 1789, il était infiniment supérieur aux délégués paysans à la Première Douma.

Je l'avoue, cette déclaration m'étonna fort. Pendant bien des années j'ai étudié l'histoire de la classe rurale en Europe et particulièrement en France. J'ai lu une quantité de cahiers rédigés par les assemblées des paroisses l'année de la Révolution, et ma conclusion n'a pas été que le paysan français, à la fin du XVIIIe siècle, fût de beaucoup supérieur au paysan russe du début du XXe siècle.

Il y a quelques années, j'ai formulé mes conclusions dans les premiers chapitres de mon ouvrage : *Les Origines de la Démocratie contemporaine*. L'idée principale que j'y émis au sujet du paysan français est que sa situation d'alors n'était guère en progrès depuis le règne de Louis XV. Tocqueville s'est trompé en considérant le paysan français comme propriétaire dès l'ancien régime. La France à cette époque connaissait des travailleurs ruraux, possesseurs dépendants, en quelque sorte fermiers héréditaires, s'acquittant de leurs charges, tantôt en corvées, tantôt en argent ou bien en nature. Le « cens » correspondant au tchinsch polonais, ou le « champart » étaient fort répandus : le paysan payait au seigneur une partie de la récolte, un tiers le plus souvent, rarement la moitié.

Outre les lopins de terre labourable, le paysan détenait souvent des prairies pour le fauchage du foin, des pâturages ou des forêts. Celles-ci servaient à plusieurs fins, la forêt pouvant également fournir du bois de chauffage ou de construction, assurer l'engraissage des porcs avec les glands, et le pâturage des bêtes à cornes et des moutons sur les nombreuses petites clairières qui la parsemaient.

Tous les paysans n'avaient pas reçu en partage des lots entiers, ni même des fragments de lots ; nombreux étaient ceux qui ne possédaient qu'une maison et un jardin potager. Ceux-là ne s'appelaient plus « laboureurs »; on les nommait « manouvriers ».

Si l'on trouve souvent le nom de propriétaires appliqué aux paysans dans les recueils juridiques de certaines provinces de la France, dans les *Coutumiers* des XVIe et XVIIe siècles, c'est que l'on comprenait alors sous le nom de propriété toute jouissance héréditaire, même soumise aux rentes seigneuriales et aux corvées.

La sûreté dans la possession des biens, pour le paysan, loin de s'accroître dans les années qui précédèrent la Révolution, diminua considérablement.

L'une des principales causes fut que les propriétaires ruraux cherchaient à retirer de leurs biens de plus grands avantages, et renonçant à donner leurs terres à cens, ou rente invariable, avaient recours au fermage pour un nombre d'années plus ou moins limité.

Parfois les propriétaires, retirant aux paysans leurs anciens lots, et supprimant la jouissance commune des terrains incultes et des forêts, conservaient la gérance de ces biens devenus libres et y réalisaient de plus fortes économies, pas seulement en cultivant des plantes fourragères; quelquefois, ils suivaient l'exemple des landlords anglais, créaient des prés artificiels ou transformaient en pâturages, pour des moutons à toison fine, les anciens champs labourables.

Ce passage des tenures héréditaires au fermage à terme, chaudement recommandé par le physiocrate Quesnay, était une application de ses théories ; depuis longtemps il avait commencé à se produire dans l'ordre des faits.

Au nord de la Loire, comme l'avait signalé déjà le célèbre médecin de Louis XV, la censive héréditaire disparaissait de plus en plus devant le fermage à terme. L'activité agricole augmenta d'intensité depuis l'autorisation d'exporter le blé de province à province et à l'étranger.

A partir de ce moment, des sociétés commencent à se

former en vue de l'achat des terres et pour rendre leur exploitation plus économique. Des bourgeois capitalistes prennent part à la création de ces compagnies. La propriété foncière des nobles diminue, non au profit du paysan-propriétaire, mais bien du petit bourgeois des villages, sorte d'accapareurs connus de nos jours sous le nom de tiers état rural. Les membres de cette classe se recrutaient parmi les paysans enrichis, d'anciens gérants de propriétés, des fermiers, des commerçants de village, des artisans, enfin des hommes d'affaires (*feudistes*) qui avaient thésaurisé l'argent nécessaire à ces achats, argent provenant de leurs honoraires ainsi que du travail qu'ils avaient fourni lors de l'inscription des sommes payées par les paysans (*censiers*) dans les « terriers ».

L'animosité contre ces « chicaneurs » s'explique surtout par le fait que les terres appartenant aux paysans étaient passées entre leurs mains.

Certains critiques ont trouvé trop sombre le tableau que j'ai fait de l'appauvrissement du peuple, et ont cherché à prouver que pendant les années qui précédèrent la Révolution, la terre commençait à passer aux mains des paysans. Le professeur Loutchitsky a montré, par l'examen des registres d'impôts, qu'on rencontre fréquemment des paysans parmi ceux qui paient l'impôt pour la terre. La proportion de ces paysans-propriétaires est élevée notamment dans le Limousin, qu'il a étudié avec soin, et qui est l'une des provinces les plus pauvres de la France. Ce fait confirme mes dires plutôt qu'il ne s'y oppose : il témoigne que la possession foncière s'est conservée entre les mains des paysans là où la tension agraire était plus faible, où la densité de la population était moindre et où les conditions physiques s'opposaient à un développement agricole intense. Je ne vois d'ailleurs point d'indice que les paysans limousins exploitassent leurs terres en propriétaires plutôt qu'en fermiers héréditaires, puisque ce titre de propriétaire qu'on leur attribue, comme je l'ai indiqué plus haut, n'exclut pas l'hypothèse du paiement d'une redevance annuelle au seigneur.

Pour juger de leur situation matérielle, nous avons les cahiers des doléances : manque de nourriture et de boisson, nécessité de se refuser la viande et le vin, insuffisance du budget annuel, surtout si l'on en retranche la somme destinée aux redevances seigneuriales, impôts payés à l'État et charges ecclésiastiques ; plaintes au sujet de l'excès d'émigration vers les villes ou à l'étranger, plaintes contre le vagabondage et la mendicité, enfin doléances au sujet du travail des femmes et des enfants dans les industries qui pouvaient procurer quelque gain supplémentaire aux habitants des campagnes, telles la filature et le tissage.

Il y a près de vingt ans que j'ai écrit les premiers chapitres de mon livre. Il s'est formé depuis, en France, un courant favorable aux recherches de nouveaux documents dans les archives, ce qui a facilité les travaux d'histoire sociale à partir de l'époque révolutionnaire.

M. Jaurès, après avoir fait paraître l'*Histoire sociale* de la grande Révolution, proposa à la Chambre des députés de publier aux frais de l'État les principaux documents qui peuvent servir à illustrer la situation de la France en 1789 et pendant les années de la Révolution. La proposition fut acceptée, et on appela à collaborer à ce travail les érudits de chaque région, les conservateurs des archives départementales, ainsi que de jeunes professeurs, des historiens, et parmi eux, MM. Sagnac, Sée, Charletty, etc...

Plus de vingt tomes de ces archives sont actuellement à la disposition de ceux qui, comme moi, désirent contrôler l'exactitude de déductions antérieures ou de simples hypothèses émises au sujet de la situation économique du paysan français à la fin du XVIIIe siècle. Ces matériaux sont en partie constitués par les cahiers des paroisses, et en partie par de des actes d'expropriation des terres des couvents et des émigrés, enfin par des actes juridiques et des papiers officiels se rapportant à l'abolition de la féodalité et au morcellement des terres communales et autres.

En utilisant ces sources nouvelles, si riches, mon intention est de vérifier l'exactitude des propositions émises par moi il y a vingt ans. Même à présent, il est, certes, impossible d'épuiser toutes les questions que j'ai soulevées, ainsi que d'étendre ce genre de recherches à toutes les parties de la France. Je me suis attaché surtout à l'étude des conditions générales des campagnes françaises à l'époque de la Révolution, et non aux particularités locales. Les milliers de cahiers que j'ai compulsés, et dont le nombre s'est tellement accru depuis, ne représentent, je le sais, qu'une partie des richesses amassées dans les archives départementales, dans les bibliothèques des villes et des universités.

Une distinction s'impose ici entre deux sortes d'ouvrages : l'érudit régionaliste se propose de donner un tableau achevé de l'état d'une portion exactement limitée du territoire ; l'historien dit général ou plutôt le sociologue a pour tâche de jalonner le champ immense où se trouvent à peine tracées des voies souvent divergentes.

Tocqueville avait cru pouvoir baser ses assertions sur la connaissance de documents provenant presque exclusivement de la Touraine, et de quelques provinces ayant conservé leurs États ou introduit (depuis Turgot et Necker) des assemblées représentatives nouvelles : on peut donc espérer fonder sur l'étude de documents incomparablement plus nombreux, un tableau d'ensemble, dont les détails seront peu à peu rectifiés par les travaux des historiens locaux. A mon avis, le progrès de la science sociale n'est réalisable que grâce à cet échange de services entre les sociologues et les chercheurs de détails. Les premiers tracent les grandes lignes, indiquent les courants principaux de la vie sociale à une époque donnée ; les seconds viennent concrétiser ces idées générales, les confirmer ou les réfuter.

Après cette introduction indispensable, j'aborderai donc, en me basant sur des documents nouveaux, la question suivante : les années qui précédèrent la Révolution ont-elles marqué un progrès, ou au contraire une régression, dans la possession du sol par les paysans, et dans l'aisance des classes rurales en tant que cette aisance est assurée par la propriété foncière ?

II

La situation économique de la classe paysanne pendant les années révolutionnaires a été décrite par moi exclusivement d'après les données que renferment à ce sujet les cahiers du tiers état. Ceux-ci, comme on sait, se subdivisent en cahiers généraux et cahiers particuliers. Les premiers émanent des électeurs des provinces (bailliages et sénéchaussées), les seconds, en règle générale, des habitants d'une paroisse rurale ou urbaine, réunis pour nommer les électeurs d'un futur député. Une série de travaux parmi lesquels je citerai celui d'un écrivain russe, M. Onou, a établi que les rédacteurs des cahiers se servirent alors fréquemment de modèles manuscrits ou imprimés, distribués de Paris et des autres centres plus ou moins importants. Les auteurs de ces modèles de *Cahiers de Doléances* étaient souvent des hommes de culture non seulement littéraire, mais scientifique, avocats, petits fonctionnaires, journalistes. C'est ainsi que le célèbre physiocrate Dupont de Nemours prit une part directe à la rédaction du cahier de sa paroisse et de sa province. Sur toute la circonscription électorale d'Étampes, les assemblées paroissiales, dans leurs protestations contre les divers désordres de l'État, copièrent certains modèles dont le texte a été à peu près reconstitué dans la plus récente édition de ces cahiers. Dans les *Cahiers des Doléances* de la sénéchaussée de Rennes en Bretagne, imprimés en 1909, MM. Sée et Lesort ont trouvé des traces de l'usage fréquent d'une brochure, intitulée: *Charges qui pèsent sur le bon villageois*.

Après ce qui vient d'être dit, on doit se poser la question suivante : Dans quelle mesure peut-on voir dans les cahiers l'expression sincère des sentiments et des vœux des masses populaires — rurales ou urbaines ? Ces documents ne sont-ils point la reproduction banale des opinions répandues alors dans les sphères intellectuelles de la société française, et, en particulier, parmi les zélateurs de réformes politiques et sociales ? Lorsque dans l'un de ces soi-disant monuments du génie créateur populaire, nous tombons sur une dissertation quant à la supériorité du régime anglais, du système de représentation et de l'acte d'*habeas corpus*, quant aux avantages de la responsabilité politique des ministres sur leur responsabilité judiciaire, quand il y est question du droit au travail et de l'opportunité du libre-échange, — un soupçon s'empare de l'esprit du lecteur, soupçon voisin de celui que nous conçûmes, nous autres membres de la Première Douma, lorsqu'on nous accabla de pétitions parfois volumineuses, et soi-disant émanées des paysans de tel ou tel gouvernement. Évidemment, des deux sortes de cahiers — généraux ou particuliers, ou, en d'autres termes, cahiers de provinces et de villes d'une part, cahiers paroissiaux de l'autre — ce sont les premiers qui ont surtout subi ces influences littéraires. Aux cahiers modèles s'ajoutait, pour la rédaction des cahiers du bailliage, de la sénéchaussée et du district, la participation directe des publicistes, des avocats, des magistrats. Ce second mode d'influence se faisait moins intense dans les paroisses villageoises ; mais là aussi, la présence accidentelle à l'assemblée des électeurs d'un écrivain, d'un économiste ou d'un politicien, pouvait se faire sentir dans les instructions rédigées pour la gouverne des électeurs. Dumont raconte dans ses *Mémoires* que lors de son retour d'Angleterre, il tomba avec ses compagnons de voyage, des étrangers, dans l'assemblée électorale d'une paroisse normande, et qu'il y donna son coup de main à la composition du cahier. On trouve un aveu semblable chez Dupont de Nemours au sujet de sa participation, pour ne pas dire son étroite collaboration, à la rédaction du *Cahier des Doléances* de son village natal.

Est-ce à dire que les cahiers ne soient pas une source sûre, et qu'il faille renoncer, comme le proposent certains historiens, à s'en servir pour décrire l'état de la France avant la Révolution? Je ne le pense pas. Un fait saute aux yeux, à l'examen même superficiel de l'un quelconque de ces documents, surtout de ceux provenant des assemblées paroissiales des villages: à côté de dissertations d'un caractère général ou au contraire d'intérêt strictement local, ils fournissent une série de données positives sur le chiffre des habitants, celui des impôts, la quantité de terre cultivée par chaque famille, les dimensions des domaines féodaux et ecclésiastiques; ils nous apprennent si la paroisse comprend des fermiers, quelle influence exerce la multiplication des fermes sur la propriété foncière du paysan, si les habitants ont la jouissance des forêts et des landes seigneuriales, ou si celles-ci tendent à être encloses, si le village possède une petite industrie propre, usine ou fabrique, quelle part y prennent les femmes et les enfants, le nombre de ceux qui cherchent du travail dans d'autres provinces ou émigrent à l'étranger, le nombre des personnes ayant recours à l'assistance publique et quelle part y prend le curé du lieu, les vêtements portés par le paysan, sa nourriture, ce que lui coûte la gabelle, l'influence des taxes sur les prix du vin et la possibilité de manger de la viande. Toutes ces données excluraient la pensée de chercher d'autres sources aux cahiers paroissiaux que des sources locales. Dès lors, pourquoi se priver de ces documents dans notre investigation, — il faut en faire au contraire l'élément principal de notre tableau de la vie économique du village français.

Les éditions récemment entreprises par la commission que le ministère de l'Instruction publique a nommée nous ont rendu le service de nous enrichir d'une foule de cahiers provenant de paroisses rurales.

Il n'est pas rare de voir les paysans exposer leurs vœux sur deux ou trois pages ; ils y font un simple exposé de la petitesse de leurs terres, de la masse des impôts, corvées, redevances auxquels ils sont astreints, et, par suite, de l'insignifiance de leur budget, de leurs privations en nourriture et en vêtements, de la nécessité pour eux de gains supplémentaires et de leur obligation fréquente, malgré la douleur qu'ils en ont, de se séparer de leur terre à cause des empiétements du seigneur ou des exigences de l'intendant et du fermier, qui, appuyés sur la force, invoquent à tout propos des droits tombés en désuétude, ou en créent de nouveaux.

Dans certains cahiers, on rencontre d'autres doléances: le paysan, n'ayant pu supporter le système des impôts exagérés et des salaires insuffisants dans le travail agricole, s'établit tisserand; le nombre des laboureurs décroît dans des proportions terrifiantes ; on doit alors leur allouer, ainsi qu'aux manœuvres, des salaires doubles et triples de ceux d'autrefois. L'agriculture va périr, faute d'ouvriers. Nous avons de nouveau affaire non aux opinions courantes du monde littéraire, mais à un tableau réel des conditions locales.

De tout ce qui précède, on ne peut guère déduire que ceci: on a le droit de se servir des cahiers, mais en leur appliquant les procédés généraux de la critique historique. Tout ce qu'on y rencontre n'est pas directement emprunté à la vie. Pour une part importante, on y trouve l'écho de polémiques menées par les journaux contre le gouvernement. Certains passages apportent le reflet de doctrines politiques et économiques régnantes, dont les sources principales sont la *Physiocratie*, la *Grande Encyclopédie*, l'*Esprit des Lois* et le

Contrat social; mais dans la plupart des cas on trouve immédiatement enregistrés les vœux des paysans, confirmés par des indications sur les conditions de la vie locale.

Dans l'exposé qui va suivre nous nous servirons des cahiers dans la mesure où ils apparaissent comme un tableau authentique de la vie rurale de la France au moment de la chute de l'ancien régime.

III

Dans les cahiers récemment publiés, comme dans ceux où nous nous sommes documentés il y a vingt ans, le milieu rural apparaît clairement divisé en plusieurs couches distinctes.

Les *Cahiers des Doléances*, émanant des assemblées paroissiales, font mention de fermiers, de métayers, de laboureurs, de manœuvres, dont les uns possèdent des métairies avec un petit lot de terre, et les autres rien qu'un enclos. Et les uns, et les autres, sous des maîtres communs, travaillent de leurs mains, c'est-à-dire sans l'aide d'attelage, sans bœufs ni chevaux, à l'aide desquels le «laboureur» cultive son champ ou celui du seigneur (1).

L'énumération des classes possédantes et non-possédantes comprend aussi les artisans villageois. Elle se termine par la mention des indigents vivant exclusivement d'aumônes.

A l'état personnel et immobilier des habitants des paroisses s'ajoute l'énumération des paiements effectués par les fermiers et les métayers, ainsi que par les laboureurs au profit des seigneurs.

Enfin les cahiers nous révèlent souvent les change-

1. J'ai cité dans mon ouvrage une indication de Turgot, reproduite par les auteurs des brochures de 1789 : dans la plus grande partie de la France, les chevaux remplaçaient de plus en plus les bœufs pour le labourage, comme étant moins coûteux.

ments qui se sont récemment produits dans la composition personnelle et immobilière de la paroisse. Nous apprenons que le chiffre de sa population vient de s'accroître ou de diminuer, ainsi que celui des petits propriétaires. Nous apprenons à qui passaient les terres de ces derniers, à quelles causes on devait ces changements, par quels moyens on pouvait les enrayer, et quelles conséquences se faisaient prévoir.

Citons comme exemples les cahiers suivants :

Cahier de Nancy-sur-Moselle (1). — Deux cent neuf foyers ; 43 propriétaires cultivent des vignobles. La plupart sont surchargés de dettes ; 85 vignerons prennent les terres en métayage et s'acquittent avec le seigneur en lui cédant la moitié de la récolte. Ils servent en même temps comme salariés sur les terres d'autrui, et ne possèdent en propriété que des « mouées de vignes ». Le cahier ajoute : la plupart sont misérables. 30 « chétifs artisans » : tailleurs, cordonniers, tisserands. Le reste se compose de veuves et de mendiants.

Paroisse d'Ancy. — Elle comprend 2.794 mouées de vignes environ. Cela représente 349 journaux dont chacun contient 400 verges ; et une verge est égale à 10 pieds royaux. Sur cette quantité 1.324 mouées appartiennent à la paroisse, et 1.470 à diverses personnes, presque tous citoyens de Metz et faisant cultiver leurs vignes par des valets salariés.

Ces indications sont suivies de l'énumération des sommes que la paroisse paie au Trésor.

Le cahier se termine par une déclaration d'un caractère général quant à l'inégalité de l'impôt. Les cultivateurs en sont écrasés si on les compare aux autres classes de la population. Et parmi les cultivateurs, les vignerons sont plus imposés que les laboureurs, alors que ces der-

1. « Cahier du Bailliage de Metz et Nancy », publié par Charles Étienne. « Bailliage de Vic », p. 20.

niers sont plus sûrs que les premiers de jouir d'une récolte annuelle.

Cette énumération des foyers, terres et impôts est suivie d'une brève esquisse des changements effectués — ou s'effectuant — dans la composition des diverses couches sociales.

Souvent, lit-on dans le cahier, les laboureurs abandonnent leur travail et deviennent des rentiers ; parmi les vignerons, au contraire, on ne rencontre guère d'aisance. Ceux qui possèdent quelque chose transportent souvent leur domicile dans les villes où ils s'inscrivent parmi les bourgeois. Ils s'affranchissent par là du paiement de l'impôt personnel (*taille*).

Une fois inscrits à la ville, les habitants de la paroisse ne supportent plus que les charges dont la propriété immobilière est obérée. La somme dont ils sont déchargés retombe dans ce cas sur les personnes restées dans la paroisse, et le montant des paiements de celles-ci s'accroît d'autant. En perdant un contribuable, la paroisse conserve l'obligation de fournir au Trésor le même montant d'impôt qu'auparavant. Pour appuyer ses dires, l'auteur du cahier cite ce fait : un vigneron cultivant deux journaux et demi de terre, s'il habite sa propre ferme, paie en outre de ses 20 livres de vingtième, 12 livres d'autres impôts directs, c'est-à-dire de taille, subventions, impôts extraordinaires, rachat, contribution aux routes, corvées, et enfin capitation au montant de 31 livres.

D'autre part, l'homme inscrit à la ville paie seulement le vingtième et une capitation réduite.

Comme autre cause de l'appauvrissement des vignerons, le cahier cite la plantation des vignes sur des terrains nouveaux, ce qui a considérablement accru le nombre des vignobles pendant les dernières cinquante années.

Dans l'acte que nous venons d'analyser, on remarque par quel genre de considérants les auteurs des cahiers faisaient précéder habituellement l'exposé des réformes nécessaires. La précision y fait généralement défaut. Nous ignorons quelle était l'étendue de terre possédée par chaque habitant, indication qu'on peut trouver dans d'autres documents du même genre. Ainsi, par exemple, nous lisons dans le *Cahier de la paroisse d'Avricourt*, située dans les limites du même bailliage : « 63 foyers ou plus exactement *feux*, 5 sont occupés par des laboureurs ; et chaque feu ne cultive pas plus d'une « charrue » de terre par an. Tous ces laboureurs sont fermiers, possèdent chacun 3 ou 4 journaux de 35 feux, vivent de leur propre travail manuel, c'est-à-dire appartiennent à la catégorie des manœuvres. Le reste est composé de pauvres vivant d'aumônes ».

Les cahiers nous fournissent aussi des données sur les changements qui se sont effectués dans la distribution de la propriété au village. Pendant les dix dernières années, les rentes des fermiers et autres bénéfices de la noblesse, du clergé, et de la partie du tiers état exempté d'impôt, ont augmenté d'un tiers ; c'est pourquoi les fermiers, eux aussi, ont l'existence difficile et sont contraints de vendre leurs petits biens aux « seigneurs » pour pouvoir s'acquitter de leurs rentes (1) ; autrement dit, les possesseurs des terres sont peu à peu obligés de se défaire de ce qui leur appartient, pour être en mesure de payer au seigneur ce qu'ils lui doivent.

Dans les autres cahiers de ce même bailliage, on trouve le tableau exact des foyers aisés et des foyers indigents. A Bey, sur 39 feux, 15 sont pauvres ; il n'y a que 3 petits laboureurs fermiers. Ce terme semble devoir indiquer, dans le cas présent, que de petits propriétaires se trouvaient si peu assurés dans leur subsistance par leurs propres terres, qu'ils se faisaient en même temps tenanciers des terres de seigneurs (2). Le cahier ajoute que les fer-

1. Ibid., p. 48.
2. Ibid., p. 127.

mages excessifs (*canons*) exigés d'eux les ont conduits à un état de misère profonde.

Dans d'autres cahiers, notamment celui *de la paroisse de Béchy*, on parle de ce même accroissement du taux du fermage, comme d'un fait général qui empêche les laboureurs de payer les rentes dues au propriétaire.

La terre donne de mauvaises récoltes et le prix du fermage augmente. C'est la cause d'une grande détresse pour les deux tiers des habitants. Ils en sont réduits à la dernière extrémité et ne peuvent satisfaire plus longtemps aux exigences du fisc (1). Dans le *Cahier de la paroisse de Barenville,* on mentionne que les cultivateurs, pour payer le seigneur, se sont vus obligés d'aliéner les lopins de terre qu'ils avaient possédé jusque-là en propre. Pendant les années de disette, le manœuvre abandonne les quelques pouces de terre qui lui ont servi à subsister. Il ne lui reste plus dès lors que ses bras, avec lesquels il ne gagnera pas plus de 20 sous par jour. Il a cependant une famille à soutenir, et le pain seul coûte environ 2 écus (10 fr.) par semaine. Comment vivre dans une misère pareille ? Il s'endettera ou bien il demandera l'aumône (2). A qui s'adresser pour un emprunt sinon aux juifs ? Et ceux-ci, le *Cahier de Bérigues* s'en plaint, prennent 6 livres de chaque louis d'or.

Mais pourquoi les paiements aux propriétaires fonciers augmentent-ils constamment ? A cela le *Cahier de Barenville* répond que les fermes sont louées au plus offrant. L'auteur du cahier considère comme un « abus détestable » (3) ce mode de détermination des prix par l'offre et la demande. Pour apporter un remède aux malheurs du pays, pense-t-il, le seul moyen est d'empêcher l'accumulation aux mains d'un seul de quantités de terres dépassant toute limite. Tant que le droit de posséder un

1. Ibid., p. 85.
2. Ibid., p. 70.
3. Ibid., p. 69.

nombre indéfini de journaux sera maintenu, dit le cahier, tant que ce nombre ne sera pas limité à 25 lots de mesure française et à 40 lots de mesure lorraine, les terres ne seront jamais cultivées comme elles doivent l'être pour que toute leur productivité soit mise en valeur (1).

Les citations précédentes suffisent, à mon avis, pour établir la possibilité d'arriver, en se servant des cahiers, à des conclusions d'une certaine précision quant à la distribution de la propriété foncière et les modifications qu'y apportèrent, peu avant la Révolution, les divers changements dans l'existence du peuple des campagnes. Nous nous sommes jusqu'ici borné aux documents provenant d'une seule région de la France, région où le régime féodal de lots individuels et usages communaux s'étaient conservés à peu près intacts. Les travaux de Hanau, et les cahiers des bailliages contigus à Metz et Nancy établissent pleinement qu'il en était de même en Alsace. Les cahiers des paroisses rurales y font mention de communaux et de leur exploitation au profit exclusif des seigneurs, ceux-ci y faisant paître une quantité excessive de bétail, grâce à un système d'enclos et de déboisement. Les mêmes cahiers se plaignent de ce que lors des partages (« triages ») le seigneur retienne pour son bénéfice les deux tiers des pâturages communaux. En outre, il exige, lors du défrichement par les paysans, qu'un tiers de la surface défrichée lui soit cédée en toute propriété (2).

Le système des enclos, ajoute l'auteur du cahier, ne profite qu'aux gros fermiers.

Tous les faits précités me paraissent conduire à une conclusion opposée à l'idée d'accroissement de la petite propriété paysanne ; je parle de propriété et non de la jouissance viagère ou héréditaire, liée au système des *lots*. Il est dit de façon explicite, dans plusieurs cahiers, que

1. Ibid., p. 70.

2. Ibid. « Cahier d'Adaincourt », p. 2. — « Cahier d'Alberstroff », p 6 et 15. — « Cahier d'Argenville », p. 17.

les habitants ne possèdent même pas le tiers de la terre. Celle-ci, pour la plus grande part, est aux mains de propriétaires ecclésiastiques ou nobles, ainsi que de bourgeois n'habitant pas la paroisse (1).

Non seulement les paysans n'élargissent pas la terre qu'ils cultivent, mais on la voit diminuer au contraire. Le défaut de terre se fait sentir de façon si manifeste que certains cahiers émettent le vœu que le gouvernement aliène les domaines, ou tout au moins les afferme par petits lots, afin de permettre aux habitants des paroisses voisines de prendre ces lots en louage, de préférence aux habitants de localités plus éloignées. La même mesure, dit le cahier, devrait être étendue à la vente et au fermage des terres appartenant aux seigneurs laïques et ecclésiastiques. Il faudrait que ces terres fussent également aliénées et louées par lopins (2).

Mais peut-être cet état de choses est-il particulier aux provinces de l'Est, et ne se retrouve-t-il ni dans le Nord, ni dans le Centre, ni dans le Midi ?

J'estime pouvoir prouver le contraire par l'analyse de cahiers de paroisses des bailliages et sénéchaussées du Cotentin, de Cany, de Sens et Pontoise, de Blois, du Beaujolais et de l'Orléanais, de Troyes, Châlons-sur-Marne, Nîmes et Marseille. Tous ces cahiers furent récemment imprimés, pour la plupart sur l'ordre du gouvernement, certains aussi grâce à des initiatives privées (3).

Arrêtons-nous d'abord à la moitié septentrionale de la France. Les documents récemment publiés complètent, sans les modifier essentiellement, les renseignements donnés par les cahiers des paroisses de l'Artois, du Pas-de-Calais et de Normandie sur les questions qui nous inté-

1. « Cahier d'Alberstroff », p. 10.
2. « Cahier de Barchain », p. 64.
3. Ainsi, par exemple, les cahiers du bailliage secondaire de Pontoise ont été publiés par Ernest Malet, chez Champion, à Paris.

ressent. Le Cotentin et Cany, auxquels se rapportent ces cahiers, forment la partie septentrionale de la Normandie.

Si nous cherchons à nous faire une idée de la répartition de la propriété foncière en France, à l'aide des cahiers paroissiaux récemment publiés, nous trouverons leurs données en tous points conformes à celles fournies par l'analyse des cahiers de la Normandie. Nous lisons dans celui *de la paroisse de Beaucoudré-en-Cotentin*, que la noblesse, le clergé et la bourgeoisie ont les plus belles propriétés du royaume (1).

L'étendue de ces propriétés s'accroît sans cesse; la cause, signalée dans un autre cahier, en est que les laboureurs et manouvriers sont réduits à la nécessité de vendre les éléments de leur propre subsistance, et de se contenter de la pire nourriture (2).

Le *Cahier de Grimesnil* ajoute le renseignement suivant : les laboureurs manquent de moyens pour payer les rentes seigneuriales (3). Ce fait seul nous indique que dans les limites du Cotentin, ceux qu'on appelait les laboureurs n'étaient pas propriétaires fonciers. Et, d'autre part, les lots qu'ils détenaient étaient si petits que, selon le même cahier, ils manquaient de ressources pour payer leurs domestiques et ouvriers (4).

Il faut voir une autre cause de leur situation misérable dans l'excès d'impôts dont ils sont chargés au profit de l'État. Le poids des contributions augmente, entre autres raisons, parce que les bourgeois qui ont élu leur domicile au village ne paient pas d'impôts pour les domaines immenses qui se trouvent en leur possession, et leurs fermiers jouissent de la même franchise. Voici exactement le fait que vise le document en question. En vertu d'une ordonnance de juillet 1766, les privilégiés doivent payer la taille dans

1. « Cahiers de doléances du bailliage du Cotentin », publiés par Émile Bridrey, VI, 1907, p. 145.
2. Ibid., p. 228.
3. Ibid., p. 330.
4. Ibid., p. 330.

la paroisse où ils sont domiciliés (1). A partir du moment où cette règle cesse d'être observée, les non-privilégiés doivent répartir entre eux l'impôt global de la paroisse (2).

Il ressort également de l'examen du *Cahier de Quettreville* que l'on entendait dans le Cotentin sous le terme de « petits propriétaires », non les propriétaires libres, mais les propriétaires imposés au profit des seigneurs. Nous lisons dans ce document que le quart des terres est aux mains des nobles et des autres privilégiés. Le reste de la terre appartient à un grand nombre de petits propriétaires locaux. Mais si l'on considère la dimension des héritages de ceux-ci, c'est-à-dire de leurs lots héréditaires — et la quantité de rentes seigneuriales, payées en argent, en blé ou en chapons, on verra que ces propriétaires ne sont guère en réalité que des tenanciers ou locataires. Ce fait explique à son tour le grand nombre de pauvres dans la paroisse. Le mercredi, après la leçon de catéchisme, le curé de l'endroit distribue l'aumône à 60 ou 70 enfants. La culture des champs, qui occupe tous les habitants, reprend l'auteur du cahier, jointe à l'absence de toute activité commerciale, fournit à peine le moyen de couvrir le montant des rentes, et des paiements en nature qui incombent aux héritages (3).

Le tableau général que nous offrent les cahiers que je viens de citer se trouve complété par des données nombreuses sur la répartition de la propriété foncière dans les différentes paroisses. A Chantel (90 feux et 450 âmes environ), chacun des propriétaires établis dans la paroisse ne possède que de très petits lopins de terre. Dans

1. « Recueil des édits », IX, p. 843.

2. Cf. le « Cahier de la paroisse du Sey-Hébert », ibid., p. 334. — Le « Cahier de Grimesnil » émet le vœu suivant : « Que les exemptions et les privilèges, qui mettent les roturiers à l'abri de toute exigence de taille et autres charges, soient supprimés. Que tous les biens ecclésiastiques, paient à la décharge des laboureurs, qui portent la généralité des charges. »

3. Ibid., p. 511-512. — « Cahier de Quettreville. »

toute la paroisse on ne saurait trouver que deux habitants qui tiennent un attelage complet (1).

La paroisse de Guérengeville comprend 60 feux ; les paroissiens ne possèdent que la moitié des terres, l'autre moitié est au seigneur. A l'exception d'un petit nombre d'habitants qui parviennent avec peine à couvrir les frais de leur existence, tous sont des pêcheurs ou des bateliers. Il n'y a donc point ici de paysans-propriétaires (2).

Paroisse de La Haye-Comtesse : la moitié des terres est aux mains des seigneurs. Les paroissiens leur paient des redevances en blé de vergée. Le cahier signale un grand nombre de petites rentes. Les seigneurs se permettent des exactions sous prétexte de réaliser leurs monopoles économiques (*banalités*).

Dans la paroisse de Giaville, 77 feux sont frappés de contribution foncière. Sur ce nombre, 55 sont occupés par des journaliers, manœuvres et maçons. Chacun possède en tout une métairie avec un jardin attenant et quelques vergées de terre. Le reste de la population consiste en petits propriétaires et en fermiers. Le cahier n'indique pas ce qu'il entend par petits propriétaires ; mais, ce sont comme dans les autres paroisses des paysans en possession de lots ; rien ne nous autorise à supposer qu'il s'agisse ici de propriétaires libres. A côté d'eux, on trouve des fermiers, c'est-à-dire des tenanciers à terme (3).

Dans la paroisse de Langron quelques gentilshommes conduisent eux-mêmes, et à leur compte, des entreprises rurales ; étant nobles, ils ne paient pas d'impôt direct. Toutes les terres dépendent de quatre seigneurs laïques et ecclésiastiques.

A Montaigu-les-Bois, beaucoup de terrains « supportent plus de rentes qu'ils ne fournissent de revenus ». Les

1. Ibid., p. 265.
2. Ibid., p. 372.
3. Ibid., p. 385.

« particuliers » n'en sont même pas fermiers ; leur rente est une sorte de redevance en argent : ce sont des usufruitiers héréditaires.

Le tiers de la terre appartient à un seul et même seigneur qui dirige lui-même son entreprise rurale ; une part considérable de son domaine est soumise à sa régie. Il loue le reste ; il ne paye aucun impôt pour les terres dont il a soin lui-même, et pour le reste à peine 100 livres de taille (1).

A Sourdeval-les-Bois, la plupart des habitants sont indigents. Les plus aisés n'ont pas même 300 livres de revenu (2).

A Tourville, toute la terre est divisée entre sept fiefs. Les lots des habitants en dépendent (3).

A Trévilly, la moitié au moins de la terre est aux mains de nobles et de leurs fermiers. Les propriétaires, domiciliés hors de la paroisse, ne sont pas sujets à la taille et ne paient pas l'impôt personnel (4).

On pourrait multiplier les exemples, mais ceux cités plus haut suffisent à justifier cette conclusion : dans le bailliage de Coutances où sont situées toutes les paroisses en question, le nombre des petits propriétaires exempts de toutes redevances seigneuriales est insignifiant.

En lisant les *Cahiers du bailliage de Cany* on apprend quelle raison empêchait les terres appartenant aux nobles de passer aux mains du tiers état, sinon des paysans. Cette cause n'est autre que l'existence du « franc-fief », paiement que tout acheteur roturier était dans l'obligation d'effectuer au profit du fisc.

La paroisse de Dondeville demande l'abolition de cette taxe, et s'appuie sur la considération suivante : cette taxe, qui apporte au fisc un revenu insignifiant, cause un dom-

1. Ibid., p. 443.
2. Ibid., p. 538.
3. Ibid., p. 611.
4. Ibid., p. 621.

mage immense à l'État. Un marchand, ayant exercé son commerce pendant sa jeunesse, acquerrait volontiers de la terre et utiliserait ainsi ses économies. Mais, obligé de payer le franc-fief, il préfère acheter une charge qui l'anoblisse. C'est ainsi, reprend l'auteur du cahier, que le franc-fief est responsable de ce que les gens aisés n'entrent point dans la classe des propriétaires ruraux, la plus indispensable pour l'État (1).

Le droit d'aînesse existe toujours en Normandie. Deux tiers de la terre vont à l'aîné, et cela contribue encore à concentrer la propriété dans un petit nombre de mains. Les *Cahiers paroissiaux de Cany* signalent le fait et demandent l'abolition de ces droits, faisant valoir que leur disparition permettra une égalité plus grande dans la distribution de la fortune (2) ; je n'y trouve nulle mention de paysans propriétaires. Une question qui se pose souvent est celle de savoir s'il est préférable de prolonger le terme du fermage de la terre. Il est reconnu comme trop court en Normandie. Il faut, disent les cahiers, fixer un terme de dix-huit ou même de vingt-sept ans. Tel est le vœu émis par la paroisse de Bourville, et répété à plusieurs reprises dans d'autres cahiers du même bailliage (3).

On pourrait achever le tableau de l'état des paysans du nord de la France, en citant les données fournies par les *Cahiers des paroisses de la sénéchaussée de Rennes*. Mais ces matériaux ont déjà été mis à profit par M. Sée, dans son *Histoire des paysans de la Bretagne*. L'auteur reproduit ses conclusions dans l'introduction aux cahiers paroissiaux publiés par lui.

Il insiste sur le fait qu'en Bretagne les redevances seigneuriales s'étaient maintenues à un taux plus élevé que dans les autres régions de la France ; — ce fait seul écarte

1. « Cahiers des doléances du bailly de Cany », publiés par C. Romain, p. 61.
2. Ibid., p. 76 et 38.
3. Ibid., p. 38.

l'idée de l'existence de nombreux paysans propriétaires dans cette province. — La pénurie des pays bretons était telle que de nombreux foyers ne pouvaient vivre du seul revenu de leurs lots. La majorité, dit Sée, en résumant le contenu des cahiers, possédait des parcelles si insignifiantes qu'ils devaient, pour subsister, louer de la terre aux seigneurs ou s'enrôler parmi les salariés agricoles de ces mêmes seigneurs. Un grand nombre trouvait un gain supplémentaire dans le filage et le tissage des toiles de lin ou de chanvre. Aux environs de Rennes, la plupart des propriétaires fonciers tenaient une servante pour le filage et un valet pour le tissage. Les artisans travaillant à domicile étaient en même temps des journaliers agricoles. La fabrication de la toile avait pris le caractère d'une industrie domestique, destinée à satisfaire aux demandes du grand commerce. Le travail du cuir, qui procurait aussi des gains supplémentaires aux paysans bretons, ne répondait par contre qu'aux besoins du marché local (1).

Je considère que les documents analysés jusqu'ici confirment les thèses à la défense desquelles j'ai consacré les chapitres d'introduction de mon livre.

On peut se demander à présent dans quelle mesure on retrouve dans les provinces du centre une distribution de la propriété foncière analogue à celle dont le spectacle s'est présenté à nous dans le nord du royaume, en Flandre et en Artois, en Picardie et en Normandie. A ce sujet, les éditions entreprises par le ministère français de l'Instruction publique fournissent beaucoup de données nouvelles. Nous tenons devant nos yeux les recueils de cahiers de paroisses des bailliages de Troyes, d'Orléans et de Blois. Le premier comprend une partie de la Champagne, les deux derniers appartiennent à l'Orléanais. Tous trois nous éclairent donc sur l'état fon-

1. « Cahier des doléances de la sénéchaussée de Rennes », publiés par Henri Sée et André Lessort, t. I. Rennes, 1909. Introduction, chap. XXI, XXII.

cier de la France du Centre. La question de savoir s'il existe ou non un nombre considérable de paysans propriétaires dans le centre de la France est tranchée à l'aide de ces documents, et dans un sens nettement négatif.

L'éditeur du recueil des *Cahiers de paroisses du bailliage de Troyes* signale un fait curieux, qui n'apparaît nulle part ailleurs dans une égale proportion : l'industrie domestique a commencé à tuer l'agriculture; les paysans, délaissant les terres, se consacrent entièrement à l'activité industrielle. Comme conséquence, on observe une augmentation du salaire pour le travail rural, et une décadence des entreprises agricoles sur les terres seigneuriales. La succession de ces phénomènes est, selon moi, indiquée dans la préface d'une façon erronée : ce n'est pas le progrès de l'industrie domestique qui a amené le déclin de l'agriculture, comme le prétend M. Vernier, mais au contraire la décadence de l'agriculture s'est trouvée constituer une condition favorable au développement des métiers paysans. Les opinions de M. Vernier reflètent la lecture des *Cahiers des villes*, en particulier de ceux rédigés à Troyes par les fabricants de tissus de soie, de drap, de lin et de coton. Il ne fait que reproduire leurs plaintes en disant que le filage et le tissage rural tuent non seulement l'industrie de la ville de Troyes, mais aussi l'agriculture de la province, en diminuant l'offre et en faisant monter le prix du travail agricole. Les auteurs des cahiers paroissiaux se placent à un tout autre point de vue quand il s'agit pour eux de traiter la même question. C'est ainsi que dans le *Cahier des doléances du village d'Haumont* nous lisons : le nombre des habitants laboureurs et manœuvres a décru considérablement à cause du poids des impôts, en sorte que là où auparavant on trouvait six feux munis du nécessaire en chevaux et instruments aratoires, il n'en reste plus que deux, et encore sont-ils dépourvus d'attelages suffisants (1). Une

1. V. p. 323.

semblable diminution du nombre des laboureurs, de pair avec l'accroissement de l'impôt, est signalée dans le *Cahier des doléances de la paroisse d'Assenay*. Sur cinq laboureurs que comptait le village vingt ans auparavant, il en restait juste un qui possédât un attelage complet pour la charrue ; en d'autres termes, le nombre des laboureurs avait diminué de quatre cinquièmes. Et ces laboureurs eux-mêmes, lisons-nous dans le texte du cahier, cultivaient une terre qui ne leur appartenait pas, étant la propriété des couvents.

Beaucoup de laboureurs n'arrivaient à cultiver la terre qu'en attelant à la même charrue les chevaux de plusieurs ménages, c'est-à-dire qu'ils concluaient un accord entre eux et unissaient leurs efforts, chacun fournissant seulement une paire de chevaux à la même charrue.

La plupart des champs et des prés, poursuit le cahier, est entre les mains des couvents d'hommes ou de femmes, ou appartiennent aux bourgeois de Troyes, qui bénéficient de l'exemption de l'impôt en qualité de privilégiés. Tout le poids de l'impôt foncier retombe ainsi sur la classe paysanne. Les paysans, le plus souvent, ne possèdent que des cabanes et des jardins. Rien d'étonnant par conséquent que la plupart soient dans la misère, et manquent du nécessaire (1) Dans toutes les paroisses, on trouve ainsi une diminution du nombre des laboureurs. A Bunières, sur huit laboureurs il n'en reste que quatre (2). A Viernes, deux seulement sur huit (3). Dans le *Cahier de Bertignoles* (4), on fait le calcul du revenu que peut espérer un paysan cultivant 30 journaux avec sa charrue : il n'aura que 166 livres de rendement net, sur lesquels il paiera 25 livres, 10 sous et 7 deniers d'impôt à l'État. Le vigneron, selon l'auteur du cahier,

1. Ibid., p. 309 et 311.
2. Ibid., p. 471.
3. Ibid., p. 411.
4. Ibid., p. 379.

touche un revenu encore moindre; on le déclare imaginaire, c'est-à-dire non-existant en réalité. Les données précédentes expliquent pourquoi l'agriculture, non seulement ne se développe pas, mais tombe en décadence. La charge des impôts se fait d'autant plus lourde qu'ils ne sont pas répartis de façon égale. C'est pourquoi les laboureurs, les manœuvres, les vignerons, qui constituent la population de Bertignolles, mènent une vie fort misérable (1). Lorsqu'aux impôts d'État s'ajoutent les redevances seigneuriales, les paysans se trouvent dans des conditions encore pires. On peut juger de l'importance de ces redevances d'après le registre dressé par le *Cahier des habitants de Briel :* insistant sur l'abolition de taxes qui les réduisent à la condition de serfs, les membres de l'assemblée communale estiment convenable de justifier ce vœu par l'énumération de leurs paiements : chaque famille fournit au seigneur un chapon par métairie et par an; le seigneur perçoit deux soldes par journal de terre arable et deux et demi par arpent de prairie, tout cela sous prétexte de cens lui revenant de droit (2).

Se basant sur toutes ces doléances, le *Cahier du tiers état de la ville de Troyes* a cru pouvoir expliquer comme suit les causes de la grande diminution du nombre des laboureurs sur toute l'étendue du bailliage et cela au cours des quinze dernières années. Pour établir le fait lui-même, les auteurs du document en question empruntent quelques données numériques au rapport fait à l'assemblée provinciale de la Champagne en 1787. Il y a treize ans, dit ce rapport, le nombre des laboureurs s'élevait à 35.132; on n'en compte plus actuellement que 25.000 (3). Cette diminution ne se fait pas également sentir dans les diverses parties du bailliage : dans certaines régions, comme Plancy, près de Troyes, en dix-huit ans, de 1770 à

1. Ibid., p. 376.
2. Ibid., p. 411 et suiv.
3. Ibid., p. 217.

1788, le nombre des laboureurs est tombé de 63 à 3. Ce phénomène particulier s'explique par le fait que Troyes, vers la seconde moitié du XVIIIe siècle, devint l'un des principaux centres de la production de tissus de coton et de bas et que les villages de la banlieue prirent une part active à cette production; Plancy fut l'un de ces villages (1).

Le *Cahier du tiers état de la ville de Troyes* explique le déclin de l'agriculture par l'excès des taxes pesant sur les paysans, et le désir qu'ils ont de se dérober aux levées de recrues qui se font d'année en année.

Durant ces quatre dernières années, nous apprend ce cahier, on a peine à trouver un laboureur qui ne soit point en retard pour ses paiements. Tous ou presque tous ont des arriérés. Cette déclaration lève ainsi tous les doutes quant au fait que les « laboureurs » du bailliage de Troyes n'étaient pas des paysans propriétaires, car autrement le cahier n'aurait pas eu besoin de mentionner les paiements faits aux propriétaires par les paysans. Nous avons donc affaire à des fermiers portant des redevances, à des tenanciers versant un loyer, et jouant le rôle de locataires de terres seignêuriales.

Selon l'auteur du cahier, l'agriculture est négligée parce qu'elle ne récompense pas le travail du cultivateur. Le paysan ménage aux siens un sort meilleur en instruisant ses enfants dans les métiers des villes. Aussi, à mesure que l'agriculture tombe, le tissage et le filage au rouet mécanique prennent de l'extension. Pour leur éviter le service militaire, les familles placent souvent leur fils adulte comme domestique chez des bourgeois aisés de la ville voisine ou de la capitale. On espère ainsi que protégé par sa livrée, il échappera au recrutement et profitera du privilège de son maître; celui-ci de son côté supportera volontiers des frais supplémentaires pour accroître, par des

1. Voir le « Cahier des fabricants de drap, de tissus de soie et de coton de la ville », ibid., p. 81.

domestiques de haute taille, le prestige extérieur de sa personne (1).

On trouve dans les cahiers des plaintes continuelles contre l'usage des gens privilégiés de soustraire leurs valets du nombre des « vilains » imposables et d'étendre jusqu'à eux le bénéfice de leurs propres exemptions : ainsi, dans les *Cahiers de doléances* d'une paroisse de la sénéchaussée de Rennes, nous lisons : « Priver les seigneurs du droit de libérer leur valetaille du service dans la milice » (2).

Passons maintenant aux cahiers rédigés par la population villageoise de l'Orléanais, également province du centre. La question des rapports des paysans avec la terre de la région est complètement résolue par la déclaration suivante des habitants de La Chapelle : « La plupart de nos cultivateurs louent des fermes à bail, ou bien doivent payer une redevance pour ces terres aux propriétaires. Quant à ces derniers, ils ne paient d'autre impôt que le vingtième des revenus qu'ils touchent (3). »

Les auteurs des *Cahiers des paroisses de Saint-Hilaire et de Sainte-Ismène* déclarent : Nous sommes pour la plupart des journaliers. Les villages occupés par nous se clairsèment rapidement. Le désir de cultiver les champs nous abandonne. Les terres sont surchargées d'impôts, il n'y a plus moyen de les fumer. Les journaliers, évidemment, sont des paysans pourvus de lots, et ayant perdu la possibilité d'un aménagement plus intense des terres à la suite du fardeau des impositions (4). Les données numériques relatives au nombre de feux et au chiffre des contributions confirment ces déclarations générales. A Songy, il y a 190 feux ; 7 seulement sont occupés par des fermiers possédant deux ou trois charrues complètes ; 7 autres

1. Ibid., p. 217 et 218.
2. Éd. de la paroisse, p. 175.
3. « Cahier du bailliage d'Orléans », p. 63.
4. Ibid., p. 70.

familles de tenanciers ont chacune une charrue seulement et doivent se passer de l'aide des domestiques ruraux. Quant aux impôts, la paroisse entière est obligée d'en payer pour la somme de 10.916 livres, sans compter le vingtième payé par les petits propriétaires dans la même proportion que par des gens plus aisés, sans compter aussi les 1.300 livres de corvées, sans la dîme ecclésiastique et le champart « que doivent nos terres ».

Cette dernière phrase éclaire bien la situation foncière des soi-disant « petits propriétaires »; c'est celle d'usufruitiers dépendants, de tenanciers héréditaires.

Le *Cahier de Tellier-le-Penan* traite le champart d'institution nuisible à tous les propriétaires et fermiers, et en donne les raisons (1).

Le *Cahier de Lumaux* insiste sur le fait que les villages gémissent sous le poids de l'impôt, et en trente ans ont perdu le tiers de leur population (2).

Toute la Beauce, aujourd'hui l'un des greniers de la France, est écrasée d'impôts à tel point que, les années de bonne récolte, les cultivateurs ont à peine le moyen de subsister, et les mauvaises années, ils sont réduits à la mendicité. Ils sont donc bien loin de songer à acquérir des terres!

Le *Cahier d'Huette* déclare que, sur 60 feux, 1 seul possède trois charrues, 7 en ont deux et 7 autres une seule. Le reste des habitants louent la terre, à un prix excessivement élevé, de sorte qu'ils sont contraints de peiner journellement pour se procurer le morceau de pain quotidien. La paroisse émet le vœu qu'il ne soit plus exigé d'impôt sur le revenu de l'exploitation des fermes. Elle demande qu'on ne fasse pas payer aux producteurs villageois de taille supplémentaire pour ce qu'on nomme « industrie ». De tels procédés détournent les laboureurs

1. Ibid., p. 119.
2. Ibid., p. 132.

de la culture et créent un obstacle au développement agricole (1).

Non seulement la petite propriété foncière ne s'accroît pas, mais elle devient au contraire de plus en plus rare. Le paiement du franc-fief empêche l'acquisition des terres féodales par les personnes du tiers état (2). Le droit d'aînesse s'oppose au partage égal des héritages (3). Les terres des églises et des couvents sont inaliénables ; « il serait donc indispensable de contraindre les monastères à vendre leurs terres pour que leurs propriétés puissent être mises en circulation » (4). Ajoutons à cela le fait qu'en beaucoup d'endroits les parcelles paysannes sont réunies aux grands domaines, ce qui cause un tort considérable aux villageois, car beaucoup de métairies disparaissent ainsi. Autrefois on rencontrait de petites propriétés, bien cultivées, agréables aux yeux. Elles sont aujourd'hui remplacées par des « déserts ». Dans toute la Sologne le malheureux cultivateur gémit, écrasé d'impôts. Au lieu de défricher, il laisse le sol à l'état sauvage (5). Les petits propriétaires sont plus nombreux parmi les vignerons. La culture de la vigne est courante sur les bords de la Loire ; mais l'arrondissement des grandes propriétés a également atteint ceux qui plantaient la vigne sur leurs propres terres. Dans la paroisse de Saint-Jean-le-Blanc, située dans la banlieue d'Orléans et habitée depuis longtemps par des vignerons, les vignobles ont passé aux mains des bourgeois et les vignerons sont devenus les manœuvres de ces derniers. En prouvant qu'ils ne peuvent plus vivre avec ce qu'ils gagnent, les vignerons demandent aux bourgeois une augmentation des salaires, et au roi une diminution

1. Ibid., p. 153.
2. « Cahier de Mardie », ibid., p. 103. — « Cahier de Châteauneuf-sur-Loire », p. 219. — Ibid., p. 231.
3. « Cahier de Chevilly », p. 137.
4. Ibid., p. 138.
5. « Cahier de Marcilly-en-Villette », p. 188 et 190.

d'impôts (1). Il y a évidemment des paroisses où les propriétaires de lots paysans ont été épargnés ; à Siglois, par exemple, on peut trouver des vignerons « propriétaire de vignes à lui ».

Mais bien que ceux-ci ne possèdent que de petits terrains, surchargés de taxes, on les classe cependant parmi les gros laboureurs.

L'auteur du cahier déclare qu'on peut bien trouver de gros laboureurs en Beauce et en Picardie où il y a des fermes considérables, mais qu'il n'y faut pas songer quand il s'agit de sa propre paroisse où le revenu d'une ferme est de 500 à 600 livres et où chaque ferme n'occupe qu'une « charrue » complète (2).

L'examen du *Cahier de Jargeau* nous confirme qu'il s'agit bien là de propriétaires détenteurs de petits terrains.

Ce cahier voudrait obtenir que les frais de la vente des immeubles soient diminués. Ces frais pèsent surtout sur les villages où la propriété est morcelée et où la valeur de chacune est insignifiante. Dans ces conditions les frais des ventes publiques emportent parfois le plus clair du prix d'achat. Il n'est pas question ici de fermiers héréditaires ou à vie, dont les biens ne pourraient être exposés à des ventes publiques, mais bien de véritable propriété paysanne (3). Mais des textes semblables à celui que je viens de citer sont rares.

La population rurale abandonne les villages et va chercher des salaires plus élevés dans les autres provinces ainsi que dans les villes. Il serait illusoire de s'attendre à un accroissement de la petite propriété alors que, selon les cahiers, l'agriculteur, après une vie de travail pénible, meurt dans une misère plus grande encore qu'au temps de ses débuts (4).

1. Ibid., p. 201.
2. « Cahier de Siglois ».
3. Ibid., p. 241.
4. « Cahier d'Indes », p. 336.

La cause essentielle de l'abandon des villages, dit le cahier de Saint-Florent, est dans la misère extrême qui y règne. Les habitants se nourrissent d'un pain bis composé d'un mélange de seigle et de sarrasin, d'un potage de rave préparé à l'huile d'olive ou au beurre, ou de lait caillé, on ignore l'usage de la viande; tel est l'ordinaire de la population des campagnes (1).

La jeunesse paysanne émigre vers les villes où le salaire des domestiques a doublé en vingt ans (2). Le cahier de Saint-Aignan se plaint qu'on manque de bras au village (3). La population diminue de jour en jour, déclare la paroisse de Cerdon. On peut s'en convaincre par le petit nombre des mariages. Le cultivateur abandonne le sol à cause des charges de la taille, de la milice, de la corvée des routes (4). Des seigneurs acquièrent les terrains abandonnés sur toute l'étendue de la Sologne. Ils ajoutent à leurs propres terres, selon les cahiers de Vouzon et de la Motte-Beuvron, les « héritages et domaines » donnés autrefois par eux et leurs devanciers en fermage, sous condition de paiement d'un loyer. Le paysan ayant interrompu le paiement de ses redevances, les seigneurs ont eu recours à la reprise des lots. Les fermiers à leur tour tombent dans la misère, sous le poids excessif des impôts. Les terres délaissées par eux viennent s'ajouter aux terres seigneuriales et arrondissent les fiefs.

La Sologne entière est dépeuplée. L'agriculture y dépérit. La grande propriété augmente, de toutes parts les domaines se réunissent entre les mains de possesseurs peu nombreux. Cela apparaît clairement à l'étude de la circonscription fiscale de Romorantin, où on trouve de très grandes propriétés. L'agriculture y est de plus en plus remplacée par l'élevage des moutons. Sur des domaines

1. Ibid. « Cahier de Saint-Florent », p. 354.
2. « Cahier de Cerdon », p. 383 et « Cahier de Saint-Florent », p. 358.
3. P. 375.
4. Ibid., p. 375, 385, 89.

de 800 à 1.000 arpents, on ne cultive pas plus de 40 à 50 arpents, et encore ne récolte-t-on guère que le seigle. Pour accroître la population dans la province, pense l'auteur du cahier, il faudrait assurer la propriété foncière aux habitants (1).

A Pierrefitte, nous trouvons une confirmation partielle de ces dires. Le cahier se plaint que depuis la fin du siècle dernier (c'est à-dire du XVIIe) plus de 15 domaines ont disparu. Leurs cultivateurs ont dû émigrer. A La Chapelle-Saint-Martin, on compte plus de 4.500 arpents ; la moitié reste en friche depuis de nombreuses années. On a essayé à plusieurs reprises d'y cultiver le blé. Mais toutes les tentatives sont restées vaines. La culture revient si cher et les impôts sont si élevés que l'agriculture n'est d'aucun profit. On n'ensemence pas actuellement plus de 1.000 arpents ; 250 sont occupés par les vignes ; on n'est même pas parvenu à créer des prés artificiels sur le reste des terres (2).

A Foy-aux-Loges le quart des habitants demande l'aumône ; la plupart des autres ne peuvent non plus continuer leurs travaux de culture sans le secours d'autrui ; 150 feux sont dans la misère, mais dissimulent leur indigence de crainte de perdre tout crédit (3).

A Sully, où l'on compte 80 feux, la majorité de la population est composée de manœuvres, de forestiers et charbonniers. Tous gémissent sous le poids des contributions. Les seigneurs ont la possession et la jouissance de la majeure partie des terres de la circonscription. Beaucoup de fermes sont aujourd'hui annexées à leurs domaines. Ils les tiennent en prés ou en pâturages en vue de l'élevage de moutons. Les terres sont en partie morcelées et louées.

Cet ordre de choses existe dans toute la Sologne ;

1. Ibid., p. 417.
2. P. 483.
3. P. 595.

il avait déjà fait l'objet d'un mémoire présenté à l'Assemblée provinciale en 1788 (1).

Mais ce n'est pas seulement en Sologne que la grande propriété s'accroît au détriment de la petite; on peut en dire autant de la Beauce, autre partie de l'Orléanais. La plupart des seigneurs et autres propriétaires, lisons-nous dans le cahier de Mervillier, ont réuni plusieurs fermes en une seule. Ces réunions, fait remarquer l'auteur du cahier, empêchent la multiplication des feux. A cause d'elles, le chiffre de la population s'abaisse. Un grand nombre de villageois, fils de laboureurs, ne pouvant pas s'établir faute de terre, s'abstiennent de se marier. Le cahier se termine par une prière adressée aux députés, d'enrayer, par des mesures législatives, la tendance des fermes à se réunir. « Il faut interdire aux propriétaires de louer à une même personne plus d'une ferme. »

Nous avons vu que cette opération consistant à arrondir les grands domaines s'observait avec une fréquence particulière à Romorantin. Les cahiers de ce bailliage ont été publiés récemment par MM. Lesueur et Cauchie. Ils achèvent le tableau de la spoliation foncière des paysans, et complètent nos conclusions quant à la disparition des petits domaines que nous avons vu s'effectuer dans l'Orléanais. Le cahier de Menneton-sur-Cher, se plaignant des impôts, ajoute : « nos petits propriétaires sont tombés dans la misère; les laboureurs et les fermiers refusent de louer la terre, si du montant du fermage il n'est fait déduction des impôts tombant sur le sol. Sinon ils abandonnent la circonscription de Romorantin et lui préfèrent le Berry, où le taux de l'imposition est de deux tiers plus bas que chez nous » (2).

Rien d'étonnant si dans de telles conditions les deux

1. Le titre de ce mémoire est le suivant : « Les Vues générales sur la Sologne présentées à MM. de l'Assemblée provinciale », année 1788.

2. « Cahier du bailliage de Blois et du bailliage de Romorantin », vol. II, p. 147.

tiers des terres situées autour de la ville de Saint-Aignan sont réunis entre les mains de seigneurs et non de paysans, et appartiennent notamment à deux couvents. Les paysans louent des terres à ces couvents, sous la condition du paiement d'une rente (1).

Beaucoup sont réduits à la nécessité de vendre leurs meubles pour payer les impôts. Les vignerons travaillent comme des salariés, les journaliers gagnent 8 à 10 sols par jour, sans entretien de la part du patron. Il leur arrive parfois de se passer de tout salaire pendant deux mois. Pour les autres valets agricoles, le salaire s'élève, l'été seulement, jusqu'à 15 ou 18 sols, et pendant les autres saisons il demeure à 13 ou 14 sols. Rien d'étonnant si, durant neuf mois de l'année, le paysan ne prend ni viande ni vin, et se contente de pain sec, « lorsqu'il en a ». Si par endroits, comme dans la paroisse de Pouillé, la petite propriété s'est maintenue, c'est dans des dimensions insignifiantes. Les petits héritages souvent ne dépassent pas un quart — voire un huitième d'arpent. Il y en a même de deux ou trois chaînées ; et une chaînée équivaut à un centième d'arpent, soit 66 centiares ou mètres carrés. Et cette propriété elle-même, par son origine, loin d'être paysanne, appartient à la catégorie des terres seigneuriales (francs-fiefs) (2).

Dans la banlieue des villes, à la propriété foncière des nobles et des moines s'ajoute celle des bourgeois ; ainsi à Fougères, les habitants, vignerons et artisans, ne possèdent en propre aucun bien, ou tout au plus, ensemble 50 à 100 arpents de vigne et 6 ou 7 arpents de pré ; à côté sont situés les domaines de M. de Saint-Clair et du chapitre de la cathédrale de Blois : la majeure partie des vignes est possédée par des habitants de Blois, au nombre de 20.

Dans beaucoup de paroisses, il n'est même pas question de la petite propriété. C'est ainsi qu'à Conti, où on trouve

1. Ibid., p. 219, 224.
2. Ibid., p. 236.

307 feux, tous sont occupés par des journaliers ou par des artisans ne possédant aucun immeuble. Il y a en tout 50 habitants tenanciers de biens frappés de redevances. Aux propriétaires ecclésiastiques et féodaux s'ajoutent encore ceux du tiers état des habitants de Blois, de Saint-Aignan et d'autres villes; ils possèdent non seulement des métairies, mais aussi des prés et des vignes (1). La population décroît manifestement. C'est ainsi qu'à Bouzon, où l'on comptait auparavant 100 feux, il en reste en tout 17 (2).

Des métayers remplacent les paysans propriétaires. C'est ainsi qu'à Saint-Cyr, Semblecy, sur 112 feux la plupart sont occupés par ce genre de tenanciers (3). Les cahiers tracent un sombre tableau de la situation économique de la Sologne. Cette province produit une impression accablante, dit le cahier de la noblesse du bailliage de Blois. Presque partout la terre se trouve en vaine pâture. On n'y sème que de temps en temps du seigle et du sarrasin. La population diminue, l'agriculture devient de plus en plus misérable; seule la taille est restée la même et absorbe, dans les derniers temps, la moitié du revenu des propriétaires fonciers (4).

Le département actuel de la Marne doit être également compté parmi les provinces du Centre. C'était, avant 1789, le bailliage de Châlons. Les cahiers de ses paroisses rurales, récemment publiés, contiennent quelques détails sur la répartition de la propriété foncière. On y mentionne plusieurs fois le fait que, dans toutes les localités de ce bailliage, les deux tiers de la terre appartiennent aux seigneurs laïques et ecclésiastiques (5). Dans quelques paroisses, le nombre d'arpents possédé par telle ou telle

1. Ibid., p. 27, 28 et 31.
2. Ibid., p. 49.
3. Ibid., p. 93.
4. Ibid., p. 428.
5. Cahiers des doléances présentés en 1789 par les paroisses du bailliage de Châlons-sur-Marne, publiés par Lorent. Paroisse de Condé, p. 199.

classe paysanne est plus exactement indiqué. Ainsi, à Condé-sur-Marne(1), il y a en tout 2.400 arpents. Des ecclésiastiques et des privilégiés les possèdent pour moitié. Le reste est aux mains de la population locale. Celle-ci consiste en 500 habitants, formant 135 feux soumis à la taille; et ils ne sont même pas propriétaires de 140 fauchées de prés.

Le cahier d'une autre paroisse, celle de Cernon (2), déclare que la plupart des habitants — tous ou presque — sont loin de cultiver chacun une « charrue » complète de terre, c'est-à-dire moins de 90 journaux. Un journal équivalait à 8 ou 9 danrées, lesquelles représentaient chacune 563 mètres carrés(3). Selon toute vraisemblance, nous avons affaire ici à des paysans propriétaires. On en trouve aussi dans un autre village, Connantre, où 25 feux sur 50 sont occupés par des laboureurs « à un cheval » et 1 feu par un laboureur à deux chevaux. Le reste se compose de manouvriers (4).

Dans les autres paroisses, la terre est aussi répartie entre seigneurs et paysans de façon que la moitié des champs labourés et un tiers des prés revient à une partie de ceux-ci. Ainsi à Montmort, sur 135 feux, un tiers est composé de mendiants ; les autres possèdent 380 arpents sur les 700 de terre labourée, et un tiers seulement des 400 arpents de prés.

Dans la paroisse de Saint-Gibrié, c'est aux mains du

1. Ibid., p. 184.
2. Ibid., p. 122.
3. Le journal équivaut à un peu plus de 2/5 d'une dessiatine russe. Une « charrue » complète contient donc un peu plus de 36 dessiatines. Comme le cahier de Cernon dit que pas un seul feu ne possède une charrue complète, on est fondé à supposer que 36 dessiatines constituent le maximum de propriété possédée par un laboureur. Dans la paroisse de Gionges-Sainte-Sairgent, on considère une charrue comme capable de retourner 35 à 40 arpents de terre arable à l'aide de deux chevaux et de quatre hommes.
4. Ibid., p. 203.

prieur et des moines du couvent de la Toussaint que sont les deux tiers de toutes les terres (1).

Dans les paroisses de viticulteurs, la petite propriété est plus répandue. Il est dit dans le cahier d'Oger : le vigneron, malgré qu'il soit propriétaire, est tellement endetté qu'il ne possède à la vérité rien en propre, et rentre lui-même dans la classe des serfs attachés à la glèbe (2).

Dans certaines paroisses, au dire de leurs cahiers, les cultivateurs ne sont que des tenanciers des fermiers, supportant toutefois les impôts qui frappent la terre, alors que les véritables propriétaires, par leur qualité féodale ou ecclésiastique, sont à l'abri de toute obligation financière (3).

La situation de la plupart des cultivateurs est dépeinte comme désolante. A Coizand, par exemple, les seigneurs possèdent non plus la moitié ni les deux tiers, mais les 9/10 des terres ; « nous avons lieu de regretter la disparition de l'ancien état d'esclavage et de servage », écrit l'auteur du cahier. « En ce temps-là les maîtres étaient du moins soumis à l'obligation de nourrir et de vêtir leurs serfs, et de leur venir en aide en cas de maladie. Tandis qu'une imaginaire liberté, achetée à prix d'argent, nous valut une masse d'impositions sous le fardeau desquelles nous succombons. » L'auteur explique que seuls les cultivateurs sont astreints à la taille, payable tant pour la possession d'une terre que pour son exploitation, alors que les propriétaires de ces terres, soit comme nobles ou ecclésiastiques, soit comme bourgeois de Châlons, sont affranchis du paiement de la taille de propriété, c'est-à-dire de l'impôt direct, que doit la terre par l'entremise de celui qui la possède en propre.

Le document ci-dessus montre que l'état de choses observé dans quelques-unes des paroisses que nous avons

1. Ibid., p. 553.
2. Ibid., p. 489.
3. Ibid., p. 550.

citées, est loin de constituer la règle générale, et que les « laboureurs » ne sont pas partout propriétaires des terrains cultivés par eux. La composition personnelle et foncière de beaucoup de paroisses ne laisse pas de doute à cet égard : ou bien la petite propriété apparaît à tel point morcelée qu'elle ne fournit pas un revenu suffisant pour nourrir la famille paysanne, ou bien elle ne correspond pas à ce qu'on appelle aujourd'hui *propriété*, à cause des charges et redevances, en argent et en nature, dont elle est grevée au profit des seigneurs. Les habitants de Briseaut, par exemple, se plaignent de posséder fort peu de chose en propre. Les meilleurs prés, forêts, champs, fermes et moulins appartiennent aux Bénédictins de l'abbaye de Beaulieu (1).

A Bassy-le-Château le propriétaire, ainsi que le fermier, paient au seigneur 18 boisseaux d'avoine par an, en plus 4 sols en argent pour chaque ménage. Une bonne partie des terres, en outre, sont soumises au cens (2).

A Beauney toute la population, exception faite de trois petits fermiers, est composée de vignerons. Chacun d'eux possède en propre un arpent environ, et une méchante chaumière ; quant aux impôts, il en paie 30 livres par an.

Comme dans l'Orléanais, les paysans, succombant sous le poids de l'impôt, abandonnent le village. La population décroît. Là où il y avait 86 feux, il n'en reste pas plus de 60 (3). Le nombre de ceux qui n'ont point de chevaux augmente, en même temps que le nombre des bêtes à cornes diminue, fait qui se rattache à la diminution des jouissances communales, et à l'abolition du droit de libre pâturage des bestiaux sur les champs après la rentrée des récoltes. Les roturiers jouissant de fortunes honnêtes abandonnent volontiers les villages pour s'installer en ville où

1. Ibid., p. 107.
2. Ibid., p. 109.
3. Beauney. En 1691, 86 feux et 4 laboureurs. En 1789, 60 feux en tout, p. 77.

ils bénéficient d'exemptions, ou du droit de prendre l'impôt à ferme. La population ouvrière adulte et les journaliers se pressent de même vers les villes (1). A cause de cette émigration, le salaire des ouvriers agricoles s'est élevé considérablement, et la culture devient de plus en plus désavantageuse. Les domestiques gagnent le double d'il y a vingt ans (2).

En pénétrant, vers le sud, dans le Beaujolais, nous trouvons ce même excès de grosses fortunes entre les mains des ordres privilégiés. La petite propriété paysanne existe, mais en proportions restreintes. Et ce n'est pas encore la propriété foncière réellement libre. Un investigateur local, M. Fayard, s'étant occupé de l'étude des cahiers paroissiaux, arrive aux conclusions suivantes : dans la plupart des localités, la moitié, les trois quarts ou même les quatre cinquièmes des terres, suivant le lieu, sont occupés par des domaines exempts d'impôts directs, ceux des nobles, du clergé, de fonctionnaines royaux et de bourgeois de la ville de Lyon ; ce sont les meilleurs champs, les meilleures vignes, presque tous les prés et des surfaces boisées. Dans quelques villages, on trouve un petit nombre d'habitants cultivant des terres qu'ils possèdent en propre. Ce sont les petits propriétaires. Ils sont assez nombreux, mais leurs possessions sont faites de lopins et ne leur fournissent pas les moyens de subsister. Ces propriétaires n'auront pas de quoi vivre, si à leur lot ne vient pas s'ajouter une location foncière moyennant la cession de la moitié ou du tiers de la récolte, le droit de pâturage des bestiaux sur les terres communales et les champs après la moisson et la fauchaison, ainsi que le droit de pénétrer dans la forêt seigneuriale pour y ramasser du bois mort. Ces petits propriétaires, d'ailleurs, sont loin de l'être dans l'acception actuelle du terme; ce sont des possesseurs emphytéotiques, c'est-à-dire des fermiers héréditaires. Le

1. « Cahier de Compertuis ». Ibid., p. 179.
2. Ibid., p. 317.

droit qu'avait le seigneur de prélever un cens, appelé « servie » dans la localité en question — droit qui ne connaissait point de prescription — assurait au seigneur laïque ou ecclésiastique la possession du titre même de la propriété. La propriété allodiale ou complète du paysan constituait un cas rare.

A force d'arrondir, les seigneurs avaient donné une telle extension au cens et à toutes les rentes et redevances dues aux nobles, que la majeure partie des fermes devint dépendante des fiefs (1). La propriété paysanne disparut de plus en plus.

« Le villageois, écrit Fayard, ne s'était jamais approprié les terres de la noblesse et du clergé, tandis que les ordres privilégiés arrondissaient à ses dépens leurs propres domaines. » La rente payée aux nobles est si élevée, disent les habitants de Saint-Nisier d'Azergues, que les terres qui en sont frappées couvrent à peine par leur revenu le montant des paiements. Avec chaque génération nouvelle, la perception du cens (ou servie) rencontre plus de résistance, et fait l'objet de nouveaux procès entre les propriétaires et les tenanciers. Ces procès n'enrichissent que les avoués et commissaires, en ruinant les paysans.

Telles sont les doléances des paroisses de Juliénas-les-Ardelles et de Villiers.

Dans la sénéchaussée de Nîmes, dans les Cévennes où sévissaient naguère encore les persécutions religieuses, et d'où beaucoup de familles avaient émigré sous Louis XIV, lors de la révocation de l'Édit de Nantes, les domaines n'ont pas été transmis aux paysans, mais sont devenus le bien du tiers état. C'est ce que signale l'auteur du cahier d'Alzon. D'après lui, les familles bourgeoises émigrées avaient vendu leurs terres aux habitants des villes, ceux des campagnes ayant été hors d'état de les acquérir. La plupart de ces terres ne passèrent même pas en la posses-

1. « Les Cahiers des paysans beaujolais », 1904, p. 35 et suiv.

sion de nouveaux acquéreurs, mais devinrent des propriétés emphytéotiques. Les capitaux manquaient et les lots étaient trop petits et éparpillés. On dut instituer des « baux à locatairie perpétuelle » et se contenter d'en toucher un revenu invariable (1).

Le cahier de Beau-Voisin, en énumérant les causes de l'état stationnaire de l'agriculture, signale, entre autres, le fait que la plupart des terres sont en la possession du clergé. L'accroissement de la propriété immobilière ecclésiastique est incessant, car le clergé a usurpé une partie des anciennes propriétés des habitants, et « les vexe journellement ». Et cependant, poursuivent les auteurs du cahier, le travail du sol sur les domaines ecclésiastiques est fort imparfait. Ces domaines eussent rendu des récoltes doubles aux mains de propriétaires laïques (2).

Les auteurs du cahier se plaignent également du défaut de bêtes de somme et de l'émigration vers les villes des domestiques ruraux. La campagne est déserte, l'agriculture souffre du manque de cultivateurs (3).

L'exactitude des indications fournies par les cahiers paroissiaux sur la question de la propriété foncière des paysans se trouve indirectement confirmée par l'étude d'autres sources, que nous ont fait connaître les éditions entreprises par le ministère de l'Instruction publique. Lorsque, pendant les dernières années de l'ancien régime, il se fut créé des assemblées analogues aux zemstvos russes, dans quelques provinces de la France, leurs comités exécutifs distribuèrent dans les villages des questionnaires dans le but d'éclaircir la situation matérielle des campagnes. Ces questionnaires ont donné naissance à

1. « Cahier de la Sénéchaussée de Nîmes », publiés par Bligny-Rondurand, p. 36 et 73.

2. Ibid., p. 36.

3. « Cahier de Beauvoisin ». Ibid., p. 114 et Cornillon, p. 268. Les auteurs de ce dernier cahier proposent l'institution dans les villes d'un impôt sur les domestiques. Ils y voient un moyen d'enrayer l'émigration de la population des campagnes.

toute une littérature de rapports officiels, composés souvent sans élégance, mais par contre excellents de franchise et d'exactitude. Ils contiennent beaucoup de données numériques sur le chiffre des habitants, son augmentation ou sa diminution, sur la composition de la population, la répartition de la propriété foncière, les relations entre paysans et seigneurs, le nombre des indigents et les ressources de la charité publique, l'existence ou l'absence de mesures dirigées contre les maladies, les épidémies et les épizooties. Malheureusement, ces sortes de documents sont loin d'avoir été conservés dans toutes les provinces ayant eu, pendant le premier ministère de Necker, une représentation locale. Selon nos renseignements, ils ont dû être préservés en assez grand nombre dans le Sud-Est de la France, à Grenoble et à Gap. Les premiers ne sont pas encore publiés, les seconds ont paru seulement en 1909 sous forme de recueil fait par les soins de l'abbé Guillaume, archiviste du département des Hautes-Alpes. Il est intéressant, d'après ces documents, de comparer la vie des montagnards de ces hautes vallées à celles que les cahiers des Cévennes nous ont révélée. On pouvait s'attendre à ce que les droits seigneuriaux se fissent sentir moins lourdement parmi les montagnards, et à ce que ces derniers pussent conserver la propriété entière, ou allodiale, des lots péniblement défrichés par eux ; mais de l'examen de la correspondance officielle, ainsi que des cahiers de la région montagneuse du bailliage de Nîmes, la même conclusion se dégage : la propriété paysanne n'a pu résister aux usurpations féodales, ni supporter le poids des impôts d'État et des redevances seigneuriales, et elle a peu à peu disparu au cours des temps. Voici une série de données concrètes, sur lesquelles s'appuie cette conclusion générale. Dans la paroisse d'Arnielle, peu de champs et de prés sont restés aux mains des paysans ; le seigneur en possède la majeure partie. Sur 36 habitants, 7 ou 8 au plus retirent de leurs champs assez de blé pour se nourrir. Parlant de la nourriture et du logement des paysans, les rapports officiels de la plupart des paroisses font mention de cabanes couvertes de chaume, de pain bis préparé avec du seigle mélangé de pommes de terre et d'orge. Le paysan doit se passer de viande et même du vin blanc fort léger qu'il produit sur les lieux. La plus grande partie de ce vin est vendue, car il n'existe que ce moyen de faire face aux paiements excessifs, et aux frais de subsistance. Les paysans n'ont pas de chevaux ni de bœufs en nombre suffisant pour la culture des champs. C'est pourquoi l'on voit souvent des vaches attelées à la charrue.

Ne trouvant sur place nul emploi ni gain suffisant, les paysans, l'hiver, cherchent du travail hors de chez eux. Ils descendent à cet effet en Provence et dans le Lyonnais. Ils sont trop surchargés d'impôts, pour pouvoir se livrer à quelque industrie domestique exigeant des frais (1). Quoique le climat permette en quelques endroits de semer du blé, toute la récolte est vendue pour payer les charges publiques ou seigneuriales.

De même qu'il arrive fréquemment chez nous, le paysan se hâte de vendre sa récolte, de crainte de la voir vendue d'office pour lui permettre de s'acquitter de ses arriérés; il acquiert ensuite contre argent comptant le blé dont il a besoin (2). Le nombre des indigents ayant recours à la charité publique est assez considérable dans toutes les paroisses, mais, en règle générale, 1/24 seulement de la dîme versée au curé est employée à leur profit (3).

Rares sont les localités où l'on puisse trouver un asile de nuit et un capital spécialement affecté à son entretien. Il faut le plus souvent répondre par la négative à la question de savoir s'il existe des crédits assignés à l'instruction ou à l'assistance publiques (4).

1. P. 38 et 55.
2. Ibid., p. 65.
3. Ibid., p. 73 et 84.
4. Ibid., p. 90.

Tous nos habitants sont illettrés, écrivent les autorités de la paroisse de Beaume ; s'il en est qui sachent signer leur nom, ils ne sont pas en état de lire leur propre écriture (1).

Comme cause de leur situation misérable, les habitants de quelques paroisses donnent l'excès des impôts et de droits seigneuriaux. Une commune énumère les paiements qu'elle effectue au profit du seigneur. Comme celui-ci se pose en propriétaire souverain de toutes les terres de la commune, celle-ci verse à son profit 51 livres par an de cens. Lorsqu'un lot change de possesseur, le seigneur touche 12 sous de lods et ventes. Chaque habitant lui fournit en outre annuellement un sol en argent, une émine d'avoine, deux poules, et donne à son profit deux journées de corvée. Tout cela n'empêche point le seigneur de percevoir en outre des rentes, le champart, autrement dit la fraction de récolte annuelle, qui, dans la localité en question, s'élève à 1/9 et à laquelle s'ajoute encore le tribut en grains (2).

La situation des paysans est sans issue possible, d'autant plus qu'il n'existe point au village de ressources supplémentaires. L'une des paroisses déclare : « Nous n'avons pas un seul artisan, pas un seul homme occupé à la production du drap ou de la toile, pas un seul maçon ou charpentier, ni même de cordonnier ou de tailleur. On s'adresse en cas de besoin aux villages voisins ; mais cela vient uniquement de ce que les habitants sont dépourvus de moyens d'existence : ils ne peuvent faire apprendre un métier à leurs enfants ; ceux-ci, dès qu'ils sont en état de travailler, au lieu d'aider leurs parents, s'en vont en Provence. La plupart s'y établissent, tandis que le paysan reste privé de la possibilité de se procurer le salaire dont il a besoin. Les enfants adultes ne se hâtent pas de rentrer au pays, car ils fuient le service militaire (3). »

1. Ibid., p. 68.
2. V. les « Cahiers de la commune de Lardie ». Ibid., p. 233 et 289.
3. Ibid., p. 301 et 302.

On pourrait, certes, donner encore une série de citations, mais elles ne serviraient plus qu'à confirmer le fait de la misère paysanne, laquelle ressort d'une façon assez manifeste des documents déjà utilisés. Nous craignons d'avoir fatigué les lecteurs par des témoignages plus ou moins identiques. S'il est sans cesse question des mêmes causes de la misère rurale, dans les cahiers des paroisses et dans la correspondance officielle, c'est apparemment que ces causes n'étaient point d'ordre local. Dans les régions les plus diverses de la France, au Nord comme au Midi, à l'Est comme à l'Ouest, dans le Centre comme aux frontières, on constate la même banqueroute du régime féodal, ou plus exactement du système seigneurial. Ce déclin, commencé depuis longtemps déjà, finira d'une façon accélérée et artificielle, après les événements du 4 août, et cela grâce à l'œuvre des *comités féodaux* nommés d'abord par la Constituante, puis par la Législative et la Convention. Sous le régime féodal, comme l'on sait, toute la population est liée tant au service du seigneur qu'à la terre du fief. Les hommes libres prennent en tenure aux propriétaires des fiefs des terres plus ou moins étendues, et leur fournissent, en échange, des cavaliers armés. La gent paysanne, asservie et plus tard taillable, occupe des lots sur les terres du seigneur, et fournit des fantassins en temps de guerre et des cultivateurs en temps de paix. C'est par le travail des paysans et leurs contributions en nature que le seigneur se trouve dédommagé de la concession qu'il leur a faite, à titre héréditaire, d'une part considérable de ses terres. Quelques parties du fief restent seules soumises à sa gestion immédiate, notamment celles qui constituent ce qu'on appelait au moyen âge son domaine (en latin *terra indominicata*). Sous un tel régime, la petite tenure rurale est de règle. Cela n'empêche pas l'existence des *latifundia* ecclésiastiques et laïques, car la tenure paysanne s'exerce sur le sol même de ces *latifundia*.

A la veille de la Révolution, la France restait encore un pays de droit seigneurial, et c'est pourquoi la petite tenure rurale n'était point une exception. Comme la corvée avait été abolie dans la plupart des provinces et remplacée par le cens ou les redevances, il n'y a rien d'étonnant à ce que, dès le XVIe siècle, les coutumiers ou recueils de droit régional appliquassent à l'occupation héréditaire de la terre par le paysan le nom de « propriété », malgré que cette occupation fût grevée de redevances en nature ainsi qu'en argent, faites au profit du seigneur, que les récoltes annuelles fussent inégalement partagées entre le seigneur et les paysans, à cause de l'existence du « champart », ou obérées à la place du champart d'une rente pécunière invariable. Mais ces faits n'empêchèrent pas Tocqueville, en suivant l'exemple des rédacteurs des coutumiers du XVIe siècle et des siècles suivants, de parler de l'occupation héréditaire du sol par le paysan comme d'une propriété, et de traiter le morcellement en petits lots du domaine seigneurial comme un phénomène particulier à l'ancien régime, et continuant à exister en France jusqu'à nos jours. Il n'avait raison qu'à un certain point de vue. Lequel ? Cela ressort de la comparaison des régimes français et anglais. Les conditions climatériques expliquent pourquoi l'élevage de la brebis à toison fine se substitua de bonne heure en Angleterre à la culture agricole, ce qui eut pour conséquence un changement de tout le régime social de la campagne anglaise. L'élevage se passe d'un grand nombre de travailleurs ; il devient avantageux pour le seigneur de remplacer la tenure héréditaire des paysans taillables et corvéables par le libre fermage ou la location à terme. Le fermier apporte lui-même son capital à la terre, le revenu de celle-ci augmente et, par suite, lors du renouvellement du contrat, s'accroît également le loyer du propriétaire. On conçoit que dans de pareilles conditions, le servage disparaisse en Angleterre plusieurs siècles avant que la même évolution ait lieu en France. En même temps disparaît le système des champs ouverts et des parcelles d'un même lot disséminées sur tout le territoire d'un village. Du milieu de la population rurale sortent les premiers locataires libres des terres seigneuriales, les « dévoreurs de baux » (*lease mougers*), contre lesquels se prononcent les pamphlets au XVIe siècle. Les paysans, avant de devenir propriétaires, forment une classe aisée de tenanciers. La « joyeuse Angleterre » du temps d'Élisabeth est la terre des *yeomen* qui disparaîtront dans les siècles suivants : on désignait par ce nom les paysans-locataires détenant des terrains enclos, loués aux propriétaires. Pour caractériser en peu de mots la différence des régimes fonciers français et anglais, on peut dire qu'en France le contrat libre était à la fin du XVIIIe siècle d'application moins courante qu'en Angleterre, que le régime médiéval d'occupation héréditaire du sol par les paysans s'y était conservé davantage, et que le peuple s'y trouvait par suite moins dépourvu de biens immeubles.

Ces différences eurent pour conséquence immédiate le maintien en France de la petite tenure paysanne et en Angleterre l'arrondissement des fermes et des domaines. La classe rurale d'Outre-Manche, dont le lien avec la terre avait été rompu, a dû s'enrôler parmi les valets des campagnes, ou participer à la colonisation du continent américain et de l'Inde, ou encore se livrer à l'industrie et au commerce, ce qui a créé des groupements nouveaux dans les centres d'usines et de fabriques. De là l'augmentation rapide en Angleterre de la population urbaine, et cette fameuse révolution économique qui s'y effectua dans la deuxième moitié du XVIIIe siècle, j'entends la création de la grande industrie. A cette époque, la France demeurait encore un pays agricole par excellence. Les paysans continuaient à être attachés comme par le passé à leurs lots ; ils étaient écrasés par le poids des redevances seigneuriales et des impositions fiscales toujours croissantes.

Contraint de maintenir le régime médiéval de la possession foncière dans les limites de son domaine, le seigneur se dédommageait des pertes que lui causait l'immutabilité des rentes, en insistant obstinément sur ses monopoles de production et en remettant en vigueur des droits féodaux tombés en oubli. En renouvelant à intervalles de plus en plus rapprochés, et aux frais de la population rurale, ses « terriers » ou registres des paiements dus par les paysans, le seigneur augmentait la charge qui pesait sur le village et excitait le mécontentement croissant des gens qui lui étaient soumis. Mais, pour la plupart, les paysans ne quittaient pas la terre de leurs ancêtres et ne voyaient dans l'activité industrielle qu'un supplément à leur travail agricole. Cela explique pourquoi l'industrie française, à la fin du XVIIIe siècle, conservait encore le caractère d'une industrie domestique et pourquoi on se contentait de tenir quelques petites usines. Les paysans se livraient au filage et au tissage de la soie, du lin, du coton et de la laine, sans sortir de leur enclos, et en employant de préférence à cette tâche les femmes et les jeunes filles. Quant aux seigneurs, ils créaient dans leurs domaines de petites fabriques, des verreries, porcelaineries, faïenceries et cotonneries, utilisant, à défaut de combustible minéral, les coupes de leurs forêts.

En réalité, les contrastes entre les régimes ruraux français et anglais n'étaient point aussi tranchants qu'ils apparaissent dans notre schéma ; dans quelques provinces septentrionales de la France, commençait déjà cette même évolution de transition qui valut à l'Angleterre une transformation complète de son régime rural, la formation du prolétariat agraire, et l'émigration vers les villes et vers les colonies d'une partie de ce prolétariat. Les physiocrates et Turgot avaient déjà signalé ce fait, et les sociétés d'agriculture ainsi que les commissions exécutives des assemblées provinciales ont cherché par tous les moyens à favoriser ces formes nouvelles de l'économie agricole, comme assurant aux propriétaires de plus larges bénéfices que le métayage et les tenures héréditaires avec redevances invariables. En Normandie, en Artois, en Flandre, on trouve déjà dans la seconde moitié du XVIIIe siècle de nombreux traits qui caractérisent l'avènement dans les campagnes françaises de ce capitalisme naissant. Il n'y a donc rien d'étonnant à ce que le système du libre échange, établi en France peu de temps avant la Révolution, ait causé ici, depuis l'autorisation d'exporter et d'importer le blé en toute franchise, une hausse des prix sur les produits agricoles et une baisse brusque des profits et des salaires dans l'industrie, encore insuffisamment pourvue d'une bonne machinerie. Les effets de cette crise se font sentir parmi les viticulteurs, notamment dans les cahiers de 1789. Si Tocqueville a signalé à juste titre la petite tenure paysanne comme un des traits saillants du régime économique et social de la France à la veille de la Révolution, il a commis, d'autre part, une grave erreur de fait en l'assimilant à la propriété. La tenure héréditaire des paysans, legs du système féodal, héritage du moyen âge, a été confondue par lui avec un mouvement bien plus récent : le rachat de ces tenures en pleine propriété. Un semblable rachat a été l'œuvre de ménages isolés et non de villages entiers. Dans quelques-uns, mais à titre d'exception, des propriétés paysannes ont pu apparaître en nombre plus ou moins grand. Dans certaines catégories de travailleurs agricoles, le nombre de ces petits propriétaires s'accroît d'une façon fort rapide. Rien d'étonnant donc si parmi les possesseurs des petits lots de vignes, dans le bailliage de Sens par exemple, ainsi que parmi les laboureurs du Nord et du Centre, on trouve de nombreux propriétaires. Mais que tous les laboureurs ou presque tous le soient devenus, comme le pense M. le professeur

Loutchitsky, nous n'avons point lieu de l'affirmer après le dépouillement des cahiers.

Sous ce rapport, les documents publiés par le ministère de l'Instruction publique ne font que confirmer nos conclusions d'il y a dix-huit ans, conclusions basées sur l'étude des cahiers publiés à cette époque — cahiers tant généraux que paroissiaux.

En tenant même compte de toutes les différences qui existent entre les destinées historiques des diverses parties de la monarchie suivant qu'il s'agit de provinces de droit écrit ou de droit coutumier, nous avons le droit de dire que la distribution de la propriété foncière était basée, du nord au sud et de l'est à l'ouest, sur la concentration de la grande propriété entre les mains des privilégiés. Non seulement cette grande propriété n'était pas sur le point de disparaître, mais elle manifestait une tendance prononcée vers un prochain accroissement, au fur et à mesure que la noblesse de robe, les fonctionnaires et la bourgeoisie des villes commençaient à acquérir des terres, non toujours dans le voisinage des villes, mais souvent en pleine campagne. La hausse du prix des blés, qui se manifesta surtout à partir de l'époque où l'exportation en fut autorisée, non seulement de province à province, mais encore à l'étranger, dut contribuer au passage de la terre aux mains de la bourgeoisie, riche de capitaux. D'autre part, l'état misérable de la classe paysanne empêchait ses membres de se porter acquéreurs des immeubles à vendre. Le rapide développement des manufactures, qui avait commencé depuis Louis XIV et s'était concentré dans les villes, détermina l'émigration partielle de la classe paysanne vers ces dernières, alors qu'une bonne partie de ses membres se trouva dépourvue de terres. C'est pourquoi nous avons trouvé mentionné plus d'une fois dans les cahiers des paroisses le fait que le village était en partie abandonné par ses anciens habitants. Cette émigration intérieure amenait à son tour la hausse des salaires des ouvriers agricoles ou des manouvriers. Le nombre de ceux qui possédaient, en dehors des métairies, un petit lot labourable, commença à diminuer rapidement. Les manouvriers passaient dans la catégorie des prolétaires ruraux, alors que les laboureurs prenaient de plus en plus le caractère de *Grossbauern* allemands. Nous avons vu que dans certaines localités, une « charrue de terre se concentrait alors entre les mains de ceux d'entre eux qui accusaient un seul et même foyer ». Les exemples cités plus haut se rapportent à la région du nord-est ; et voici un fait emprunté aux *Cahiers du bailliage de Sens*, c'est-à-dire à la région centrale. Dans la paroisse de Premier-Faict il y a 62 feux, dont 28 occupés par des laboureurs et 31 par des manœuvres, 7 des premiers disposent d'une charrue de terre (la charrue équivaut ici à 75 arpents) (1).

A toutes les causes qui contribuèrent à la diminution du chiffre des terres paysannes libres de toute redevance, il s'en ajoute encore une dans la deuxième moitié du XVIIIe siècle. Les seigneurs, préoccupés de ne pas laisser échapper les revenus que leur procure l'usage de leurs droits féodaux, insistent pour qu'on reconnaisse comme leur appartenant ce que les feudistes appelaient la *directe*, c'est-à-dire le titre de propriété sur les terres occupées par les paysans. A cet effet, les avoués, rédacteurs des registres patrimoniaux ou « terriers », en agissant au nom des seigneurs, réussissent souvent à inclure parmi les terres féodales des terrains allodiaux. Des plaintes à ce sujet éclatent des différents points de la France. Dans les *Cahiers du Beaujolais*, étudiés par Fayard, on signale explicitement que dans les localités où le droit écrit est en vigueur, et règne le principe que le droit du seigneur sur la terre doit chaque fois être prouvé par lui, les auteurs

1. « Cahiers du bailliage de Sens », p. 320.

des « terriers » inscrivent journellement des terres allodiales, parmi celles qui doivent la censive au seigneur. Les paysans du Lyonnais, pays de droit écrit, dit Fayard, devaient se trouver dans des conditions plus favorables que ceux de la Bourgogne, pays de droit coutumier, où l'on était contraint, pour cette raison, de prouver constamment son droit à la terre. Mais, en réalité, rien de semblable n'avait lieu. A l'époque de la rédaction des cahiers, le nombre des alleux, ou terres libres de redevances, se trouve être insignifiant. La cause en est imputable au système de la réunion des lots en un seul, ou inversement de la division en plusieurs; les seigneurs étaient parvenus à rendre plus ou moins générales la « censive » et la « directe », et à faire entrer de la sorte la majeure partie des lots paysans sous la dépendance des fiefs. Toute une meute d'avoués s'était abattue sur les campagnes et s'acharna à discuter les titres ayant trait à la possession de la terre, ainsi qu'à la rédaction des « terriers ». Les titres, le plus souvent rédigés en latin du moyen âge, restaient incompréhensibles aux paysans; ils furent souvent falsifiés et mutilés. On arrivait ainsi au résultat voulu, c'est-à-dire à soumettre au cens des terres franches (1).

Nous trouverons des déclarations de même nature dans les *Cahiers paroissiaux de la sénéchaussée de Nîmes*. Dans le *Cahier de Courbessac*, notamment, on trouve une longue plainte contre les exactions dont les paysans ont à souffrir de la part des agents du seigneur. Ceux-ci extorquent des redevances qu'ils ne sont pas en droit d'exiger. En cas de refus de payer, un procès était entamé, et avant que le jugement ne fût rendu, les paysans devaient dépenser tout leur patrimoine en frais de procédure.

Comme dans la localité en question beaucoup de terres,

1. Fayard, « Les Cahiers des paysans beaujolais » (Revue historique de Lyon pour 1904, épreuve séparée, p. 36).

aujourd'hui cultivées, étaient demeurées en friche, formant des « garrigues », le fisc s'avisa de faire valoir sur elles des droits de propriété, bien qu'il n'eût pas été question de ces droits depuis cent ans ; on juge du désespoir des malheureux qui n'avaient jamais payé aucun droit, et de ceux qui leur avaient acheté des terrains sans même soupçonner qu'un jour viendrait où ils cesseraient d'être propriétaires du bien acquis.

Pendant cent ans, les terriers ou registres patrimoniaux n'avaient pas été renouvelés. Sans tenir compte de la prescription, les fermiers de la couronne firent valoir les droits de celle-ci. Les auteurs des cahiers demandent qu'à l'avenir, après trente ans écoulés, on ne puisse plus émettre aucune prétention sur la « directe » (1).

Il en va de même au centre du royaume ; non loin de la capitale, dans les limites du bailliage de Sens, un litige commença entre les paysans, qui considéraient leurs terres comme des propriétés allodiales, et les seigneurs qui se disposaient à inclure leurs lots parmi les biens frappés de taxes féodales. Comme écho de cette dispute, citons la déclaration du *Cahier du tiers état du bailliage de Sens* :

« Le droit d'établir de nouveaux terriers aux dépens des vassaux n'appartiendra désormais qu'aux seigneurs pouvant produire justification du cens qui leur est dû, ainsi que des taxes prélevées sur les ventes des lots, et non sur des terres franches et allodiales (2). »

Loin d'avoir épuisé tous les documents sur la question contenus dans les publications faites par le ministère français de l'Instruction publique, nous avons néanmoins le droit de dire que rien n'a été trouvé dans ces nouvelles sources qui infirmât nos conclusions. Mais qu'avons-nous rapporté de nouveau en le faisant ? Ne repro-

1. « Cahier de Nîmes », p. 269.
2. « Cahiers du bailliage de Sens », p. 821.

duisent-elles pas l'opinion courante sur la vie rurale de la France sous l'ancien régime ?

Rares sont les histoires de la Révolution française qui n'aient point tracé un sombre tableau de la situation économique des paysans français avant 1789, et parmi les témoignages les plus connus et le plus souvent cités qui s'y rapportent, le célèbre passage de La Bruyère montrant des bipèdes courbés sur la glèbe et présentant à peine une figure humaine, est certainement le plus universellement connu. Les données qu'on possède sur la vie du paysan français au XVIIIe siècle sont, il est vrai, choisies sans le moindre discernement de lieu ni d'époque ; le témoignage de La Bruyère, notamment, nous fait remonter jusqu'aux dernières années du siècle de Louis XIV, et par conséquent ne peut servir d'illustration à l'état de choses à la veille de 1789 ; ces données ont encore le défaut de laisser dans le vague, et sans réponse suffisante, la question de savoir quelles furent les causes de la misère des campagnes, et à quel degré elles tiennent à leur régime foncier et économique. Les plaintes habituelles contre l'excès des impôts qui frappent le paysan et les exactions féodales sont loin d'être originaires du XVIIIe siècle. On les retrouve à l'époque des soulèvements paysans des XIVe et XVe siècles également en France, en Angleterre et en Allemagne. Elles offrent ainsi un caractère trop général et ne permettent pas d'isoler les causes qui déterminèrent la crise qui se produisit sous le règne de Louis XVI. On peut en dire autant des monopoles seigneuriaux, des extorsions opérées par les juges et les administrateurs patrimoniaux, du dommage subi par le paysan du fait de l'existence de la dîme ecclésiastique prélevée sur les récoltes annuelles, et de la responsabilité collective des receveurs d'impôts vis-à-vis du Trésor. Il est question de tous ces divers griefs à travers toute l'histoire. Mais il n'en va plus de même si nous disons qu'à la veille de la chute de l'ancien régime, la situation rurale de la France souffrait de tous les inconvénients que présentait le maintien des institutions médiévales, qu'on cherchait vainement à adapter à l'ordre nouveau du capitalisme naissant.

Le caractère immuable des corvées et des redevances paysannes, conséquence directe des tenures héréditaires, ne permettait point au seigneur d'augmenter son revenu autrement que par une rupture violente avec le passé, c'est-à-dire par une spoliation du paysan dont on remettait la terre au fermier. C'était la voie suivie par les Anglais, sous l'influence de la transition brusque qu'ils subirent de l'agriculture peu lucrative à l'élevage des bêtes à laine, plus avantageux. La conséquence en fut que le paysan quitta le sol natal pour coloniser diverses parties du monde, et servit par son labeur le développement rapide de l'industrie et du commerce de sa patrie. La France, contrairement à l'Angleterre, resta jusqu'à la Révolution de 1789 et longtemps après, un pays agricole et viticole par excellence. On s'abstint longtemps de l'emploi de gros capitaux à l'aménagement des terres; le fermage apparaissait à peine au milieu du XVIIIe siècle, et exclusivement au nord de la Loire; dans la plupart des provinces se maintenaient l'ancien métayage réglementé par la coutume et connu sous le nom de « champart » et le cens, qui remontait à l'époque romaine. L'immutabilité de ces rentes en nature contraignait le seigneur à accroître les revenus de son domaine en faisant valoir ses droits féodaux, ses monopoles d'exploitation de boulangeries et de moulins, ses droits de police et de justice patrimoniale. Mais le seigneur avait encore un autre moyen d'augmenter ses revenus, tel que les forêts et pâturages, non encore partagés avec les paysans, et tout ce qui était connu sous le nom de terres communes gastes, et qui s'est conservé jusqu'à nos jours sous le nom de biens communaux.

A partir du XVIe siècle et pendant tout le XVIIe,

s'élèvent des disputes entre paysans et seigneurs, ces derniers voulant clôturer leurs bois pour les protéger contre les coupes et les dégâts causés par le bétail sur les jeunes pousses, du fait des paysans. Le gouvernement intervient et propose aux parties de recourir aux *triages*, c'est-à-dire au partage des terres et forêts communales en deux parts inégales : un tiers pour le seigneur, deux tiers aux paysans. A la veille de la Révolution, comme on le voit par les cahiers, les seigneurs sont loin de se contenter d'un pareil arrangement; ils enclosent des surfaces de plus en plus étendues, des terres vagues, défendent l'entrée des bois au bétail paysan, louent à des étrangers le droit de pâturage et chargent de taxes la terre en friche possédée par les paysans, la terre défrichée et nouvellement travaillée à la charrue, et cela sans tenir compte du fait que ces terrains sont situés dans la part réservée aux paysans lors du partage des terres communes.

Mais au fur et à mesure que le paysan perd la faculté de paître ses bêtes de somme sur les terres communales, il doit faire servir à cet usage ses propres lots, après la rentrée des récoltes ; il a recours au droit dit de vaine pâture — ce qui occasionne un nouveau et considérable dommage à l'agriculture, et ce qui lui vaut la résistance des sociétés d'agriculture, des seigneurs agronomes, possédant des terres enclavées dans celles des paysans.

Pour parler comme les physiocrates, les encyclopédistes et les auteurs des cahiers, qui écrivirent sous leur influence, l'agriculture s'appauvrit de jour en jour, c'est-à-dire que les récoltes sont de plus en plus minimes, au moins sur l'étendue des champs.

Les déficits multiples dans le budget du paysan contraignent celui-ci à vendre une partie de son bien ; de là le manque de chevaux villageois, et la nécessité où se trouve le paysan d'atteler parfois à sa charrue une vache au lieu d'un bœuf dans les régions où le labourage se fait encore à l'aide de bêtes à cornes. Souvent, des voisins s'unissent pour équiper un attelage, et font dans ce cas le labourage en commun.

On trouverait plus d'un exemple de ce que j'ai exposé dans les documents récemment publiés par le ministère de l'Instruction publique, mais comme il en a été question dans le texte de mon livre, je m'abstiens de toute citation nouvelle.

Ma conclusion générale se réduit à reconnaître que la crise économique et sociale, traversée par la France à la fin du XVIIIe siècle et qui prépara la Révolution, eut pour origine l'impossibilité de concilier les exigences de l'ordre nouveau, qui déjà commençait à s'établir, avec le mode d'exploitation des terres patrimoniales, propre à la période du servage et des charges seigneuriales, régime de la glèbe et qui demeurait encore en vigueur dans la majeure partie du pays. Un antagonisme égal existait entre l'organisation corporative des métiers et le système de la libre concurrence dans le domaine industriel et commercial. La liberté du travail était néanmoins une condition indispensable au relèvement de l'agriculture française, mais on sacrifiait aux Anglais, bien en avance au point de vue technique, les manufactures textiles créées au prix de tant d'efforts par Colbert et ses successeurs. Le traité de commerce conclu en 1786 avec l'Angleterre a contribué à révéler ces contradictions dans le régime économique de la France et à hâter l'avènement d'une crise depuis longtemps préparée.

La Révolution française ne fut pas à même de relever la situation économique du pays trop compromise dans le passé. Elle trancha le nœud gordien en abolissant le système féodal et le servage, en même temps que l'organisation corporative des métiers. C'est à elle en particulier qu'on doit la création de la petite propriété paysanne, libre enfin de toutes les entraves du droit seigneurial, ainsi que de toute attache avec le communisme agraire.

M. K.

INDEX ALPHABÉTIQUE

DES DEUX VOLUMES

TABLE DES MATIÈRES

DE L'OUVRAGE COMPLET

LA FRANCE ÉCONOMIQUE ET SOCIALE A LA VEILLE DE LA RÉVOLUTION

TOME PREMIER

LES CAMPAGNES

TOME SECOND

LES VILLES

Imp. de la Librairie V. GIARD et E. BRIÈRE, 16, rue Soufflot, Paris.

www.ingramcontent.com/pod-product-compliance
Ingram Content Group UK Ltd.
Pitfield, Milton Keynes, MK11 3LW, UK
UKHW012013240726
13965UKWH00002B/347